U0684959

經部

稿本禮記集解

〔清〕孙希旦 撰

第四册

禮記三十二卷

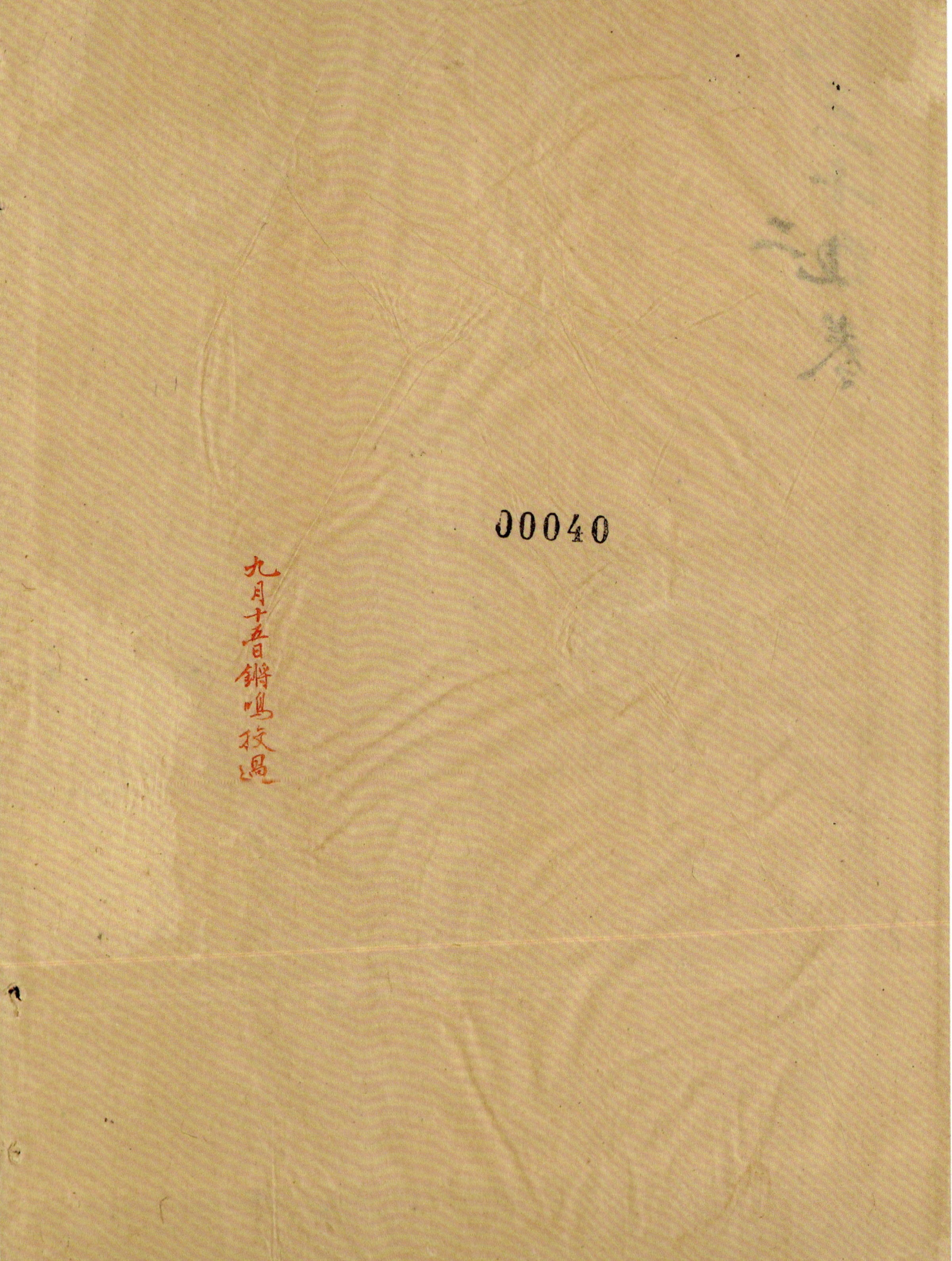
00040
九月十五日鏘鳴校過

禮記卷三十二

喪服小記第十五之一 別錄屬喪服

孫希旦集解

朱子曰：儀禮喪服子夏作傳，此篇是解傳中之曲折。吳氏澄曰：喪服經後有記，蓋以補經之所未備。此篇記喪服一章，又以補喪服經後記之所未備，又廣記喪禮雜事，其事瑣碎，故名小記，所以別於經後之記也。

○斬衰括髮以麻，為母括髮以麻，免而以布。釋文：衰，七雷反，下並同。括，古活反。為，于僞反。免音汶，篇內同。

斬衰者，主人為父之服也。括髮以麻者，以麻自項中前交於額，又卻繞於後，以約束其髮，為父小斂以後、未成服以前之所服也。蓋親始死，笄纚，既小斂後則去笄纚，而其髮下垂，恐其散亂，故以麻約之，而因以為飾也。為母括髮以麻者，母喪至小歛後亦括髮以麻與父禮同也免者亦去笄纚而其髮不垂以布約之如括髮之為也免而以布此言其與父異者也為父自小歛後括髮以至成服為母則自奉尸侇于堂之後主人降自西階東即阼階下之位而踊襲絰于序東於此時改括髮而免焉蓋齊斬之服不同故未成服之前其服亦異然父母之喪其哀痛迫切之情初無降殺惟以家無二尊而母之服殺而為齊衰故其始亦為之括髮至序東襲絰而後改而免焉所以明其服之本同于父而其降特有所為焉爾

箭笄終喪三年齊衰惡笄帶以終喪釋文齊音咨又作齋笄古兮反箭笄終喪三年句舊在除喪則已之下今詳文義宜在此惡笄下各本俱無帶字據鄭氏注兼解笄帶當有帶字明矣

鄭氏曰笄所以卷髮帶所以持身也婦人質於所以自卷持者

書廿八

有除無變孔氏曰箭笄終喪三年是女子在室為父也惡笄以終喪是女子為母也愚謂喪服傳云箭笄者篠笄也箭笄終喪三年此女子在室為父妻為夫妾為君之服也喪服傳云惡笄者櫛笄也檀弓南宮縚之妻之姑之喪榛以為笄豈櫛以榛木為之以其木言之則曰榛以其用言之則曰櫛與喪服記曰女子子適人者為其父母婦為舅姑惡笄有首以髽卒哭子折笄首以笄又曰妾為女君君之長子惡笄有首然則惡笄終喪者女子子在室父在為母也婦為舅姑也妾為女君君之長子也若女子子適人為其父母卒哭折吉笄之首以笄則不以惡笄終喪矣惡笄終喪之服止於喪服記所言者則此外齊衰皆不以惡笄終喪矣婦人之帶有除無變斬衰至練而除之自齊衰以下皆終喪而除也

男子冠而婦人笄，男子免而婦人髽。其義爲男子則免，爲婦人則髽。釋文：冠，古亂反。髽，側瓜反。

鄭氏曰：别男女也。孔氏曰：吉時男子首有吉冠，則女首有吉笄，是男女首飾之異。若親始死，男去冠，女則去笄。若成服爲父，男則六升布爲冠，女則箭篠爲笄；爲母，男則七升布爲冠，女則榛木爲笄，故云男子冠而婦人笄也。吉時首飾既異，遭齊衰之喪，首飾亦别，當襲斂之節，男子著免，婦人著髽，故云男子免而婦人髽。愚謂男子冠而婦人笄者，吉時男子有冠，喪自成服之後亦有冠；婦人吉時有笄，喪自成服之後亦有笄。婦人之笄與男子之冠相當也。男子免而婦人髽者，初喪，男子有免則婦人有髽，婦人之髽與男子之免相當也。髽，露紒也。始死，將斬衰，婦人去笄而纚；齊衰以下，骨笄而纚。小斂

紒按本疏改

疏作既

五子五十二

後男子既免則斬衰婦人去纚而髽而以麻繞額齊衰以下去笄纚而髽而以布繞額皆如男子括髮與免之為也去纚則髮露髽髽然故謂之髽婦人之麻髽所以當男子之括髮婦人之布髽所以當男子之免於男子但言免而不言括髮者避文繁也又括髮散垂其髮而以麻約之免則髮不散垂婦人之髽雖有麻布之異而其髮皆不散垂與男子之免同故曰男子免而婦人髽也其義為男子則免為婦人則髽者言免與髽之義無他特以為男女之別而已也○孔氏曰髽者形有多種有麻有布有露髻紒麻髽之形與括髮如一其著之以對括髮時也前云斬衰括髮以麻則婦人於時髽亦用麻也又知有布髽者又此云男子免對婦人髽男子免不既用布則婦人髽不用麻是男子為母免則婦人布髽也知又有

三

元本重爾字

露髻〔紒〕髽者喪服云布總箭笄髽衰三年三年之内男不恒免則婦人不用布髽故知恒露紒也又齊衰輕期髽無麻布案檀弓南宮縚之妻之姑之喪夫子誨之髽曰爾無總總爾無〔爾〕扈扈爾是但戒其高大不云有麻布別物是知露紒悉名髽也又案奔喪云婦人奔喪東髽鄭謂姑姊妹女子子也去纚大紒曰髽若知鄭旨既謂姑姊妹女子子還爲本親父母等唯云去纚大紒不云麻布當知期以下無麻布也然露紒恒居之髽則有笄以對冠男在喪恒冠婦則恒笄也此三髽之殊是皇氏之說今考校以爲止有二髽一是斬衰麻髽一是齊衰布髽皆名露紒必知然者以喪服女子子在室爲父箭笄髽衰是斬衰之髽用麻鄭注以爲露紒明齊衰布髽亦謂之露紒髽也愚謂皇氏謂婦人之髽有麻髽布髽露紒髽爲

壽卅

三孔氏則謂止有麻布二髽皇氏之說為是蓋未成服之前斬衰婦人有麻髽以對男子之括髮齊衰以下婦人有布髽以對男子之免此為二髽然齊斬婦人又有成服後之髽喪服妻為夫妾為君女子子在室為父皆布總箭笄髽衰三年此以髽終喪者也喪服記女子子適人者為其父母婦為舅姑惡笄有首以髽卒哭子折笄首以笄此婦則以髽終喪子則以髽卒哭者也髽由露紒得名未成服之髽有麻布而無笄總既成服之髽有笄總而無麻布而皆無纚髮之纚無纚則紒露故皆名為髽鄭氏註喪服髽衰三年云髽猶男子之括髮斬衰括髮以麻則髽亦以麻矣此以釋髽則可以釋三年之髽則不可男子括髮之麻免之布成服則除矣男子不以括髮終喪婦人豈以麻髽終喪哉然露髻（紒）髽惟施於成服

四

以後而皇氏謂期以下無麻布為露髻髽則又非是未成服之前男子自齊衰以下悉免則婦人自齊衰以下服也若期以下髽悉髽免皆用布則髽亦皆用布故婦人之布髽正期以下未成服時之無麻布則布髽何所施乎

○苴杖竹也削杖桐也　釋文苴七余反削思畧反

杜氏預曰削杖員削之象竹愚謂此明齊斬之杖之所用也苴麻之有蕡者其色黧黑斬衰之喪用為衰裳及絰苴杖斬衰用竹為杖以配苴衰而其色亦相似故謂為苴杖削杖齊衰之杖也用桐而削治之故謂之削杖杖大如絰絰杖員杖亦員竹小而體本員故斬而用之桐木大又不必皆員故必削治之也苴杖黧黑削杖稍澤而皙故以為齊斬輕重之別

元本有則字

○祖父卒而后為祖母後者三年

四百四十二

鄭氏曰祖父在則其服如父在爲母也孔氏曰此論適孫承重之服若父在則不然

爲父母長子稽顙釋文爲于僞反下爲夫同長丁丈反稽音啓顙素黨反

鄭氏曰喪尊者及正體不敢不盡禮愚謂此言爲喪主拜賓之法喪拜以稽顙爲重自期以下則吉拜而已

大夫弔之雖緦必稽顙

鄭氏曰尊大夫不敢以輕禮待之

婦人爲夫與長子稽顙其餘則否

鄭氏曰恩殺於父母愚謂婦人於父母之喪無爲主之法則其不稽顙不待言矣其餘則否謂爲期喪以下爲主也蓋稽顙惟施於三年婦人所爲主而三年者惟夫與長子耳其餘期以下則手拜而已

五

○男主必使同姓，婦主必使異姓

鄭氏曰謂為無主後者為主也異姓同宗之婦也婦人外成庾氏蔚之曰喪有男主以接男賓女主以接女賓若父母之喪則適子為男主適婦為女主今或無子婦遣他人攝主若攝男主必使喪家同姓之男婦主必使喪家異姓之女愚謂婦主必使異姓士虞記女女尸必使異姓古人之慎辨於族類如此

○為父後者為出母無服 釋文為出于偽反

鄭氏曰不敢以已私廢父所傳重之祭祀朱子曰此尊祖敬宗尊無二上之意愚謂喪者不祭而母出與廟絶故不敢以其喪廢宗廟之祭也

○親親以三為五以五為九上殺下殺旁殺而親畢矣 釋文殺所戒反徐所例反

五了 五十二

此言先王制服之義也先王之制服至親以期斷加隆焉則三年而其漸殺也極于（於）三月由親有遠近故服有隆殺也親親以三為五者已上親父下親子并已為三又以父而親父之父則及祖以子而親子之子則及孫是以三為五也以五為九者已上親祖下親孫為五又以祖而親祖之父祖則及曾祖高祖又以孫而親孫之子孫則及曾孫元孫是以五為九也上殺者謂服之由父而上而漸殺者也至親以期斷服父加隆故三年祖由期殺應大功加隆故期曾祖由期殺應小功高祖應緦麻而曾祖高祖乃正尊不敢以大功小功旁尊之服服之故曾祖則減其日月重其衰麻而服齊衰三月高祖從齊衰三月無可殺故與（曾）高祖同也下殺者謂服之由子而下而漸殺者也子服父加隆至三年父尊自適子外但

曾誤高

六

不加當作不及

以本服報之故期孫為祖加隆至期祖尊亦以本服報之故九月曾孫服曾祖齊衰三月曾祖報服亦三月而曾孫卑正服緦麻元孫自緦麻三月無可降故與曾孫同也旁殺者謂由已而殺已之崑弟由父祖而殺父祖之昆弟由子孫而殺子孫之昆弟也昆弟至親故期從父昆弟大功從祖昆弟小功族昆弟緦麻此皆已之昆弟由已而旁殺者也世叔父從期殺宜九月而服父三年世叔父與父一體故加至期從祖父既疏加所不加從大功而殺故五月族父又疏故緦麻此外無服也此皆父之昆弟由父而旁殺者也祖加隆故至期而從祖疏加亦不及據大功而殺故五月族祖又疏故緦麻曾祖據期殺本應五月曾祖之昆弟據五月而殺故三月此外無服此祖及曾祖之曾昆兄由祖及曾祖而殺者也外為

書二十五

子期昆弟之子宜九月而昆弟之子為世叔父加期世叔父旁尊不足以加尊故報服期從父昆弟之子服從祖父母無加故正報五月族兄弟之子正報緦麻此子之昆弟由子而漸殺者也祖為孫大功兄弟之孫服從祖小功報亦小功從父兄弟之孫服族祖緦麻報亦緦麻族曾孫為族曾祖緦麻報亦緦麻此外無服此孫及曾孫之昆弟由孫及曾孫而殺者也上殺極於高祖下殺極於元孫旁殺又極於高祖之所出而止故曰親盡蓋其由隆而遞殺極乎九族而此外無可復推也。沈氏括曰喪服但有曾祖曾孫而無高祖元孫或曰經之所不言則不言則不服是不然曾重也自祖以上皆曾祖也自孫以下皆曾孫也雖百世可也苟有相逮者則必為服喪三月故成王於后稷亦稱曾孫而祭禮祝辭無

母誤弟

遠近皆曰曾孫。愚謂沈氏之言是也。喪服不言高祖之服，然族曾祖父母、族祖父母、族父母、族昆母謂之四緦麻，此皆出於高祖之親而有服，則高祖有服可知。是喪服齊衰三章之曾祖，原非專謂祖之父，而沈氏所謂自祖以上苟相逮者，必為服喪三月，此雖聖人復起不能易者也。然則旁殺之服雖盡於九族，而上殺下殺之服有不盡於九族者矣，而曰親畢，何也？蓋據其本服之所殺者而言也。至親以期斷，則祖應九月，曾祖宜五月，高祖宜三月，服之殺極於三月，夫是以謂之親畢。

○禮，不王不禘。王者禘其祖之所自出，以其祖配之。釋文：王如字，又于況反。禘，大計反。○禮不王不禘句舊在則不為女君之子服之下，清江劉氏云當在王者禘其祖之所自出之上，以大傳證之良是，今從之。

王氏肅曰：禘，宗廟五年祭之名。祭其祖之所自出，而以其祖配之若虞氏之祖出自黄帝以祖顓頊配黄帝而祭趙氏曰不王不禘明諸侯不得有也禘者帝王既立始祖之廟猶謂未盡其追遠尊先之意故又推始祖所自出之帝追祀之於始祖之廟而以始祖配祭此祭不兼羣廟之主爲其䟽遠而不敢褻故也朱子曰禘之意最深長如祖考與自家身心未相遼絶祭祀之理亦自易理會至如郊天祀地猶有天地之顯然者不敢不盡其心至祭其始祖已自大段闊遠難盡其感格之道今又推其始祖所自出而祀之苟非察理之精微誠意之極至安能與於此哉

●而立四廟

陳氏祥道曰韋玄成曰王者禘其祖之所自出以其祖配之而立四廟言始受命而王祭天以其祖配之不爲立廟親盡

也元成以禘為祭天固不足信以立四廟為始受命而王者於理或然蓋始受命而王者不必備事七世故立四廟止於高祖而已其上親盡不祭可也劉氏敞曰此句上有脱簡當曰諸侯及其大祖而立四廟愚謂商自湯始王而咸有一德已言七世之廟周自武王始王而周禮守祧八人自姜嫄之外亦已為七廟是始受命而王者不惟立四廟明矣此必言諸侯之禮劉氏之説得之諸侯五廟自大祖外又立親廟四也

庶子王亦如之

鄭氏曰世子有廢疾不可立而庶子立其立廟祭天亦如世子之立也陳氏祥道曰庶子為王雖有正統七廟其可輒廢祖考之祭乎於是自立四廟所以著其不忘本也陸氏佃曰

五月十六

此言王者後世中更衰亂統序既絕其子孫有起者若漢光武復有天下既立七廟則其曾祖禰當別立廟祀之故曰庶子王亦如之也劉氏敞曰此一句當承後文慈母與妾母不世祭也之下脱誤在前耳愚謂鄭註謂世子不得立而庶子立其立廟亦如世子果爾則庶子王當言立七廟不當承立四廟之文也若如陳氏陸氏之説則國統中絶而庶子別起為王三代時固未嘗有此且天子之支庶非為王朝卿大夫則出封為諸侯自當有廟若入繼正統者為祖父之庶則自有適子主其廟祭若入繼者為祖父之適則自當別立昆弟為卿大夫諸侯以主其廟祭是其四廟固無待庶子王然後立而其廟祭亦非庶子王之所主也劉氏不以此句承立四廟之文獨為得之而謂當承慈母與妾母不世祭也之下則

九

恐亦未必然疑此上當有言庶子為君為其母之服而此文承之大約此篇簡策多爛脫當闕所疑

為按注与孔疏作

○別子為祖繼別為宗

鄭氏曰別子為祖者諸侯之庶子別與為後世為始祖也謂之別子者公子不得禰先君繼別為宗者別子之世長子為其族人所宗所謂百世不遷之宗也孔氏曰別子者謂諸侯適子之弟別於正適故稱別子為祖者別子子孫為卿大夫立此別子為始祖繼別為宗謂別子之世世長子恒繼別子與族人為百世不遷之大宗愚謂繼別之宗謂之大宗言其百世不遷宗之者衆也

繼禰者為小宗有五世而遷之宗其繼高祖者也釋文禰乃禮反

鄭氏曰繼禰者為小宗謂別子庶子之長子為其昆弟為宗

也謂之小宗者以其將遷也五世而遷謂小宗也小宗有四或繼高祖或繼曾祖或繼祖或繼禰皆至五世則遷孔氏曰別子之後族人衆多或有繼高祖者與三從兄弟為宗或有繼曾祖者與再從兄弟為宗族以亡身凡事四宗或有繼祖者與同堂兄弟為宗或有繼禰者與親兄弟為宗族人一身凡事四宗兼大宗為五也小宗雖四初皆繼禰為始據初為元故特云繼禰也五世謂上從高祖下至元孫之子此元孫之子則合遷徙不得與族人為宗此五世合遷之宗其實是繼高祖者之子但記文要畧唯云繼高祖也愚謂繼禰者為小宗以其五世則遷宗之者少也禰即別子之庶子繼禰者即別子庶子之子也別子庶子之子一世為繼禰之宗二世為繼祖之宗三世為繼曾祖之宗四世為繼高祖之宗至五世

則為繼高祖之父而同出於高祖之父者不復宗之矣宗至於繼高祖而止又一世則遷故曰有五世而遷之宗其繼高祖者也

是故祖遷於上宗易於下尊祖故敬宗敬宗所以尊祖禰也

此言小宗之所以遷也祖遷於上謂高祖之父親盡於上而不復祭也宗易於下謂小宗至五世為繼高祖之父則其同出於高祖之父者不復宗之也蓋自高祖以下皆祭之所及者也故其宗子之主祭者族人莫不宗事焉蓋以支子不祭而我之祖禰由之而祭焉爾高祖之父不祭故繼高祖之父者亦不為宗此小宗之所以五世則遷也○陳氏祥道曰人生而莫不有孝弟之心親睦之道先王因其有是道而為之節文故立五宗以糾序族人使之親疏有以相附赴告有以

五十三

按喪服文作正體於上彼據父祖適適相承於上言之故云上此據長子是適承之於後言之故云下

相通然後恩義不失而人倫歸厚

庶子不祭祖者明其宗也

庶子不祭祖此謂祖之庶也祖庶不祭祖以自有繼祖之宗主祖之祭故曰明其宗也

庶子不為長子斬不繼祖與禰故也 釋文為于偽反

鄭氏曰尊先祖之正體不二其統也言不繼祖禰則長子不必五世 譙氏周曰不繼祖與禰謂庶子身不繼禰故其長子為不繼祖合而言之也 劉氏智曰不繼祖與禰兩舉之者明父之重長子以其當為禰後也其所繼者於父則禰於子則祖也愚謂喪服父為長子服斬衰三年蓋以正體于（於）下又所將傳重者也若身是庶子則不得為長子服斬蓋庶子不祭無傳重之義故也然身為繼禰之適則將傳重矣記乃言（不）繼

十一

祖與禰喪服傳又云不繼祖者鄭氏謂容祖禰共廟者是也譙氏劉氏亦通之說亦通但玩記傳並據庶子立文則祖禰皆指謂庶子之祖禰鄭氏之說於經意為尤協也馬季長註喪服謂五世之適父乃為之服斬孔氏又引庾氏謂已承之二重為長子斬皆非也○孔氏曰禮為後者有四條皆不可為斬有體而不正庶子為後是也有正而不體適孫為後是也有傳重而非正體庶孫為後是也有正體而不傳重適子有廢疾不立是也四者皆期惟正體又傳重者乃極服耳愚謂庶子不為長子斬此乃正體而無重可傳者又在孔氏所言四條之外者也○敖氏繼公曰殤小功章云大夫公之昆弟為庶子之長殤公之昆弟為其庶子服與大夫同則為其適子服亦三年與大夫同矣公之昆弟不繼祖禰者也承其

五ヲ廿九

服乃若是則所謂庶子不得為長子三年者其誤矣乎愚謂以殤小功章推之則公之昆弟為其長子三年誠當如敖氏之説然欲以是推凡為庶子者為長子之服則非也蓋公之昆弟雖上無所承而身為後世之大祖則其子乃繼別之宗子與尋常庶子之子不同此所以為之三年與

庶子不祭殤與無後者殤與無後者從祖祔食釋文殤音傷祔徐音附

鄭氏曰此二者當從祖祔食而已不祭祖無所食之也共其牲物而宗子主其禮焉愚謂殤謂未成人而死者也無後謂成人而無後者也殤惟祔與除服二祭則止曾子問宗子為殤而死其吉祭特牲鄭氏云卒哭成事之後曰吉祭此殤之祔祭也小記曰除殤之喪也其服必元此殤之除服之祭也成人而無後者亦然殤與無後者無四時吉祭之禮而云庶

十二

者疑亦作專

子不祭殤與無後者，蓋殤與無後者既祔於祖，自後祭無後祖之時，則其神依祖而食，此即殤之祭也。殤與無後者從祖祔食，而庶子不祭宗廟，則不得祭殤與無後者矣。曾子問曰「凡殤與無後者，祭於宗子之家」○鄭氏曰：「不祭殤者，父之庶也；不祭無後者，祖之庶也。」愚謂已為父庶，則已子之殤與無後者皆不得祭矣；已為祖庶，則昆弟之殤與無後者皆不得祭之矣。鄭氏謂庶殤不祭，故以不祭殤專為父庶，不祭無後者為祖庶，其說非是，說詳曾子問。

庶子不祭禰者，明其宗也。

此謂父之庶子也。父庶不祭禰，以有繼禰之宗主禰之祭也。○朱子曰：「庶子不祭，明其宗也，此大傳文，直謂非大宗則不得祭別子之為祖者，非小宗則各不得祭其四小宗所主之

五丁廿の

祖禰也其小記則云庶子不祭禰明其宗也又云庶子不祭祖明其宗也文意重複似是衍字而鄭氏曲為之説於不祭禰則曰謂宗子庶子俱為下士得立禰廟也雖庶人亦然於不祭祖則曰明其尊宗以為本也禰則不祭矣言不祭祖者主謂宗子庶子俱為適士得立祖禰廟者也凡正體在乎上者謂下正猶為庶也疏云庶子適子俱是人子並宜供養而適子蒸（烝）嘗庶子獨不祭者正是推本崇適明有所宗也父庶即不得祭父何假言祖而言不祭祖故知是宗子庶子俱為適士適士得立祖禰二廟宗子得立祖廟祭之而已是祖庶雖俱為適士得自立禰廟而不得立祖廟祭之也正體謂祖之適也下正謂禰之適也雖正為禰適而於祖猶為庶故禰適謂之庶也五宗悉然今姑存之然恐不如大傳語雖簡而

十三

事反該悉也。愚謂上言不祭祖，此言不祭祖禰，一據祖庶，一據父庶，若約而言之，則大傳云庶子不祭者，其義同已該矣。祭法適士二廟，官師一廟，適士謂大宗子為士者。鄭氏以適士為上士，故解上條不祭祖，謂宗子庶子俱為適士得立祖禰廟者；解此條不祭禰，謂宗子庶子俱為下士者得立禰廟者。用意雖深，而實則皆非也。

○親親，尊尊，長長，男女之有別，人道之大者也。

鄭氏曰：言服之所以隆殺。吳氏澄曰：親親謂親而非尊非長者，大傳謂之下治子孫，此章所謂下殺之親也。尊尊謂親而又尊者，大傳謂之上治祖禰，此章所謂上殺之親也。長長謂親而又長者，言長則兼幼矣，大傳謂之旁治昆弟，此章所謂旁殺之親也。男女之有別，謂他姓之女來為本姓婦，本姓之女往為他姓婦者是謂內治夫婦之親大傳之服術所謂名服出入服也愚謂此與大傳服術有六一節義同不及君之服者蓋此及大傳皆據治親而但言其服之恩制者也然君之服謂之方喪乃準乎父之而起則尊尊之服雖但主於一家而言而君之服已該乎其中矣

從服者所從亡則已屬從者所從雖沒也服釋文已音以

從服謂徒從者也徒空也謂非親屬而空服之者也其服有二一是子從母服母之君母二是妾子從君母服君母之黨屬從謂有親屬而服之者也其服有三一是妻從夫服夫之黨二是子從母服母之黨三是夫從妻服妻之黨徒從本非親屬故所從亡則不服屬從本有親屬故所從雖沒猶服○孔氏曰徒從有四一是妾服女君之黨二是子從母服子母

據元本補

元本有此字

所下當有從

之君母；三是妾子為君母之黨；四是臣從君而服君之黨。此四徒之中，惟女君雖沒，妾猶服女君之黨；其餘三徒，所從亡則已。愚謂妾服女君之黨，與從服之義不同，說見于（於）後。若臣從君而服君之黨，則喪服齊衰章云為君之父母、妻、長子、祖父母也。君沒之後（其長子則新君也，其妻則國小君也，其父母、祖父母，君沒之後），新君承重，皆為之三年，則臣亦從新君而服也，皆不可謂所從亡則已也。大傳疏言徒從內有妻為夫之君，則所從亡不服者。但此與大傳皆主言治親之服，則臣服君之黨，妻服夫之君，皆與此所言從服無與。所謂徒從，惟謂子服母之君母，妾子服君母之黨而已，皆所（從）亡則已者也。

○妾（妻）從女君而出，則不為女君之子服。釋文：為，于偽反。

鄭氏曰：妾為女君之黨服，得與女君同，而今俱出，女君猶為子期，妾於義絕，無施服。孔氏曰：從而出，謂姪娣也。出母為子

按本注補為妻字文義始明

猶期姪娣不復服出女君之子已義絶故也

世子不降妻之父母其為妻也與大夫之適子同釋文為于偽反適丁歷反

鄭氏曰世子天子諸侯之適子也不降妻之父母為妻故親之也亦為妻齊衰不杖者君為之主子不得伸也主言與大夫之適子同據服之成文也本所以正見父在為妻不杖於大夫適子者明大夫以上雖尊猶為適婦為主愚謂君大夫皆不降適婦之服故其子亦不降其妻蓋尊厭之法於正體皆不厭也妻之父母從服也公子厭於君為其妻無服故不從而服其父母世子服其妻與大夫之適子同故於其妻之父母之服不降喪服緦麻章云妻之父母不顯大夫以上之服以此記推之則雖大夫無緦服而妻之父母之服與士同矣所以然者夫婦一體妻之父母乃妻之正尊故其夫皆遂服此

與尊降之法不降其正尊者同義也

父為士子為天子諸侯則祭以天子諸侯其尸服以士服

鄭氏曰祭以天子諸侯養以子道也尸服士服父本無爵子不敢以己爵加之嫌於卑之愚謂此謂父賤而子貴者祭祀之法言父為士子為天子諸侯舉極賤極貴者以槩其餘也衣服隨爵命爵命者上之所施於下故以己爵加其父適所以卑其父也

父為天子諸侯子為士祭以士其尸服以士服

此亦舉極尊極卑者以概之也鄭氏曰謂父以罪誅尸服以士服不成為君也天子之子當封為王者後以祀其受命之祖云為士則懼其宗之賢者若微子者不必封其子為王者後及所立為諸侯者祀其先君以禮卒者尸服天子諸侯之

衛氏集說作方來

服如遂無所封立則尸也祭也皆如士不敢僭用尊者衣物愚謂天子見滅而其子不得封別封其族之賢者以繼其先世諸侯見廢而其子不得立別立其族之賢者以繼其先君則廢滅之君之子祭此廢滅之天子諸侯尸以士服而所封立之諸侯祭其先君以禮卒者其尸得用卒者之上服也若遂無所封立則其子孫之祭宗廟雖先君以禮卒者其尸亦服士服也天子諸侯廢滅其尸不得服天子諸侯之服宜矣至於以禮卒者之君而亦不得服其服者則以其子之為士士之廟固不可以有天子諸侯之服也○應氏鏞曰此所言固當時所絕無而僅有自周秦以降而後興替之不常貴賤之懸殊比比有之先王制禮以該括古今之變而將來之人情事物不能違焉所以百世以俟聖人而不惑也

十六

阮本及衛氏集說作服
毛本作衰

婦當喪而出則除之為父母喪未練而出則三年既練而出則已未練而反則期已練而反則遂之釋文為于僞反下不為同期音朞下文皆同

鄭氏曰當喪當舅姑之喪也出除喪絶族也孔氏曰此明婦人遭喪出入之節當喪而出者謂正當舅姑之喪被夫遣出恩情既離故出即除服也為父母喪未練而出則三年者女出嫁為父母期若父母喪未小祥而被出値兄弟之小祥則隨兄弟喪服三年之受以既絶夫族情更隆於父母也既練而出則已者已止也若父母喪已小祥而女被出期喪已除則不復反服所以然者若反本服須隨兄弟之節兄弟小祥之後無變服節故女遂止也未練而反則期者喪未小祥而夫命已反則還夫家至小祥而除依期服也既練而反則遂之者已隨兄弟小祥服三年之受而夫命反之則猶遂三年乃

の(?)八十七

除隨兄弟故也愚謂既練而出則已者喪事即遠已除之喪無復服之理也既練而反則遂之者練後祥前無除服之節故也

○再期之喪三年也期之喪三年也九月七月之喪三時也五月之喪二時也三月之喪一時也

七月之喪大功殤服也成人期喪其長中殤皆爲之大功長殤九月中殤七月鄭氏曰言喪之節應歲時之氣

故期而祭禮也期而除喪道也祭不爲除喪也

鄭氏曰此謂練祭也禮正月存親親亡至今而期期則宜祭期天道一變哀惻之心益哀哀則宜除不相爲也愚謂期而祭者謂期而行小祥之祭再期而行大祥之祭也期而除喪者謂練而男子除首絰婦人除要帶祥而總除哀杖也禮謂

十七

18

相上脱不字

據鄭注補

舉祭禮以存親道，謂順天道以變除也。由夫禮則有不忍忘其親之心，順乎道則有不敢過於哀之意，二者之義各有所主而不相為也。然親固不可忘，而哀亦不可過；不忍忘，故有終身之憂；不敢過，故送死有已，復生有節，又並行而[不]相悖者也。

三年而后葬者必再祭，其祭之間不同時而除喪。

鄭氏曰：再祭，練祥也。間不同時，當異月也。[既祔]明月練而祭，又明月祥而祭。必異月者，以葬與練祥本異歲，宜異時也。而除喪者，祥則除，不禫。愚謂上言祭不為除喪，此又言除喪不可以無祭也。三年而后葬，謂以事故久不得葬者也。練祥為吉祭，未葬則不得以以虞易奠，雖閱再期而練祥之祭不得行，故既葬而必再為練祥也。其祭之間不同時者，謂宜於祔之明月

五百卅三

而練於練之明月而祥其祭之、中間間隔一月而不可同時以練祥之祭本異歲雖喪已三年而其祭亦必異月也而除喪者久而不葬者其喪不除至是而於練除首絰於祥總除哀杖也三年而后葬者服已將除固無存親之義而必為練祥則以服必因祭而除也既練祥則亦當有禫蓋即於祥後為之而不必中月與所以僅言再祭而不及禫者蓋三年而葬或尚在禫月之前則其當禫無疑故不必言也鄭氏謂不禫非也服之變除有漸豈有甫畢祥祭而遽服吉服者哉

大功者主人之喪有三年者則必為之再祭朋友虞祔而已釋文為于偽反下同

鄭氏曰謂死者之從父昆弟來為喪主有三年者謂妻若子幼少大功為之再祭則小功緦麻為之練可也孔氏曰親重

集說引作不當祭之耳

樹按集說改

者為之遠祭親輕者為之近祭故大功為之祥及練小功緦麻為之練朋友但為之虞祔也若死者有期親則大功主者為之至練朞期喪無練此練字當作期若死者但有大功則大功主者至期既惟大功則不當至期當云至大功或期字如字謂大功九月之期大功小功緦麻至祔若又無大功則各依服月數而止故雜記云凡主兄弟之喪雖疏亦虞之謂無三年及期者也○田氏瓊曰劉德議問朋友虞祔謂主幼而為虞祔也若都無主族神不歆非類當虞祔否曰虞安神也祔以死者祔於祖也朋友恩舊親愛固當安之祔之然後義備但後日不當祭之耳應氏鏞曰為死者無主後而慮生者不能父其事故以親疎為之節若盡送往祔附狐之義則雖過於厚而無傷也

○士妾有子而為之緦無子則已

謂妾之賤者也喪服緦麻章云士為庶母貴臣貴妾則士妾之貴者不必有子而為之緦矣○鄭氏注喪服謂士妾賤不足殊而以貴臣貴妾為大夫之服非也士為妾之有子者緦故其子得伸期大夫不服其妾故其子厭降而為大功若大夫為貴妾有服則妾子為其母不當厭降矣妾以姪娣為貴士昏禮云雖無娣媵先姪娣為貴妾士皆為之緦則有子而為之緦者其為非姪娣者可知也

○生不及祖父母諸父昆弟而父稅喪已則否釋文稅皇他活反徐他外反下同

鄭氏曰謂子生於外者也父以他故居異邦而生己已不及此親存時歸見之今其死於喪服年月已過乃聞之父為之服己則否者不責非時之恩於人所不能也當其時則服稅讀如無禮則稅之稅稅喪者喪與服不相當之言愚謂祖父

十九

母也諸父也昆弟也此皆期服而不稅者蓋先王之制服必使情足以稱其文而非徒以其服而已今此諸親恩既不接喪又已遠勉而服之情必有所不能及者矣夫惟不以不能及之情制服而後服其服者必不敢不致其情矣

降而在緦小功者則稅之舊在君已除喪而后聞喪則不稅下鄭氏云宜承父稅喪已則否

降而在緦小功者謂本齊衰大功之親而或以出降或以殤降者稅之者以其本服本在宜稅之限者也凡喪大功以上為小功以下為疏親者稅疏者否下節明期喪有不稅此節明緦小功有稅相對為義所以明稅喪之變也

為君之父母妻長子君已除喪而后聞喪則不稅釋文為于偽反

鄭氏曰臣之恩輕也謂卿大夫出聘問以他故久留愚謂君之父母此謂[illegible]子有廢疾不立而適孫受重故臣為君之父母

二十廿

服期也爲君之父母妻長子皆期然君（之父母長子從服也君之妻小君之服君）爲父母長子三年君服除則臣不稅者恩輕而日月已遠也君爲妻期若君除喪而臣不稅則爲小君全無（稅）法矣殆非也然則妻蓋衍字與

近臣君服斯服矣其餘從而服不從而稅

鄭氏曰謂君出朝覲不時反而不知喪者近臣閽寺之屬也其餘羣介行人宰史也孔氏曰君服而近臣從君服之非稅義也愚謂近臣在君側故不計聞喪早晚君服則服其餘則從而服謂君限内聞喪君服則從而服也不從而稅謂君限外聞喪君稅則不從而稅也

君雖未知喪臣服已

鄭氏曰臣服者所從雖在外自若服也孔氏曰凡從服者悉

然

廿

禮記　廿九至　共計乙萬零乙百九十七字

連書面　共廿二頁

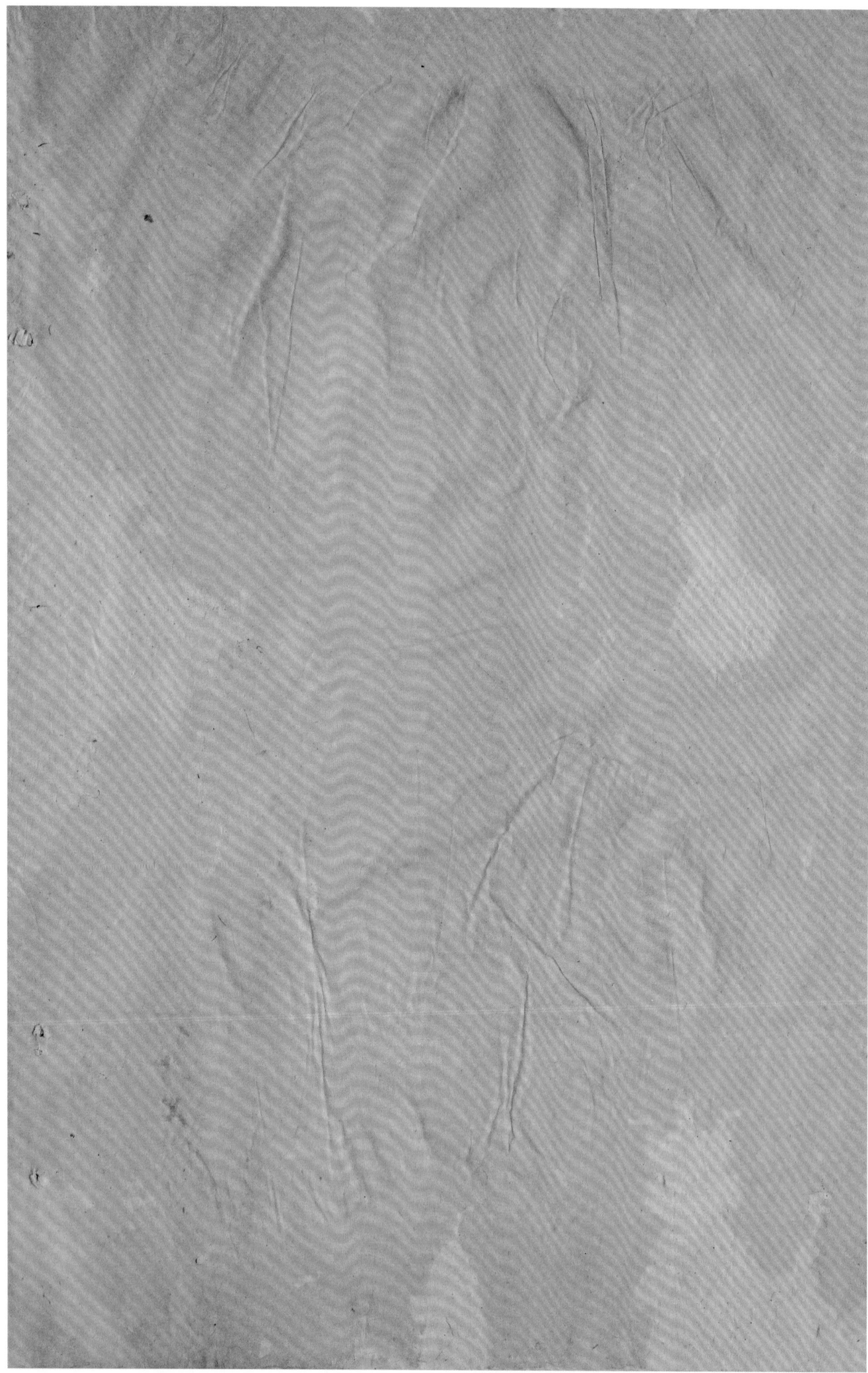

於字當在君字上

禮記卷三十三

喪服小記第十五之二　　孫希旦集解

○虞，杖不入於室；祔，杖不升於堂。

鄭氏曰：哀益衰，敬彌多也。虞於寢，祔於祖廟。

○爲君母後者，君母卒，則不爲君母之黨服。爲，于僞反，下「爲君」同。

鄭氏曰：徒從也，所從亡則已。孔氏曰：爲君母後，謂無適立庶子爲後也。妾子於君母之黨，悉徒從，嫡爲後者同於適，故特明之。愚謂喪服傳曰：「爲人後者，爲其妻之父母昆弟昆弟之子，如子。」子於母黨，不以母沒不服，則爲人後者於母黨，必不以母沒不服矣。庶子爲君母後，宜與爲人後之禮不殊。蓋既爲君母後，則其於君母之黨，乃屬從而非徒從矣。服問曰：「母出，則爲繼母之黨服；母死，則爲其母之黨服。爲其母之黨服，則不爲

不以母沒

五一〇〇

一

繼母之黨服。鄭云：外親亦不二統。喪服記曰：庶子為父後者為其外祖父母、從母、舅無服。夫外親不二統，而亦不可以無統也。庶子為後，不為其母之黨服，則黨當為君母之黨服，不可以君母沒而不服矣。然則此不字其衍文與？

○絰殺五分而去一，杖大如絰。釋文：絰，大結反。殺，去聲。去，起呂反。

絰，五服之首絰也。五服之絰，重者大，輕者小。斬衰苴絰大搹，圍九寸，五分去一，以為齊衰之絰。齊衰絰大七寸五分寸之一。齊衰之絰五分去一，以為大功之絰。大功絰大五寸二十五分寸之十九，五分去一，以為小功之絰。小功絰大四寸百二十五分寸之七十六，五分去一，以為緦麻之絰。緦麻絰大三寸二分六百二十五分寸之三百有六。杖，斬衰、齊衰之杖也。杖大如絰，謂斬衰之苴杖、齊衰之削杖，各如其首絰之大

也
○妾為君之長子與女君同
鄭氏曰不敢以恩輕輕服君之正統孔氏曰女君為長子三年愚妾亦為女君長子三年愚謂妾之服自為其私親外其餘悉與女君同惟為君之長子之服嫌正統傳重之義係於女君而不係於妾故特明之
○除喪者先重者易服者易輕者
除喪謂練（時也重謂經）男子首婦人要（經也凡經男子重首婦人重要）人重要既卒哭男子變麻服葛婦人則變首經不變要經至練而男子除葛經婦人除麻帶各除其所重也易服謂以輕喪之新服易重喪之舊服也輕謂男子要經婦人首經也易服者易輕者謂若先遭沂衰卒哭已變麻服葛又遭齊衰之喪男子則以齊衰之要經變斬衰

二

按所引閒傳文

之葛帶而首絰不變婦人則以齊衰之首絰變斬衰之葛絰而要絰不變也蓋二喪兼服而變其輕者所以明新喪之爲輕留其重者所以表舊喪之爲重也若齊衰既虞而遭大功之功者亦然服問閒傳曰斬衰之喪既虞卒哭遭齊衰之喪輕者包重者特齊衰之喪既虞卒哭遭大功之喪麻葛兼服之是也小功以下無變

○無事不辟廟門哭皆於其次釋文辟婢亦反徐扶亦反

鄭氏曰無事不辟廟門鬼神尚幽暗也廟殯宮哭皆於其次無時哭也有事則入即位孔氏曰辟開也廟門殯宮門也鬼神尚幽闇若朝夕哭及受弔入門即位則暫開之若無事則不開也次謂倚廬朝夕哭入門若晝夜無時之哭則皆於倚廬之中也未葬前哭晝夜無時

王子○ 上

○復與書銘自天子達於士其辭一也男子稱名婦人書姓與伯仲如不知姓則書氏釋文一本無知姓二字

復招魂也書銘謂爲銘而書死者於其上也其辭一者謂復之辭與銘之辭同也男子稱名謂復也士喪禮復曰某復是稱名也銘亦書名士喪禮爲銘各以其物亡則以緇長半幅經末長終幅廣三寸書名於末曰某氏某之柩是也婦人書姓與伯仲謂書銘也如曰伯姬之柩叔姬之柩也其復則亦曰伯姬復叔姬復如不書知姓則書氏曰某氏之柩復亦曰某氏復也此皆謂大夫士之禮若天子則曰天子復書銘曰天子之柩諸侯曰某甫復書銘曰某甫之柩王后則曰王后若夫人亦以字配姓與

○斬衰之葛與齊衰之麻同齊衰之葛與大功之麻同麻同皆兼服

三

之

鄭氏曰：斬衰之葛、齊衰之麻，其經之大俱七寸五分寸之一，帶俱五寸二十五分寸之十九；齊衰之葛、大功之麻，其經之大俱五寸二十五分寸之十九，帶俱四寸百二十五分寸之七十六。皆者，皆上二事也。兼服，謂服麻又服葛也。男子則經上服之葛，帶下服之帶麻；婦人則經下服之麻，自當帶其故帶也。所謂易服易輕者也。兼服之文，主於男子。愚謂葛謂既虞卒哭受服之葛經帶也，麻謂始喪之麻經帶也。麻同，皆兼服之者，凡要帶必視其首經五分而去一分，今此麻葛之經帶同，故兼服之，而首經與要帶仍得為五分去一之差也。

○報葬者報虞，三月而后卒哭。釋文：報，依註音赴，芳付反。

鄭氏曰：報讀為赴疾之赴，謂不待期而葬也。既葬即虞，虞安

卷之卅三

神也卒哭之祭待哀殺也孔氏曰安神宜急而奪哀不忍急也愚謂既虞而未卒哭則每日朝夕哭猶在殯宮但不奠耳

○父母之喪偕先葬者不虞祔待後事其葬服斬衰

鄭氏曰偕俱也謂同月若同日死也先葬者母也曾子問曰葬先輕而後重又曰反葬奠而後辭於殯遂脩葬事其虞也先重而後輕待後事謂如此也其葬服斬衰者喪之隆哀宜從重不葬不敢變服也言其葬服斬衰則虞祔各以其服矣及練祥皆然卒事反服重愚謂先葬者不虞祔者父喪未葬則不敢為母行安神適祖之祭也後事謂葬父之事也待後事者待父喪既葬而虞祔卒哭畢乃為母行虞祔卒哭之祭也其葬服斬衰者言葬父葬母皆服斬衰也○鄭氏曰假令父死在前月而同月葬猶服斬衰孔氏曰前月謂母死前之

四

月也或一月或二月三月但是未葬之間皆是前月愚謂葬有定月父母之喪偕以同月死則當以同月葬故先重而後輕若父死在母之前月則固當先葬父而後葬母矣鄭氏云父死在前月而同月葬猶服斬衰此謂父死在前月之末母死在後月之初雖云隔月而相去祇數日則仍當先葬父而後葬母此於情事固當有之而孔疏乃申其説以至於二月三月則是有五月而尚未葬者矣有是禮乎

○大夫降其庶子其孫不降其父

大夫厭其庶子降爲大功其衆子隨父而降其昆弟孫則不隨祖而降其父父之尊近而祖之尊遠也諸侯庶子之子亦然○鄭氏以此爲鄭氏云祖不厭孫非也大夫爲衆子大功此以尊厭降其衆子也爲庶孫小功此以尊厭降其庶孫也

のヌれ十八

何謂祖不厭孫乎喪服言厭者皆謂厭死者非厭生者也大夫降其庶子其子不從祖而降非所謂不厭孫也

○大夫不主士之喪

鄭氏曰士之喪雖無主不敢攝大夫以為主孔氏曰士死無主後其親屬有為大夫者尊不得主之也

○為慈母之父母無服釋文為于偽反下其妻為為母之為妻禫為庶母為祖庶母皆同

鄭氏曰恩不能及孔氏曰父雖命為母子本非骨肉故不為慈母之父母服愚謂母之父母從服也為因母之父母服以親屬之而從焉者也為君母之父母服以尊統之而從焉者也慈母親則非因母尊則非君母故不服其父母

○夫為人後者其妻為舅姑大功

五

鄭氏曰以不貳隆一作降非孔氏曰賀云此謂子出時已昏故此

婦還服本舅姑大功若子出時未昏至所為後家方昏者不服本舅姑以婦本是路人來又恩義不相接猶臣從君而服不從君而稅人生不相及之徒而皆不責非時之恩也今案夫為本生父母期故其妻降一等服大功是從夫而服不論識舅姑與否假令夫之伯叔在他國而死其婦雖不識豈不從夫服也熊氏云然賀義未善愚謂夫為人後謂所後者為父母則其妻當謂夫所後者為舅姑而於夫之本生父母乃亦稱舅姑者據其本親言之亦猶喪服齊衰不杖章為人後者為其父母之義也為人後者為其父母期嫌其妻或據所後者之親疏以服其舅姑故特明之

○士祔於大夫則易牲

鄭氏曰不敢以卑牲祭尊者也大夫少牢孔氏曰賤不祔貴

五百十九

而云士祔於大夫者謂無士可祔猶如妾無妾祖姑易牲而祔於女君也愚謂此主謂祖適爲士而祔於祖之爲大夫者也而孔氏所言無士可祔者亦該焉雜記曰士不祔於大夫此謂祖庶爲士者耳適孫乃祖之正體祖遞遷于上則祖之廟士將於是祭焉不祔於是而安祔乎適孫爲祖服斬祖爲之服期不聞大夫之爲士而有異也豈有於其死而卑遠之使不得祔者禮本人情雖經記未明言而可以義决也若庶孫既卑固不可以士之卑祔於大夫之尊然而無士可祔則亦惟有祔於大夫而已蓋大夫雖尊與天子諸侯之絶宗者固不同也

○繼父不同居也者必嘗同居皆無主後同財而祭其祖禰爲同居有主後者爲異居

鄭氏曰錄恩服淺深也見同財則期同居異財故同居今異居及繼父有子亦為異居則三月未嘗同居則不服愚謂繼父者子隨母嫁而謂母所嫁之夫也喪服同居繼父齊衰期不同居繼父齊衰三月而此釋其同居不同居之異也繼父不不同居也必嘗同居此釋不同居之義也言必嘗同居而後異居乃謂之不同居繼父若本未嘗同居則不得謂之繼父不為之服也皆無主後同財而祭其祖禰為同居此釋同居之義也無主謂大功以上之親可以主其喪者也無後謂無子也皆者皆此二事也同財與此子共貨財也祭其祖禰築宮廟而使此子自祭其祖禰也備此三者然後為同居也有主後者為異居此又釋不同居之義也繼父初無大功之親與此子同財而祭其祖禰則是同居矣而其後繼父或

大功上當有無字

四百八十三

自有子或雖無子而有大功以上之親自他國而至則不得終其同居而謂之不同居也蓋繼父本非骨肉必其恩之甚厚又無主後之甚可憫乃為之齊衰期若其恩雖厚而其喪不至於無主則為之齊衰三月而已也

○哭朋友者於門外之右南面

鄭氏曰變於有服之親也門外寢門外愚謂門外之右寢門外之西也哭於門外而在西避內喪朝夕哭門外之位也凡於非骨肉之喪而哭之者於門內則在中庭於門外則在西所以為親疎內外之別也南面者哭而不為位之禮也凡哭而不為位者主人南面弔者北面

七

○祔葬者不筮宅

既云宅墓兆也下又云宅墓域也於文似複擬元本宅墓兆也四字今本書添注於宅也下其下

祔葬謂葬於祖之旁也宅墓兆也族葬之法始祖居中以昭

穆爲左右，孫從其祖，若祔廟然「宅墓域」也。不筮者，以其昭穆有一定之次。

○士大夫不得祔於諸侯，祔於諸祖父之爲士大夫者，其妻祔於諸祖姑。妾祔於妾祖姑，亡則中一以上而祔，祔必以其昭穆。釋文：亡，如字，又音無。昭，常遥反，後昭穆皆放此。

鄭氏曰：士大夫謂公子公孫之爲士大夫者，不得祔於諸侯，卑別也。既卒哭，各就其先君爲祖者兄弟之廟而祔之，中猶間也。孔氏曰：禮，孫死祔祖，今祖爲諸侯，孫爲士大夫而死，則不得祔之，謂祖貴，宜自卑遠之也。諸祖父爲大夫士者，謂祖之兄弟也。既不得祔祖，當祔祖之兄弟亦爲大夫士者也。諸祖姑是夫之諸祖父兄弟爲士大夫者之妻也。夫既不得祔祖，故妻亦不得祔於祖姑，而祔於諸祖姑也。若祖無兄弟，可

大晁綦氏句偶失删去耳

元本是云非之

壽卌六

祔亦祔宗族之屬不為諸侯者也然上之士易姓而祔於大
夫而大夫不得易姓祔於諸侯者諸侯之貴絕宗故大夫士
不得祔也妾祔於妾祖姑言妾死亦祔夫祖之妾也亡則中
一以上而祔者亡無也中間也若夫祖無妾則又間曽祖而
祔高祖之妾也祔必以其昭穆者解所以祖無妾不祔曽祖
而祔高祖之義也下文云妾母不世祭則妾無廟今乃云祔
及高祖者當為壇祔之愚謂妾無廟而得祔者祭於寢而祔
之也凡無廟者祭皆於寢○人之始死其神無所依則不安
故為之祔焉使其託於祖以安故祔者所以畢送死之事也
惟天子諸侯及宗子自祖適以上則其所祔之廟即祭之之
八 所此外祔廟其所祔皆非其所祭也且有但祔而已而不復
特祭者如妾之無子者殤與無後者女女子未嫁而死者出

而歸者未廟見而歸葬者皆是也然可以不祭而不可以不祔祭可以別所而祔必於其祖此先王制禮之精意非通幽明之故而知死生之說者其孰能與於斯

諸侯不得祔於天子天子諸侯大夫可以祔於士

鄭氏曰天子諸侯大夫可以祔於士人莫敢卑其祖也愚謂諸侯不得祔於天子此謂始封君及封君之子也不得祔於天子如周公薨於周則不可祔於王季之廟也天子諸侯大夫可以祔於士此謂士庶特起居尊位者也可以祔於士孫之尊無自別於祖之理也如天子之子若孫為諸侯不得祔於祖其祖之昆弟有為諸侯大夫者皆可祔也諸侯之子若孫為大夫不得祔於祖其祖之昆弟為大夫士者皆可祔也

音已見前

○為母之君母母卒則不服「釋文為于偽反下同」

鄭氏曰母之君母外祖適母徒從也所從亡則已愚謂為母之君母母卒則不服為母之妾母母卒猶服也母之君母徒從也母之妾母屬從也

○宗子母在為妻禫

鄭氏曰宗子之妻尊也孔氏曰賀瑒云父在適子為妻不杖不杖則不禫若父沒母存則為妻得杖又得禫凡適子皆然嫌宗子尊厭其妻故特云然賀循云宗子母在為妻禫則非宗子其餘適庶母在為妻並不得禫也婦人尊微不奪正服並厭其餘哀愚謂此條二賀氏之說不同而後說為是妻之喪雖天子諸侯不降亦何嫌於宗子之厭其妻而特明其不禫乎蓋為妻之服與父在為母悉同故母在則不禫殺其服以示其不敢盡同於母之意而非厭降之謂也宗子母在

為妻禫者，舅没則姑老，宗子之妻與宗子上承宗廟下統族人，故其夫為之申禫，五宗悉然。賀循又有杖有不禫，禫有不杖之説。杖有不禫，若出妻之子為母，庶子在父之室為其母皆是也。禫有不杖，謂適子父在母没為妻也。適子父在為妻不杖，而母没得申禫也。

○為慈母後者，為庶母可也，為庶祖母可也。為字，釋文並于偽反，今按當如字。

此因喪服慈母如母一條而欲廣其義也。喪服傳曰：慈母者何也？妾之無子者，妾子之無母者，父命妾曰女以為子，命子曰女以為母，若是則生養之終其身，死則喪之三年。此所謂為慈母後者也。為慈母後者，猶云為慈母之子云爾，非立後之義也。庶母，父妾之有子者也。庶祖母，祖妾之有子者也。記者欲廣慈母之義，故言為慈母後者，非但可與父妾之無子者為子即與父妾之有子者為子亦可也非但可與父妾之有子者為子即與祖妾之有子者為子亦可也蓋子之幼少而無母者不能不資乎撫育而已或但有有子之妾或無妾而但有父妾皆可命為母子以撫育之所以通禮之窮而盡事之變也

○為父母妻長子禫　釋文為于偽反下文則為其母子為妻皆同

鄭氏曰目所為禫者也

按禮世子以下疏引注不引今按本注削之又注無穀梁字

○慈母與妾母不世祭也

鄭氏曰以其非正春秋穀梁傳曰禮世子為君為其母築宮使公子主之於子祭於孫止孔氏曰穀梁隱五年傳云庶子為君為其母築宮使公子主其祭於子祭於孫止鄭引此明不得世祭也愚謂大夫士之妾母蓋祭于寢

孔氏曰復出

本疏作本服

○丈夫冠而不為殤、女子笄而不為殤。釋文冠古亂反

婦人

鄭氏曰不為殤言成人也婦人許嫁而笄未許嫁與丈夫同

為殤後者以其服服之

鄭氏曰言為後者據承之也殤無為人父之道以本親之服服之孔氏曰為殤後者謂大宗子為殤而死而族人為後宗

大

以殤之父為父而不得後此殤者為子以其殤無父義故也曰為後者據已承其處為言也既為殤者父作子則應服殤以兄弟之服而云以本親之服服之者蓋在未後之先不復追服不責人以非時之恩孔氏曰推此時本親兄弟亡在未後之前者亦宜終其本限之日月惟所後如有母亡而猶在三年之内則宜接其餘服不可以吉居凶若出三年則為後

不復追服矣愚謂

者以殤之父為父乃不服殤以兄弟之服而以其服服之者

五千〇三

蓋為後者於殤之父其父子之義定於來後之日而殤之亡在先也不復追服矣所後如有母亡未練而來後則三年已練而來後則不服

○久而不葬者唯主喪者不除其餘以麻終月數者除喪則已

鄭氏曰其餘謂旁親也以麻終月數不葬者喪不變也孔氏曰久而不葬謂有事故不得依月葬者則三年服皆不得祥除也云惟主喪者欲廣說子為父妻為夫臣為君孫為祖得為喪主四者悉不除也其餘謂期以下緦也以麻終月數者主人既未葬故諸親不得變葛仍猶服麻各至服限竟而除也除喪則已者謂月數足而除喪不待主人葬除也然此皆藏之至葬則反服之故下云及其葬也反服其服雖緦亦然以其未經葬故也盧云子孫皆不除以主喪為正耳餘親以

十一

麻終月數除矣庾云君所主夫人妻大子適婦以尊主卑不得同以卑主尊無緣以卑之未葬而使尊者長服衰經也是知主喪不除無爲下流之義惟於承重之身爲其祖曾若子之爲父臣之爲君妻之爲夫此之不除也盧氏云子孫皆不除蕭望之又云獨謂子皆未善也愚謂主喪者不除此主謂子爲父母適孫受重爲祖父母也然爲長子服斬亦宜在主喪不除之内未可以卑者之服槩之若臣爲君衆子爲父母則雖非主喪而不除者也祖爲正尊以縞冠元武子姓之冠推之或亦俟葬而後除與經言主喪者不除據其尤重者言之耳

○齊衰三月與大功同者繩屨

鄭氏曰雖尊卑異於恩有可同也愚謂繩屨繩麻屨也齊衰之

凡變至凶也十九字是下節大祥吉服筮尸注疑誤合於此

服為四等而其屨有三三年與杖期者疏屨不杖期者麻屨三月者繩屨大功亦繩屨蓋齊衰三月輕於齊期大功亦輕於齊期其差次略相似故其屨同

練筮日筮尸視濯皆要絰杖繩屨有司告具而后去杖筮日筮尸有司告事畢而后杖拜送賓 釋文濯大角反

鄭氏曰臨事去杖敬也濯謂溉祭器也凡變除者必服其吉服以即祭服事不以吉臨凶也孔氏曰喪至小祥男子除首絰惟有要絰而病尚深故猶有杖屨是末服變為繩麻將小祥前筮祭日筮祭尸視濯具則豫服小祥之服以臨此三事也不言哀與冠者亦同小祥矣有司執事者也愚謂筮而去杖敬著筮也喪大記曰聽卜有事於尸則去杖視濯去杖敬祭事也視濯主人即位於堂下練祭杖不入於門故於視濯

十二

先去之筮日筮尸視濯皆有賓事畢皆拜送於門外此云筮日筮尸告事畢而後杖拜送賓不言視濯者蓋自此至祭畢然後杖其視濯畢送賓者時不杖也孔疏謂視濯輕無賓故不言非也特牲禮前祭之夕兄弟賓及衆賓從主人即位于堂下主人升自西階視壺濯及豆籩事畢賓出主人拜送此吉祭視濯有賓則練祥視濯有賓必矣

大祥吉服而筮尸

孔氏曰吉服朝服也大祥縞冠朝服今將欲祥亦於前日豫服大祥之服以臨筮日筮尸視濯惟云筮尸者從小祥可知也大祥則并去絰杖繩屨故不云杖絰屨

庶子在父之室則為其母不禫

鄭氏曰妾子父在厭也孔氏曰此謂不命之士父子同宮者

也若異宮則禫如下言則猶杖也禫為服外微奪之耳愚謂士為妾之有子者緦是未嘗厭其妾也不禫者為近父屈也○喪服有厭有屈所為服者見厭謂之厭服之者自抑謂之屈喪服大功章公之庶昆弟為母妻昆弟傳曰何以大功也先君餘尊之所厭不得過大功也此厭之說也齊衰杖期章父在為母傳曰何以期也屈也此屈之說也蓋子與父同有服而父於所為服者以尊故或降之或絶之者則其子亦降之絶之謂死者為尊者所厭而不得伸也屈則異於是有父之所服未嘗以尊厭之而子自屈於父者若父在為母期是也有父於死者無服非父尊之所厭而子自屈於父者若公子不服妻之父母是也其餘以此推之可見矣

庶子不以杖即位

十三

元本作孫

鄭氏曰：下適子也位，朝夕哭位。孔氏曰：適子得執杖至阼階哭位，庶子至中門外而去之，以下於適子也。愚謂喪不二主，適子爲喪主者杖，則庶子不以杖即位，避正主也。

父不主庶子之喪，則孫以杖即位可也。

父主適子之喪而杖，則其子不以杖即位，亦喪不二主也。父不主庶子之喪，則其子爲喪主，故得以杖即位。○鄭註此條云「祖不厭孫，孫得伸也」，又注「姑在爲夫杖」云「姑不厭婦」，皆非也。喪之杖不杖，以杖即位不以杖即位，皆不由於厭不厭也。若謂庶子之子得以杖即位爲祖不厭孫，則於適子之子又何以反厭之？

父在，庶子爲妻以杖即位可也。

父主適婦之喪，適子爲妻不杖，爲其疑於喪主也。父不主庶

喪服十三

婦之喪則其子自主之故得以杖即位

諸侯弔於異國之臣則其君為主

鄭氏曰君為主弔臣恩為已也子不敢當主中庭北面哭不拜孔氏曰諸侯無親弔異國臣之禮若來在此國遇主國之臣喪為彼君之故而弔故主國君代其臣之子為主

諸侯弔必皮弁錫衰所弔雖已葬主人必免主人未喪服則君亦不錫衰

鄭氏曰必免者尊人君為之變也未喪服未成服也既殯成服愚謂皮弁錫衰諸侯弔其卿大夫及大夫自相弔弔之服也皮弁即弁絰也周禮弁師王之皮弁會五采玉璂象邸玉之弁絰弁而加環絰上言皮弁而下言但言弁蒙上之辭也則其為一物可知但弔弁無飾耳不言君弔而曰諸侯弔者

十四

元本有也字

蒙上弔異國之臣見與弔其臣之服同也凡喪小斂而免至成服則不免將葬既啟而免既葬則不免所弔雖已葬主人必免者尊人君特為之變也已葬必免則葬前可知主人未成服時括髮此但免而不括髮又所以異於未成服之前也下文云親者皆免則自大功以上皆免此但言主人者舉其重者言之也未喪服謂未成服也君不錫衰則皮弁襲裘也若未小斂則吉服陸氏佃曰凡諸侯弔皆皮弁錫衰言必者著諸侯弔無內外皆如此○孔氏曰凡五服大功以上為重重服為免之節自始死以至卒哭卒哭乃不免小功以下為輕輕服為免之節自始死至殯殯後不復免至葬啓殯之後而免以至卒哭如始死至殯殯後不復愚謂免者未成服之飾也成服以後啟殯以前悉無免法親疏皆然孔氏謂重

服為免之節自始死至卒哭非是

○養有疾者不喪服遂以主其喪 釋文養羊尚反

鄭氏曰不喪服求生主吉惡其凶也遂以主其喪謂養者有親也死則當為之主其為主之服如素無喪服孔氏曰如素無喪服者養時既去其服今疾者身死已為之主還與素無服同也愚謂養疾者必元端喪無服元端之法蓋稅衰而以長衣養與遂以主其喪此蓋功緦之喪或重喪之末而疾者乃大功以上之親故有喪服而為之養疾及死而遂為之主喪也

非養者入主人之喪則不易已之喪服

鄭氏曰入來也謂養者無親於死者不得為主其有親來為主者素有喪服與素無喪服者異素無服素有服為死者當

十五

服則皆三日成也。孔氏曰若本有服重而新死者輕則一成服而反前服若新死重則仍服死者新服愚謂此謂疾者無子或子幼而養者無服及死而已來主其喪也不易喪服者已死則不以凶爲嫌也及三日則爲之成服

〇養尊者必易服養卑者否

鄭氏曰尊謂父兄卑謂子弟之屬

〇妾無妾祖姑者易牲而祔於女君可也

鄭氏曰女君適祖姑也易牲而祔則凡妾降於女君一等孔氏曰妾祔於妾祖姑無妾祖姑當祔於高祖之妾高祖又無妾則用女君之牲祔於女君可也下一等者若女君少牢妾則特牲女君特牲妾則特豚愚謂不言適祖姑而言女君者姑者對婦之稱不得謂夫之祖妣爲祖姑而女君之稱則通

元本有妾字

乎其上也

婦之喪虞卒哭其夫若子主之祔則舅主之

鄭氏曰婦謂凡適婦庶婦也虞卒哭祭婦非舅事也祔於祖廟尊者宜主焉愚謂雜記云主妾之喪則自祔至於練祥皆使其子主之此主適婦之喪虞卒哭其夫若子主之則練祥可知然則舅主適婦之喪惟主其拜賓之事而不主其祭也

士不攝大夫士攝大夫惟宗子

鄭氏曰士之喪雖無主不敢攝大夫以為主宗子尊可以攝之吳氏澄曰大夫死無後其親屬為士者不得攝大夫惟宗子尊可以士而攝大夫之喪也愚謂宗子大宗子也鄭氏吳氏之說皆通蓋大夫士貴賤殊故士死無主不敢攝大夫為之主大夫死無主士亦不得攝為之主惟大宗子尊故為士而

死可攝大夫以主其喪亦得攝主大夫之喪也然前既云大夫不主士之喪而又記此則此條之義當如吳氏之説攝謂爲主者不在而代爲之祥賓也雜記曰士之子爲大夫其父母弗能主也使其子主之無子則爲之置後大夫之無子者必置後則無事乎攝人以主其喪矣宗子亦然

元本有也字

○主人未除喪有兄弟自他國至則主人不免而爲主

鄭氏曰親質不崇敬也孔氏曰葬後惟君来弔雖非時亦爲之免崇敬欲新其事故也若五屬之親非時而奔喪則主人不須爲之免也愚謂兄弟之奔喪者必免㡇爲主者亦當免故明之惟言未除喪者奔喪禮已除喪而后奔喪主人之待之也無變於服則其不免不待言也

○陳䍣之道多陳之而省納之可也省陳之而盡納之可也釋文省所領反

四百九十五

鄭氏曰多陳之謂賓客之就器也以多為榮省陳之謂主人之明器也以節為禮孔氏曰朋友賓客贈遺明器多陳之以為榮而不可盡納壙中以納有常數故也主人所作明器依禮有限陳之既少盡納於壙可也

○奔兄弟之喪先之墓而後之家為位而哭所知之喪則哭於宮而后之墓

鄭氏曰兄弟先之墓骨肉之親不由主人也宮故殯宮也孔氏曰兄弟骨肉自然相親不由主人故先往之墓所知之喪由主人乃致哀戚故先哭於宮而後至墓

○父不為衆子次於外釋文為于偽反下為出母為夫杖同

鄭氏曰於庶子畧自若居寢孔氏曰長子則次於外

○與諸侯為兄弟者服斬

十七

元本作該

元本服上有始字

元本無不字此補不字是也

鄭氏曰兄弟謂卿大夫以下也與尊者爲親不敢以輕服服之言諸侯者明雖在異國猶來爲三年也愚謂兄弟謂族親也喪服傳曰小功以下爲兄弟喪服經傳凡言所言者兄弟者皆然此篇言奔兄弟之喪與諸侯爲兄弟者服斬皆言兄弟而不言昆弟者以疏誤親也愚謂卿大夫爲君服斬不疑此言與諸侯爲兄弟者服斬蓋謂出在他國者也諸侯之兄弟在他國若仕爲他國大夫士則自當爲其君服斬三年而得爲諸侯服斬者蓋爲以其本服之月數服之皆以斬衰猶如爲宗子皆服齊衰之義也蓋與尊者爲親不敢以輕服之服而非臣爲君斬衰三年之服也然則斬衰之服亦有不至三年者與曰曾子問娶女有吉日而女死壻齊衰而弔既葬而除之夫死亦如之鄭氏謂女服斬衰可以既葬而除則亦何不可

四百九十五

以期與九月五月而除乎

○下殤小功帶澡麻不絕本詘而反以報之釋文澡本又作藻音早一本無麻字不絕本或作子（不）絶本非也詘邱勿反

鄭氏曰報猶合也下殤小功本齊衰之親其經帶澡率治麻為之帶不絕其本屈而上至要中合而糾之明親重也愚謂此言下殤小功之帶之重也下殤小功本齊衰之親也帶澡麻者其帶澡治牡麻為之也喪服於齊衰大功小功皆言牡麻帶經而殤小功章特言澡麻蓋大功以上麻經不澡小功以下澡之獨於殤小功言澡以見上下也本者麻之根也麻以有本為重大功以上麻不斷本小功以下斷之下殤小功雖首經無本而其帶猶不絕本也報合也謂成服之時屈所垂散麻上至於要然後合而糾之也帶以散為重以絞為輕

十九

成人大功以上之喪未成服之前散帶成服而絞之大功殤雖成服不絞帶下殤小功則散其屈者絞其垂者至本服大功之爲殤而降者則其帶皆不散矣蓋下殤小功雖輕於大功之殤而重於餘殤故其帶既有本而又不盡絞之皆所以明其重也

○婦祔於祖姑祖姑有三人則祔於親者

鄭氏曰謂舅之母死而又有繼母二人也親者謂舅所生愚謂大夫士繼娶並祔之禮於此可以見之

○其妻爲大夫而卒而后其夫不爲大夫而祔於其妻則不易牲妻卒而后夫爲大夫而祔於其妻則以大夫牲

鄭氏曰此謂始來仕無廟者無廟者不祔不易牲以士牲也愚謂婦隨夫爲尊卑者也言不易牲以見與士祔于大夫者

按阮刻宋本作祀　毛本作礼誤

不同也無廟者不祔始封君亦然

○為父後者為出母無服無服也者喪者不祭故也

鄭氏曰適子正體於上當祭禮也

○婦人不為主而杖者姑在為夫杖

父主適婦之喪子不杖母主適子之喪婦猶杖者斬衰無不杖也然母既為主則為夫雖杖其禮當有所降矣其房中則杖即位於階阼階之上則輯杖與

母為長子削杖為于偽反下更文為父母同

鄭氏曰嫌服男子當竹杖也母為長子服不可以重於子為己也愚謂苴杖斬衰之杖也削杖齊衰之杖也父為長子斬衰則苴杖母為長子齊衰則削杖各如其為己之服以服之也

十九

本疏童子作童女

孔氏曰以下據天本補

女子子在室為父母其主喪者不杖則子一人杖

鄭氏曰女子子在室亦童子也主喪謂無男昆弟使同姓者攝主不杖則子一人杖謂長女也許嫁及二十而笄為成人成人正杖也孔氏曰若主喪者杖則此童子不杖○孔氏曰此論婦人應杖之節

○緦小功虞卒哭則免

鄭氏曰棺柩已藏嫌恩輕可以不免也孔氏曰葬時棺柩已啟著免可知嫌虞與卒哭棺柩已掩不復著免故特明之愚謂虞卒哭則免已卒哭變葛乃不免也

既葬而不報虞則雖主人皆冠及虞則皆免釋文報音赴冠如字又古亂反下同

鄭氏曰有故不得疾虞雖主人皆冠不可久無飾也皆免自主人至緦麻愚謂喪自既啟以後卒哭以前其服與未成服之前同然未成服時主人括髮齊衰以下免啟後則雖主人

亦免士喪禮啓殯丈夫髽蓋雖丈夫亦不垂其髮而結為紒如婦人矣是葬時之免即婦人之布髽也既不垂其髮又以布而不以麻以葬時行於道路宜稍飾也曾子問如小斂則子免而從柩是行於道路雖初喪主人亦免也

為兄弟既除喪已及其葬也反服其服報虞卒哭則免如不報虞則除之　釋文為于偽反

為兄弟既除喪已謂久而不葬而以麻終月數者也及其葬也反服其服報虞卒哭則免言皆與常禮同不以已除喪而有異也不報虞則除之喪本已除故也如報虞則於卒哭而除之

遠葬者比反哭者皆冠及郊而后免反哭　釋文比必利反

鄭氏曰遠葬墓在四郊之外孔氏曰郊野之外不可無飾故

奠訖臨欲反哭之時乃皆著冠至郊而后去冠著免反哭於廟

君弔雖不當免時也主人必免不散麻雖異國之君免也親者皆免鄭註異國之君免或為弔

不當免時謂成服以至啟前既葬卒哭以後也鄭氏曰不散麻者自若絞垂為人君變貶於大斂之前既啟之後也親者大功以上也孔氏曰凡大斂之前著免大功以上散麻大斂以後著冠不散麻糾其垂也至將葬啟殯之後已葬之前亦免大功以上亦散麻若君弔雖不當免時必為之著免不散麻者貶於大斂之前及既啟之後雖他國君來與已國君同主人為之著免大功以上親者皆從主人之免敬異國君也○異國之君尚然已君來弔親者皆免可知也愚謂●孔氏曰

四百八十六

此一節記著免之節

○除殤之喪者其祭也必玄

鄭氏曰殤無變文不縓元冠元端黄裳而祭不朝服未純吉也於成人為釋禫之服孔氏曰以經云必元故知元端元冠也知黄裳者若其素裳則與朝服純吉同故知黄裳也知不元裳者以元黄相對之色故知釋禫之服若元裳即與上士吉服元端同也非釋禫服也陸氏佃曰言必元則裳亦元鄭氏謂元端黄裳非是據齋之元以陰幽思也齋元而養愚謂陸氏之説是也凡言元者皆謂冠及衣冠俱元者也元冠元衣元裳此士吉祭之服也殤文不縓無變除之漸故服吉服以除其喪又鄭氏以元冠元端黄釋裳為釋禫之服乃據變除禮而言然變除禮多不足據説見玉藻及間傳

下冠字當作裳

裳

廿一

除成喪者其祭也朝服縞冠。釋文朝直遥反

成喪成人之喪縞冠縞冠素紕也

○奔父之喪括髮於堂上袒降踊襲絰于東方奔母之喪不括髮袒於堂上降踊襲免于東方絰即位成踊出門哭止三日而五哭三袒

鄭氏曰凡奔喪謂道遠已殯乃来也爲母不括髮以至成服一而已貶於父也即位以下於父母同也三日五哭者始至訖夕反位哭乃出就次一哭也與明日又明日之朝夕而五哭三袒者始至袒與明日又明日之朝而三也孔氏曰此論奔喪之法括髮於堂上者於殯宫堂上不笄纚者奔喪異於初死也袒降踊襲絰于東方者袒謂堂上去衣降堂阼階東而踊襲謂掩所袒之衣東方謂東序東既踊畢襲帶絰于東

三之卅六

自熏裳以下至復還十六字疑衍

又明至始至七字疑衍

序東奔母之喪不括髮者初時括髮至又哭以後至於成服不括髮袒於堂上降踊與父同父則括髮而加絰母則不括髮而著免加絰即位於阼階之東而更踊熏裳父母之喪而言也即位自東方復還同父母同也於此之時賓來弔者則拜之奔喪禮所謂反位拜賓成踊是也出門哭止者出殯宮之門就於廬故哭者止五哭者初來一哭與明日又明始至與明日又明日朝夕之哭為五哭三袒者初至袒明日朝袒又明日朝袒為三袒在家之時始死哭踊無節今聞喪已久奔喪禮殺故三日五哭異於在家也若未殯前來與在家同

愚謂降踊自西階即位於阼階下而踊也東方堂下之東序東也即位自東序東反即阼階下之位也孔疏襲帶絰于東序東上有升堂二字蓋傳寫之誤也

廿二

按本注增

適婦不為舅後者，則姑為之小功

鄭氏曰：謂夫有廢疾他故，若〻而無子不受重者。小功，庶婦之服也。凡父母於子，舅姑於婦，將不傳重於適，及所傳重者非適，服之皆如庶子庶婦也。

禮記卅卷　共計一萬零八百五十字

連書面共卅四頁

五百四十三

禮記卷　　　　孫希旦集解

大傳第十六　別錄屬通論

鄭氏曰：名曰大傳者，以其記祖宗人親之大義。吳氏澄曰：儀禮十七篇，惟喪服經有傳，此篇通引喪服傳文而推廣之。喪服傳逐章釋經，如易之彖象傳；此篇不釋經而統論，如易之繫辭傳，故名為大傳。愚謂此篇之義，言先王治天下必自人道始，篇中言祭法，言服制，言宗法，皆所以發明人道之重，而篇末尤歸重於親親，蓋人道雖有四者，而莫不由親親推之，所謂孝弟為為仁之本也。

禮不王不禘。王者禘其祖之所自出，以其祖配之。諸侯及其大祖，大夫士有大事，省於其君，干祫及其高祖。釋文王如字，又于況反。禘，徒細反。省，舊仙善反，善也。按爾雅省即訓善，息靖反，無煩改字。祫音洽。○今按省讀如字，為省錄之義。

一

趙氏匡曰不王不禘明諸侯不得有也所自出謂所系之帝禘者帝王既立始祖之廟猶謂未盡其追遠尊先之意故又推尋始祖所自出之帝而追祀之以其祖配之者謂於始祖廟祭之以始祖配祭也此祭不兼羣廟之主為其踈遠而不敢褻狎故也其年或每年或數年未可知也諸侯五廟唯大廟百世不遷言及者遠祀之所及也不言禘者不王不禘無所疑也不言祫者四時皆祫故不言祫也省謂有功見省記也干者逆上之意言逆上及高祖也據此体勢相連皆說宗廟之事不得謂之祭天鄭元注祭法云禘謂配祭昊天上帝於圜丘蓋見祭法說禘文在郊上謂為郊之最大者故為此說耳祭法所論禘郊祖宗謂六廟之外永世不絕者有四種耳禘之所及最遠故先言之豈關圜丘哉鄭氏又云祖之所自

御集說引有數字

祫據集說改

其年（數）

皆祫（祭）

体（體）

靈威誤倒據注疏改

五丁五十二

出謂感生帝威靈仰也此文出自讖緯哀平間僞書也而鄭氏通之於經其爲誣蠢甚矣愚謂祖始祖也天子大禘之祭追祭始祖所自出於始祖之廟始祖所自出之帝居西南隅東向之位而始祖居東北隅南向之位而配食也得姓之祖謂之始祖始封之君謂之大祖諸侯不禘惟得祭其大祖而於太祖以上則不得祭矣有大事省於其君者謂有大功而爲其君所省録也干者自下而進取乎上之意祫本諸侯以上之禮而大夫士用之故曰干祫大夫三廟士一廟雖並得祭高祖以下然每時但殖祭一祖而不得合祭惟有大功而爲其君之所省録命之大祫然後得合祭高祖以下也左傳曰祭以特牲殷以少牢殷祭即祫也蓋大夫士之祫亦如諸侯之大祫間歲行之而不常舉者也大夫士之爲宗子者皆

二

有大祖之廟其祫祭當於大祖之廟而合食高祖以下此乃言及高祖而不言大祖者若言及其大祖嫌大祖以下並得合食與諸侯大祫之禮同故言及其高祖以見大祖而外其得與於合食者惟高祖以下爾蓋其禮僅如諸侯之時祫而已然則雖曰干祫而不嫌於七等矣此節言天子以下祭祀所及之不同蓋德厚流光德薄流卑故其差降如此然因其分之所及以盡其報本追遠之意則上下一也○喪服齊衰不杖章為人後者為其父母傳曰為人後者孰後後大宗也曷為後大宗大宗者尊之統也禽獸知母而不知父野人曰父母何算焉都邑之士則知尊禰矣大夫及學士則知尊祖矣諸侯及其大祖天子及其始祖之所自出尊者尊統上卑者尊統下大宗者尊之統也大宗者收族者也此篇首言祭

法末言宗法皆本此傳之義而推廣之者也

牧之野武王之大事也既事而退柴於上帝祈於社設奠於牧室遂率天下諸侯執豆籩逡奔走追王大王亶父王季歷文王昌不以卑臨尊也 釋文逡息俊反追王于况反亶丁但反父音甫

鄭氏曰柴祭奠告天地及先祖也牧室牧野之室也古者郊關皆有館焉先祖者行主也逡疾也疾奔走言勸事也不以卑臨尊不用諸侯之號臨天子也愚謂戎事為大事而牧野之事武王所以伐暴救民尤戎事之大者也既事而退謂既克紂而退也柴祈奠謂于牧野祭天地先祖而以克紂之事告之也柴燔柴也社社主也此告社而曰祈者因告而有祈也設奠於牧室謂於牧野之室而奠遷主也遂書作駿疾也奔走謂有事於廟中也此謂武王克紂之後歸至于豐而率

諸侯以祭宗廟也。武成曰丁未祀于周廟越三日庚戌柴望蓋臣子無爵君之義故武王歸于豐既祀宗廟復行祭天之禮而以三王之功德告于天而追王之亦稱天而誄之義也牧誓稱文王為文考至庚戌柴望之後大告武成而文王與大王王季皆稱王則三王之追王在庚戌之柴無疑也中庸曰周公成文武之德追王大王王季蓋以周之禮制皆出于周公故繫而言之其實追王在武王時也此篇言聖人之治天下自人道始而首以祭祀之法與追王之禮言之者以上治之事於人道為尤重也呂氏祖謙曰謂不以卑臨尊此出于漢儒之說而非追王之本意也三王乃武王之祖父其尊孰大於是曷為待追王而後尊哉武成曰大王肇基王迹王季其勤王家我文考文王克成厥勳誕膺天命蓋三王皆肇基之主所以追王之也愚謂追王之禮夏商之所未有而始于周蓋周之王業實由三王積累而成與前代不同所謂禮以義起者也若謂不以卑臨尊則后稷為始祖猶諸侯爾祖孫父子之間其尊卑豈以爵位哉

上治祖禰尊尊也下治子孫親親也旁治昆弟合族以食序以昭繆別之以禮義人道竭矣釋文禰本或作禰年禮反繆音木別彼列反下至其庶姓別並同

鄭氏曰治猶正也繆讀為穆聲之誤也竭盡也愚謂治謂立為法制以別其親疏厚薄之宜也尊尊自上而殺所以上治也親親由下而殺所以下治也合族以食謂聚合族人而與之飲食大伯宗以飲食之禮親宗族兄弟是也合族以食以聯其情之同別以昭穆以辨其等之異皆旁治之事也別之以禮義謂以禮義治男女而便之有別也旁治昆弟即下文

所謂長長别之以禮義治即下文所謂男女有别也竭盡也言人道之大竭盡於是四者而無遺也上文言祭祀之法追王之禮皆上治祖禰之事也此又倫言聖人之治人道有此四者篇中所言皆所以發明此義也

聖人南面而聽天下所且先者五民不與焉一曰治親二曰報功三曰舉賢四曰使能五曰存愛五者一得於天下民無不足無不贍者五者一物紕繆民莫得其死聖人南面而聽（治）天下必自人道始矣釋文聽體寧反與音預贍本又作澹食艷反紕匹彌反徐孚夷反繆音謬本又作謬

且先者言未暇及其他而且以此為先也民不與者五者雖皆所以為民而猶未及乎民事也治親即治人道之事也蓋人道别而言之則有親親尊尊長長男女之不同合而言之祖禰子孫昆弟男女皆親也尊之親之長之别之皆所以治

書五十五

元本有爲字

親也功功臣也報功若賚之詩言大封功臣也賢謂有德者能謂有才者存愛以愛人之事存於心而不亡也一得猶言盡得也無不足力皆足以自給無不贍財皆足以自養紕繆乖錯而失其道也蓋五者雖未及乎民事而實為民事之所從出故其得失之係乎民如此然治天下以五者先而五者又以治親為先蓋取人以身脩身以道親親而仁民仁民而愛物苟於人道有所未盡則所謂報功舉賢使能存愛者皆無其本矣此二句乃一篇之大旨

五

立權度量考文章改正朔易服色殊徽號異器械別衣服此其所得與民變革者也釋文量音亮正音征徽諱韋反械戶戒反別彼列反○鄭注徽或作褘

鄭氏曰權稱也度丈尺也量斗斛也文章禮法也服色車馬也徽號旌旗之名也器械禮樂之器及兵甲也衣服吉凶之

制也孔氏曰立者言始有天下必造此物也考校也文章國之制禮法也正謂年始朔謂月初周子殷丑夏寅是改正也周夜半殷鷄鳴夏平旦是改朔也服色車馬也易之謂各隨所尚赤白黑也殊別也徽號旌旗也周大赤殷大白夏大麾各有別也器謂楬豆房俎禮樂之器械謂戎路革路兵甲之屬也陳氏祥道曰左傳曰楊場徽者公徒也蓋用兵之法以旌旗詩書事以名號待夜事則徽號者徽幟之號也愚謂言立權度量則此三者三代之法不同也文章謂禮樂制度檀弓疏引春秋緯元命包樂緯稽耀嘉云夏以十三月為正息卦受泰注云物之始其色尚黑以平旦為朔殷以十二月為正息卦受臨注云物之牙其色尚白以鷄鳴為朔周以十一月為正息卦受復其色尚赤以夜半為朔是三代改正朔易

王司卅三

服色之事也服如服牛乘馬之服謂戎事所乘若夏乘驪殷乘翰周乘騵是也色謂祭牲所用之牲色若夏元牡殷白牡周騂犅是也徽謂旌旗若周禮九旗號謂號名周禮大司馬仲夏教茇舍辨號名之用是也別衣服若冠則夏毋追殷章甫周委貌弁則周弁夏收殷冔養老之衣則虞深衣夏燕衣殷縞衣周元衣之類是也此節言數度文為之末隨時變革所以明下文不可變革者之重也○輔氏廣曰聖人之治有所更易無非所以奉天命而順人心固非私意所能與也

其不可得變革者則有矣親親也尊尊也長長也男女有別此其不可得與民變革者也釋文長長並丁丈反別彼列反

四者乃人道之大故不可得而變革孔子言殷因於夏禮周因於殷禮董子言王者有改制之名無變道之實是也上文

六

言人道之當先此又言人道之不變惟其不可變所以必當先也

同姓從宗合族屬異姓主名治際會名著而男女有別釋文際音祭

鄭氏曰合合之宗子之家序昭穆也異姓謂來嫁者也主於母與婦之名耳際會昏禮交接之會也著明也母婦之名不著則人倫亂也孔氏曰同姓父族也從宗謂從大小宗也合族屬謂合聚族人同時而食也異姓謂他姓之女來為己姓之妻者繫夫之親主為母婦之名夫若為父行則主母名夫若子行則主婦名正治也主此母婦之名以正昏姻交接會合之事母婦之名著則男女尊卑異等不相淫亂愚謂同姓從宗合族屬者若宗子侍則族人皆侍是也異姓主名治際會者異姓之女於己本無親屬故繫其夫而定母婦之名以

[illegible]

治際會之事也際會謂于吉凶之事相交際而會合也若特牲禮宗婦在房中士喪禮婦人俠牀東面衆婦人户外北面是也鄭氏專以昏禮言非是蓋同姓族屬漸衆懼其離有宗以統之則不至於離異姓男女相聚懼其亂有名以别之則不至於亂

其夫屬乎父道者妻皆母道也其父屬乎子道者妻皆婦道也謂弟之妻婦者是嫂亦可謂之母乎名者人治之大者也可無慎乎

釋文屬音燭嫂本又作嫂悉早反治直吏反

鄭氏曰言母婦無昭穆於此統於夫耳母焉則尊之婦焉則卑之尊之卑之明非己倫以厚别耳愚謂此一節本儀禮喪服傳之文言婦人爲夫之昆弟無服之義此篇引之則以明昆弟之妻所以不爲母婦之名也道謂昭穆之行列也異姓

婦人來嫁已族惟繫其夫以為尊卑故其夫為父道則其妻有母道而其名謂之母其夫為子道則其妻有為婦道而其名謂之婦昆弟昭穆同兄長於我而非有父道則其妻不可謂之母弟幼於我而非有子道則其妻不可謂之婦也爾雅曰兄之妻曰嫂弟之妻曰婦是後世稱於兄妻猶但稱為嫂不稱為母而於弟妻則稱為婦故記者緣類以曉之言若稱弟之妻為婦則是嫂亦可謂之母矣而可乎言其不可也人治言治人道也蓋尊屬卑屬之妻其際會主名以治之昆弟之妻其際會又以不為之名者治之以其無尊卑之分而尤嚴其別也蓋人道有四篇首二節言上治祖禰之事此上二節中言男女有別之事此下二節中言旁治昆弟之事不言下治子孫者子孫與祖禰相對能事祖禰則子孫之治在其

中矣

四世而緦服之窮也五世袒免殺同姓也六世親屬竭矣釋文免音問殺色界反徐所例反

鄭氏曰四世共高祖五世高祖昆弟六世以外親盡無屬名

孔氏曰四世謂上至高祖以下至已兄弟同承高祖之後者為族兄弟相報服緦也為親兄弟期一從兄弟大功再從兄弟小功三從兄弟同承高祖服緦麻是服盡於此也五世謂共承高祖之父者也服袒免而無正服減殺同姓也六世共承高祖之祖者也不服袒免同姓而已故云親屬竭矣愚謂四世而緦者由高祖之子至已為四世凡旁親承高祖之後者為之服緦麻喪服族曾祖族祖父母族父母族昆弟為四緦麻是也窮猶終也五服之殺至緦麻而終也同高祖之親

謂之族，以在九族之内也。五世在九族之外，不得爲同族，但同姓而已。同姓既疏，故殺其恩誼，但爲之袒免而無服也。竭，盡也。五世而别族，則親屬固竭矣，然相爲袒免，則猶有未盡竭者焉。至六世并不爲袒免，則相弔而已，蓋其異於途人之泛然者幾希矣，故曰親屬竭矣。

其庶姓别於上，而戚單於下，婚〔昏〕姻可以通乎？釋文：戚，千歷反。單音丹。昏姻如字。

鄭氏曰：昏姻可以通乎，問之也。元孫之子，姓别於高祖。解庶姓别於上。五世而無服，解戚單於下。姓，世所由生。又明姓之所以别。孔氏曰：作記之人見殷人五世以後可以通昏，故將殷法以問於周，言周家五世以後，庶姓别異於上，與高祖不同，各爲氏族也。戚，親也。單，盡也。戚單於下，謂四從兄弟恩親盡於下，各自爲宗，不相尊敬也。庶，衆也。高祖以外，人轉廣遠，分姓衆多，故曰庶姓姓别親盡雖是周家昏姻可以通乎問其可通與否愚謂庶姓謂共高祖之親皆係於高祖以為姓所謂族也正姓惟一高祖之姓衆多故曰庶姓庶姓别于上謂高祖之父親盡於上其出于高祖之父者别有所繫以為族而不復繫高祖之父以為族也戚單於下謂同出於高祖之父者親盡而不相為服也姓别戚單於下疑可通昏故據而問之

繫之以姓而弗别綴之以食而弗殊百世而昏姻不通者周道然也釋文繫音計又戶計反别皇如字舊彼列反綴丁衛反食音嗣

鄭氏曰周之礼所建者長也姓正姓也始祖為正姓高祖為庶姓繫之弗别若今宗室屬籍是也周禮小史掌定繫世辨昭穆孔氏曰此記者據周法答問也周法雖庶姓别異於上而有世繫連繫之以本姓而不分别連綴族人以飲食之禮

而不殊異，雖相去百世，而昏姻不通，周道然者，言周道異於殷也。愚謂百姓而昏姻不通者，周道然也，則自殷以上男女辨姓之禮固不如周之嚴矣。然孔氏謂殷不繫姓，無繼別之宗，五世而昏姻可通，（王制及小記疏）則恐不然。盤庚告其臣曰：兹予大享於先王，爾祖其從與享之，可知殷之臣其有功而祭於大烝者，為其後世之太祖矣。周初分封列國，所謂殷民六族、殷民七族、懷姓九宗，職官五正，此皆殷之世家大族，與國家相為終始者，何謂無繼別之宗乎？姓本之始祖，其所從來遠；宗繫之別子，其所從來近。殷之昏姻雖辨姓之禮未嚴，未必遂不辨宗也。○孔氏曰：天子賜姓賜氏，諸侯但賜氏，不得賜姓，降於天子也。故左傳天子建德，因生以賜姓，胙之土而命之氏；諸侯以字為謚，曰以為族，官有世功，則有官族，邑亦如

炎字於字據疏改

之天子因諸侯先祖所生賜之曰姓杜預云若舜生嬀汭賜姓曰嬀封舜之後於陳以所封之土命為氏舜後姓嬀而氏曰陳故鄭駁異義云炎帝姓姜大皞之所賜也黄帝姓姬炎帝之所賜也堯賜伯夷姓曰姜賜禹姓曰如（姒）賜契姓曰子賜稷姓曰姬是天子賜姓也諸侯賜卿大夫以氏若同姓公之子曰公子公子之子曰公孫公孫之子其親已遠不得上連於公故以王父字為氏若適夫人之子則以五十伯仲為氏若魯之仲孫季孫是也若庶子妾子則以二十字為氏若展氏臧氏是也若異姓則以父祖官及食邑為氏又曰始祖為正姓虞（炎）帝姓姜黄帝姓姬周姓姬本之（於）黄帝齊姓姜本於炎帝宋姓子本於契是也高祖為庶姓若魯之三桓慶父叔牙季友之後及鄭之七穆子游子國之後為游氏國氏之等愚

謂姓氏之別有三一曰姓始祖所受若殷之子周之姬百世不別者也此篇所謂繫之以姓而弗別是也二曰氏別子之孫所受若魯之三桓鄭之七穆亦百世不別者也此篇所謂別子為祖繼別為宗是也三曰族出於高祖者繫於高祖以為稱若魯季氏之別出為公甫氏孟氏之別出為子服氏五世則別者也此篇所謂庶姓別於上是也姓者諸侯所受于天子氏者大夫所受于諸侯而族則凡大夫士皆可係其高祖以為稱而不必有所受也然通而言之則姓亦曰氏春秋書姜氏子氏是也氏亦曰族左傳無駭卒羽父請謚與族是也族亦曰姓此言庶姓是也

服術有六一曰親親二曰尊尊三曰名四曰出入五曰長幼六曰從服

按婦女當作母婦母婦之名即前文所謂異姓主名也

書十八

術猶道也親親謂正卑之服尊尊謂正尊之服名謂異姓之女來嫁于己族主婦[母]女之名而為之服也喪服傳曰世母叔母何以亦期也以名服也又曰從母何以小功也以名加也是也出入謂已族之女有出有入而服因之而有隆殺也未適人及反而在室者曰入適人曰出長謂旁親屬尊者之服幼謂旁親屬卑者之服也從服謂非己之正服從于[於]人而服者也蓋親親者所以下治子孫尊尊者所以上治祖禰名者所以為男女之別長幼者所以旁治昆弟也若出入則女子子為親親之服姑姊妹為長幼之服而特其在家與適人之不同而已從服則夫之從妻但服其正尊子之從母妻之從夫兼服其旁尊亦皆不出乎尊尊長幼之義是服雖有六莫不由乎人道之四者而起也

十一

從服有六：有屬從，有徒從，有從有服而無服，有從無服而有服，有從重而輕，有從輕而重。

屬從徒從說見小記。鄭氏曰：從有服而無服，公子為妻之父母；從無服而有服，公子之妻為公子之外兄弟；從重而輕，夫為妻之父母；從輕而重，公子之妻為其皇姑。鄭氏說皆問傳文，說見本篇。愚謂從服有六，實不外乎屬從徒從而已，其下四者皆屬從之別者也。此上二節言服制不外乎人道也。

自仁率親，等而上之至于祖，名曰輕；自義率祖，順而下之至于禰，名曰重。一輕一重，其義然也。釋文：上，時掌反。

此又以服之上殺明上治祖禰之義也。自，猶從也。率，循也。親謂父也。輕重謂服之隆殺也。仁主于恩厚，義主于斷制。從乎仁則服隆于三年，而其事循乎親，等而上之，而為祖期，為曾

四百廿八

愚疑恩

列按注改

祖三月而其服漸殺故曰輕輕者義之制也從乎義則服殺于（於）三月而其事循乎祖順而下之而為祖期為父母三年而其服轉隆故曰重重者仁之厚也一輕一重無非天理所當然非以私意為隆殺也蓋祖禰皆尊尊之服然父則尊親並極祖則尊雖極而思（恩）稍遠矣此服之輕重所以不同也

君有合族之道族人不得以其戚戚君（句）位也鄭氏讀族人以下十字為句石梁王氏讀君字為句位也為句今從之

鄭氏曰君恩可以下施而族人皆臣也不得以父子兄弟之親自戚於君位謂齒別（列）也所以尊君別嫌也孔氏曰合族謂設族食燕飲有合會族人之道輔氏廣曰君有合族之道親親仁也族人不敢以其戚戚君位尊尊義也愚謂此言君雖（有）綴姓合食之道以篤親族之恩而族人則不敢以其

十二

戚戚君、以尊卑之位不同也以明人君絶宗而宗法之所以
立爲下文發其端也

庶子不祭、明其宗也庶子不得爲長子三年、不繼祖也 釋文爲于僞反下爲
其士同

鄭氏曰、族人上不戚君下又辟宗乃後能相序朱子曰庶子
不祭、謂非大宗則不得祭適子之爲祖者非小宗則各不同
祭其四小宗所立之祖禰也愚謂庶子不得祭祖禰而祖禰
由適子而祭此宗法之所以重也

別子爲祖繼別爲宗繼禰者爲小宗

鄭氏曰、別子、謂公子若始來在此國者後世以爲祖也繼別
爲宗、別子之世適也族人宗之謂之大宗是宗子也孔氏曰
別子、謂諸侯之庶子諸侯之適子適孫繼世爲君而第二子

弟卅八

以下悉不得禰先君別於正適故稱別子也為祖者為言後世之太祖也始来在此國此謂非君之親或是異姓始來亦謂之別子以其別于在本國不來者也繼別為宗謂別子之適子世繼別子為大宗也族人與之絶族者皆為之服齊衰三月母妻亦然繼禰者為小宗謂父之適子上繼於禰諸兄弟皆宗之謂之小宗以本親之服服之愚謂上言族人不得戚君下言公子有宗道則乎別子本主謂諸侯之庶子鄭氏欲廣言立大宗之法故并始来在此國者言之蓋公子之重視大夫若始來此國而為大夫固當為其後世之大祖與公子同也其不為大夫者仍宗其宗子之在故國者而不得自立宗曲禮所謂反告于宗後是也

有百世不遷之宗有五世則遷之宗百世不遷者別子之後也宗

十三

其繼別子之所自出者，百世不遷者也。宗其繼高祖者，五世則遷者也。尊祖故敬宗，敬宗尊祖之義也。朱子曰：之所自出四字疑衍，注中亦無此文，至作疏時方誤耳。

鄭氏曰：繼別子者，別子之世適也。繼高祖者，亦小宗也。先言繼禰者，據別子子弟之子也。以高祖與禰皆有繼者，則曾祖亦有也，則小宗四，與大宗凡五。孔氏曰：百世不遷之宗，謂大宗也。五世則遷之宗，謂小宗也。經言繼高祖為小宗，何以前文先言繼稱者為小宗？鄭解此意，先言繼稱者，承上繼別為大宗之下，則從別子言之。別子子者，別子之適子也。弟之子者，別子適子之弟所生子也。弟則是禰，其長子則是小宗，故云繼禰者為小宗，因別子而言也。小宗四，謂一是繼禰，與親兄弟為宗；二是繼祖，與同堂兄弟為宗；三是繼曾祖，與再從

無字元本有
為據疏補

五百十三

兄弟為宗四是繼高祖與三從兄弟為宗并大宗凡五也大宗是遠祖之正體小宗是高祖之正體尊崇其祖故敬宗子所以敬宗子者尊崇先祖之義也

有小宗而無大宗者有大宗而無小宗者有無宗亦莫之宗者公子是也

鄭氏曰公子有此三事也公子謂先君之子今君昆弟孔氏曰諸侯之子身是公子上不得宗君下未為後世之宗不可無人主領君無適昆弟遣庶昆弟一人為宗領公子禮如小宗是有小宗而無大宗君有適昆弟使之為宗以領公子更不立庶昆弟為宗是有大宗而無小宗公子惟一無他公子可宗為是無宗亦無他公子來宗己是莫之宗也公子有此三事他人無也愚謂上言立宗之義已盡此下二節又言公子立

尚

宗之法，乃立宗之權也。

公子有宗道：公子之公，為其士大夫之庶者，宗其士大夫之適者，

公子之宗道也。

鄭氏曰：公子不得宗君，君命適昆弟為之宗，使之宗之，是公子之宗道也。此解本文之義所宗者適，則如大宗，死為之齊衰九月，其母則小君也，為其妻齊衰三月。此解上文有大宗而無小宗無適子而宗庶，則如小宗，死為之大功九月，其母妻則無服。此解上文有小宗而無大宗公子惟己而已，則無宗亦莫之宗也。此解上文無宗亦莫之宗

愚謂公子，即別子也。繼別為宗，則當公子之身，未有宗道，而有宗道者，則以有公命為宗之法也。上言公子有三事，而此獨以宗適言之者，蓋宗適者其正也，無適乃宗庶耳。然宗子本以主祖禰之祭，故為族人之所宗，若公子之為宗，則但有收

族之責而無尊祖之義蓋君既絶宗兄弟不可以無統故權時立之如此至公子之適子則各自主其父之祭以為後世之大宗而不復相宗矣自君有合族之道至此言立宗之法又承上文同姓從宗合屬族而申言之以明旁治昆弟之義也

絶族無移服親者屬也　釋文移本或作施同以豉反

鄭氏曰絶族無移服族昆弟之子不相為服親者属有親者服各以其屬親疏孔氏曰在旁而及曰移絶族無移服者族兄弟緦麻族兄弟之子及四從兄弟族屬既絶服不延移及之親者屬者謂有親者各以屬而為之服也愚謂此二句本喪服傳所引傳曰之文所以釋出妻之子為外服祖父母無服之義此篇引之則主于本宗之服以明人道親親之義也

自仁率親等而上之至于祖自義率祖順為下之至于禰是故人道親親也

上節引喪服傳以旁治明親親之義此覆舉前文又以上治明親親之義也蓋人道雖有四者而不外於親親而親親之義則又以屬于禰者為最隆故于此歸本而言之以明人道之所尤重也

親親故尊祖尊祖故敬宗敬宗故收族收族故宗廟嚴宗廟嚴故重社稷重社稷故愛百姓愛百姓故刑罰中刑罰中故庶民安庶民安故財用足財用足故百志成百志成故禮俗刑禮俗刑然後樂詩云不顯不承無斁於人斯此之謂也釋文中丁仲反斁音亦

祖者親之所尊也能親親則必以親之心為心而遞推之以至于無窮而尊祖矣親親尊祖則必敬其主祖禰之祭者而

玉子五十二

敬宗矣收聚也敬宗則族人皆祗事宗子而收族矣收族則宗子祭而族人皆侍而宗廟嚴矣卿大夫之宗廟與君之社稷相為休戚者也故宗廟嚴則必重社稷而效忠於上者篤矣百姓百官也臣能重社稷而效忠于君則君亦愛百姓而体恤其臣矣君臣交相忠愛則無事乎操切督責之政而刑罰中矣刑罰中而和氣洽庶民之所以安也庶民安而樂事勸功財用之所以足也財用足則富可以備禮和可以廣樂百志之所以成也刑亦成也制之于上之謂禮行之於下之謂俗百志成則化行俗美禮俗之所以刑也禮俗刑然後上下和樂而不厭矣詩大雅清廟之篇承尊奉也不顯豈不顯也不承豈不承也斁厭也引詩以明禮俗成而樂則無厭斁于人也蓋治天下必始于人道而人道不外于親親先王治

十六

天下必以治親為先使天下之人莫不有以親其親而其效至於如此則其始雖若無與于民而其終至于無不足無不贍者用此道也○顧氏炎武曰人君之於天下不能以獨治也獨治之而刑繁矣衆治之而刑措矣古之王者不忍以刑窮天下之民也是故一家之中父兄治之一族之間宗子治之其有不善之萌莫不自化於閨門之内而猶有不帥教者然後歸之士師然則人君之所治者約矣然後原父子之親立君臣之義以權之意論輕重之序慎測淺深之量以别之悉其聰明致其忠愛以盡之夫然刑罰焉得而不中乎是故宗法立而刑清天下之宗子各治其族以輔人君之治罔攸兼于庶獄而民自不犯於有司風俗之醇科條之簡有自來矣詩曰君之宗之吾是以知宗子之次於君道也又曰民之

所以不安以其有貧有富貧者至於有不能自存而富者常恐人之有求而多爲吝嗇之計於是乎有爭心矣夫子有言不患貧而患不均夫惟收族之法行而歲時有合食之恩吉凶有通財之義本俗六安萬民三曰聯兄弟而鄉三物之所興者六行之條曰睦曰恤不待王政之施而矜寡孤獨廢疾者皆有所養矣此所謂均無貧者而財用有不足乎至於葛藟之刺興角弓之賦作九族乃離一方相怨而缾罍交耻泉池並竭然後知先王宗法之立其所以養人之欲而給人之求爲周且豫矣

十七

禮記卅一卷共計八萬六百卅七字

連書面共十九頁

00040

禮記　三十五卷

九月十八十九二十日錫鴻校過

四十二

本疏作細小威儀

禮記卷三十五

少儀第十七 別錄屬制度。釋文少詩照反○ 孫希旦集解

孔氏曰此篇雜明細小儀法陸氏佃曰內則曰十歲學幼儀此篇其類也朱子曰此篇言少者事長之節疏以為細小威儀非也愚謂固多為少者事長之事而亦有不專為少時者但其禮皆於少時學之所謂見小義踐小節也名篇之義朱子之說為確而鄭孔所謂細小威儀者其義亦未常不兼之焉

常當作嘗

○聞始見君子者辭曰某固願聞名於將命者不得階主 釋文見賢遍反下文並同

鄭氏曰君子卿大夫若有異德者固如故也將猶奉也即君子之門而云願以名聞於將命者謙遠之也重則云固奉命

一

傳辭出入階上進也言賓之辭不得指斥主人孔氏曰聞始見君子者作記之人謙退不敢自專制其儀而云傳聞舊說也辭客之辭也某客名也再辭曰固不云初辭而云固者欲明主人不即見已已乃再辭故云固若初辭則不云固也當惟云某願聞名於將命者耳聞名謂名得通達也將命謂傳辭出入者階進也階是階級人升階必上進也主謂主人客賓願見主人而云願以己名聞於傳命者客宜卑退故其辭不得進斥主人也愚謂始見謂執贄相見者也始見君子降等之客也不得偕主降於敵者之禮也

敵者曰某固願見

鄭氏曰敵當也願見願見於將命者謙也孔氏曰亦應云願見於將命者因上已有故此畧之愚謂敵者始見其辭曰某

写五十二

固願見不云聞名於將命者以其倅敵故其辭得階主也士相見之禮曰某也願見無由達某子以命命某見注疏說非是

罕見曰聞名亟見曰朝夕 釋文見賢遍反亟去冀反下同

此又承前見君子而言罕見情疏故曰聞名蓋雖不執贄而其辭則與始見同也亟數也亟見情親故其辭曰某願朝夕於將命者

瞽曰聞名

鄭氏曰瞽無目也以無目辭不稱見孔氏曰不問適貴賤並云願聞名於將命者以其目無所見故不云願見愚謂此亦始見與罕見之辭也

適有喪者曰比童子曰聽事

二

鄭氏曰：適之也。曰某願比於將命者，比猶比方，俱給事。童子曰某願聽事於將命者。孔氏曰：前明吉禮相見，此明凶禮相見也。喪不主相見，凡往皆是助事，故云比，謂比方其年力以給其事也。若五十從反哭，四十待盈坎，皆是比方其事。童子未成人，往適他喪，不敢與成人比方，但来聽主人以事見使，故云願聽事於將命者。愚謂比於將命，謂來與將命者同執事爾，孔氏比方年力之說非是。玉藻童子無緦服，聽事不麻。

適公卿之喪，則曰聽役於司徒。

鄭氏曰：喪憂戚，無賓主之禮，皆爲執事来也。孔氏曰：前明往敵者喪家，此適貴者喪，不敢云比，但聽主人見役也。司徒主國之事，公卿之喪，皆率其屬掌之，故司徒職云大喪率六鄉之衆庶，屬其六引而治其政令。又檀弓云孟獻子之喪，司徒

五一百卅五

族歸四布。隱義云：公卿亦有司徒官，以掌喪事也。愚謂公謂大國之孤也，少宰禮大夫，有宰、有司馬、有司士，宰即司徒也。天子有宰、有司徒，諸侯大夫皆兼官，諸侯之司徒聘禮謂之宰，以其兼宰之事也，故大夫之宰亦謂之司徒也。司徒主公卿之家事，故適公卿之喪，曰聽役於司徒。司徒職大喪屬其六引，此謂王之喪，非卿大夫之喪也。周禮三公六卿之喪，宰夫與職喪率官有司而治之，司徒不掌其事。䟽說非是。

○君將適他，臣如致金玉貨貝於君，則曰致馬資於有司；敵者曰贈從者。釋文：它，音他，本亦作他。從，才用反。

鄭氏曰：適他，行朝會也。資，猶用也。贈，送也。孔氏曰：前明吉凶相見之禮，此明吉凶送遺之禮。此明送吉也。君朝會出往他國，臣若奉獻財物以充君路費，君體尊備物，不敢言以物贈

三

君故云此物充君馬資有司謂主典君物者物送敵者亦不敢言贈送敵者當言贈送於左右從行者也愚謂貨布也致馬資於有司言已物菲薄不堪充用但致於有司以給馬之芻秣而已敵者曰贈從者言已物菲薄不足以給敵者之用但以送從行之人而已

臣致禭於君則曰致廢衣於賈人敵者曰禭釋文禭音遂賈音價徐音估

鄭氏曰言廢衣不必其以斂也賈人知物善惡者周禮玉府掌凡王之猷金玉兵器文織良貨賄之物受而藏之有賈八人孔氏曰前明送吉此明送凶禭者以衣送死人之稱言遂彼生時之意也若臣以衣禭君不得言禭但云致廢衣言不敢必充君斂但充廢置不用之例也賈人識物貴賤主君衣物不敢云與君故云致賈人也敵者無謙故云禭愚謂司服

五十三

掌王之吉凶衣服其下無賈八人今致禭者言致襚衣於賈人盖以己之禭不足為禮衣但致於玉府之賈人以充燕衣服之數而已

親者兄弟不以禭進

鄭氏曰不執將命也以即陳而已孔氏曰此明親者相禭之法進謂執之將命也若非親者相禭則擯者傳辭將進若親者直將進陳之不須執以將命也案士喪禮大功以上同體之親禭不將命小功以下及同姓等皆將命愚謂凡族親皆謂之兄弟親者兄弟言兄弟之親者謂大功以上也

臣為君喪致貸貝於君則納甸於有司釋文甸大見反

鄭氏曰甸謂田野之物孔氏曰納入也甸田也臣受君地此物田野所出合献入於君之有司也衣是送君故與賈人貸

貝供喪用故付有司愚謂致貨貝於君謂致賻也

賵馬入廟門賻馬與其幣大白兵車不入廟門釋文賵芳仲反賻音附

鄭氏曰賵馬入廟門以其主於死者賻馬與其幣不入廟門以其主於生人也兵車革路也雖爲死者來陳之於外戰伐田獵之服非盛者也周禮革路建大白以即戎孔氏曰此論賵賻之異以馬送死曰賵賵副也亡者之意欲供駕魂車也以馬助生者營喪曰賻馬諸侯之喪鄰國有以大白兵車而賵者或國家自有也愚謂諸侯致賵有圭若大夫士亦有幣賵馬不言其幣者馬既入則圭與幣可知賻用貨貝或亦用馬用馬則并有幣以將之賻馬特言與其幣者嫌馬雖不入幣猶當入也士喪禮下篇賓賵者將命擯者出請入告出告須馬入設賓奉幣擯者先入賓從是賵馬與其幣入廟門

壽〇三

兩賻字元本俱作賵當是寫誤

也又曰若賵入告主人出門左西面賓東面將命主人拜坐委之此所委蓋貨貝之屬是賵物不入廟門也其用馬為賵者亦然大白兵車言兵車之上建大白也大白兵車賵也而亦不入廟門者諸侯賵物多若皆入則庭之廣不足以容而革路既卑故不入廟門

賻者既致命坐委之擯者舉之主人無親受也

鄭氏曰喪者非尸柩之事則不親也舉之舉以東孔氏曰此明賻者授受之儀吉時饋物主人皆自拜受喪主哀戚賻物悉不得拜受故使擯者舉之而已舉之謂幣之屬也知舉以東者雜記含者委于殯東南宰夫朝服即喪屨升自西階西面坐取璧降自西階以東後襚者賵者並然若賻則擯者不升堂也愚謂雜記諸侯致賵上介升堂致命此謂在殯或既

五

葬以後若葬時致賵則雖君命不升堂蓋爲其時柩在堂下不可居堂上以臨死者故士喪禮公賵元纁束帛賓奉幣由馬西當前輅北面致命是葬時君賵亦不升堂孔疏云若賻則擯者不升堂其義猶未爲服也擯者主人之宰也周禮小宰喪荒受其含襚幣玉之事士喪禮下篇曰賓賻東面將命坐委之宰由主人之北東面舉之賵者用貨貝則執貨貝以將命用馬幣則執幣以將命既將命則坐委之而主人之擯者舉之此禮賵賻皆然獨言賻者蒙上文賻馬與其幣之文也

葬授元本改下二字同

受立授立不坐性之直者則有之矣

朱子曰性之直猶所謂直情而徑行者與愚謂受立不坐爲煩人之坐而授也授立不坐爲煩人之坐而受也性之直者

四百八十六

則有之則固不可以為禮而安之也

○始入而辭曰辭矣即席曰可矣

鄭氏曰可猶止也謂擯者為賓主之節也始入則告之辭至就席則止其辭孔氏曰始入而辭者謂始入門主人辭謝賓之節曰辭矣者擯者告主人辭讓賓令先入也至階時亦應告主人讓登此不言者始入之文包入門登階也即席謂賓主升堂各就席而立也曰可矣者擯者告之言既即席不須辭也愚謂此謂以禮相見而席於堂者也可矣者賓主既皆就席告之以可坐也

排闔說屨於戸内者一人而已矣有尊長在則否釋文排薄皆反闔初臘反又音合說吐活反本又作脫長丁丈反

鄭氏曰雖衆敵猶有所尊也有尊長者在内後來之衆皆說

六

屨於戶外愚謂此謂燕見而席於室者也闔戶扇也凡席於堂則屨說於堂下席於室則屨說於戶外惟尊者一人說屨於席側若尊卑相敵之人相與排闔入室雖無尊者亦惟推年長一人說屨於戶內有尊長在則否者謂若先有尊長在內則後入者皆說屨戶外也

○問品味曰子亟食於某乎問道藝曰子習於某乎子善於某乎釋文某音母

鄭氏曰不斥人謙也道三德三行也藝謂六藝孔氏曰雖先知其所食所習所善及其問之猶疑而稱乎乎者謙退之辭是不正指斥人所能也道難故稱習藝易故稱善愚謂道藝謂六藝也周禮鄉大夫考其德行道藝而興賢者能者六德行謂六行道藝謂六藝此鄉大夫之三物道藝人容有能否

元本作寶

一

故須問若德行則不當問矣或稱習或稱善傳異言也

不疑在躬不度民械不願於大家不訾重器釋文度大洛反械户戒反訾反訾子斯反訾字鄭氏朱子並讀為子斯反今按當讀為不茍訾之訾音紫

鄭氏曰躬身也不服行所不知使身疑械也械兵器也大謂富之廣也訾思重猶寶也孔氏曰大家謂富貴廣大之家謂大夫之家也見彼富貴不可願效之非分而願必有亂心也重寶珍珠之物見之不可思玩若思玩之若思玩之則憎疾已貧賤生淫乱濫悪也朱子曰不計度民家之器物為不欲校人之强弱且嫌不審也訾猶計度也下無訾金玉成器字義同此國語云訾相其質漢書云為無訾省又云不訾之身皆此義此言不訾重器者謂不欲量物之貴賤亦避不審也愚謂在躬謂冠服之屬也左傳衣服附在我身不疑在躬者

七

衣服各有所宜，若疑於其義而服之，則亂於禮也。兵械非常之器，不度之者，恐人以非心疑己也。不願大家者，君子素位而行，不願乎外，不可以妄慕富貴也。重器人所寶貴，若指其瑕纇而訾毁之，非人之所樂也。願大家近於求，訾重器近乎忮。○此節通戒為人之法。孔疏蒙上即席，專以賓主之禮言，非是。

○汜埽曰埽，埽席前曰拚，拚席不以鬣，執箕膺擖。釋文：汜，芳劍反；埽，悉報反；拚，弗運反，又作攮；鬣，力輒反；擖，以涉反，徐音葉。

鄭氏曰：謂帚也。帚恒埽地，不潔清也。膺，親也。擖，舌也。持箕將去糞者，以舌自鄉。孔氏曰：拚是除穢，埽是滌蕩，內外俱埽謂之埽，止埽席前謂之拚。拚鬣謂埽地帚也，埽席上不得地帚也。膺，人之胸前。擖，箕之舌也。箕是去穢物之具，賤者執之，不可持嚮尊者當持其舌自嚮胸前愚謂孔疏以此節亦蒙前卽席以賓客来言之非是洒掃室堂及庭每日之常非必為有賓客也弟子戠職云執箕膺揲厥中有帚此謂初往糞時也又云以袂適己實帚于箕此謂糞畢将去時也是初往及糞畢時執箕皆膺擖也

不貳問

貳猶貳心之義問宜專向一人若貳問則令人難為答也○注疏以問為問卜筮非是下句方言問卜筮則此問不謂卜筮

問卜筮曰義與志與義則可問志則否 釋文與音餘

鄭氏曰義正事也志私意也輔氏 廣曰問卜筮必義而後可

八 不可行險以僥幸左傳南蒯将叛筮而遇坤之比子服惠伯

曰忠信之事則可不然則否又曰易不可以占險愚謂義與志與者將問而先審度於己也義則當質於神以審其從違若志則當以義自斷而其吉凶不必問矣

○尊長於己踰等不敢問其年

鄭氏曰踰等父兄黨也問年則已恭敬之心不全愚謂踰等謂輩行尊於己者同姓則世叔父之屬異姓則父之執母之昆弟之屬君之路馬不齒有貳車者之乘馬服車不齒而況尊長可問其年乎

燕見不將命釋文見賢徧反下請見同

鄭氏曰自不用賓主之正來則若子弟然孔氏曰私燕而見不使擯者將命無賓主之禮

遇於道見則面不請所之

鄭氏曰可以隱則隱不敢煩動也不請所之長者所之或卑褻不請所之愚謂亦爲煩長者之答已

喪俟事不犆弔釋文特本亦作犆音特

鄭氏曰亦不敢故煩動也事朝夕哭時

侍坐弗使不執琴瑟不畫地手無容不翣也釋文畫胡麦反翣本亦作萎所甲反

鄭氏曰端慤所以爲敬也尊長若使彈琴瑟則爲之可孔氏曰此卑侍尊者之法也不畫地不無故畫地也手無容不弄手也翣扇也雖暑亦不敢搖翣也此皆端慤所以爲敬愚謂此四者皆侍坐之法

寢則坐而將命

鄭氏曰將命有所傳辭也坐者不敢臨之孔氏曰長者寢卧立則恐臨尊者愚謂無見下將命謂已不敢使人將命也寢

九

則坐而將命謂已為尊長將命也

侍射則約矢侍投則擁矢　釋文射食夜反

鄭氏曰約矢不敢與之拾取也擁矢不敢釋於地也投投壺也投壺坐孔氏曰矢箭也凡射必計耦先設楅於中庭倚箭於楅上上耦前取一矢下耦又進取一矢如是更進各得四箭若早者侍射則不敢更拾進取但一時並取四箭故云約矢投壺也擁抱也矢投壺箭也投壺禮亦賓主各四矢從委於前一一取之以投若早者侍投則不敢釋置於地但手並抱之也　愚謂此謂侍尊者射及投投壺而與尊者為耦也

勝則洗而以請客亦如之不角不擢馬　釋文勝詩證反擢直角反

鄭氏曰洗而以請洗爵請行觴不敢直飲之客射若投壺不勝主人亦洗而請之角謂觥罰爵也於尊者與客如獻酬之

爵擢去也謂徹也孔氏曰勝則洗而以請者若敵射及投壺竟勝者弟子酌酒置豐上豐在西階上西檻（楹）之西而下堂揖不勝者升堂此（北）面取豐上爵飲之若卑者得勝則不敢直酌當先洗爵而請行酒然後乃行也客亦如之者客若不勝則主人亦洗而請如卑侍尊之法所以優賓也不角者罰爵用角詩云飲彼兕觥是也飲尊者及客則不敢用角但用如常獻酬之爵也不擢馬者擢去也徹也投壺立籌為馬馬有威武射者所尚也凡投壺每一勝輙立一馬至三馬而成勝但頻勝三馬難得若一朋得二馬一朋得一馬二馬之朋徹取一馬為三馬以足成已勝若卑者之朋雖得二馬不敢徹尊者馬足成已勝也愚謂勝則洗而以請者謂洗爵酌酒就其席前而請之不敢奠爵於豐上而揖尊者使飲鄉射禮若賓

主人大夫不勝執爵者取觶降洗升實之以授於席前是也

汪疏說未晰毛詩傳兕觥罰爵也疏云觥是觗觶角散之外別有此器不用於正禮蓋觥以兕角爲之故亦名爲角而非四升曰角之角也然鄉射大射罰爵皆用觶此用角者豈燕射與投壺之禮然與投壺禮請賓云一馬從二馬請主人亦如之則與客投壺者得攉馬矣此云客亦如之惟謂勝則洗而以請一事若不角不攉馬則惟施於尊者而不施於客也孔疏於下二事亦兼尊者與客言之非是

○執君之乘車則坐 釋文乘繩證反

鄭氏曰執執轡謂守之也君不在中坐示不行也孔氏曰凡御則立今守空車則坐示君不在車車不行也愚謂此謂初乘車驅之五步而立之時也坐跪也爲君子御者始乘則式

五丁卅八

為君御者始乘則坐皆所以為敬也

僕者右帶劍負良綏申之面拖諸幦以散綏升執轡然後步釋文拖徒可反又他佐反幦徐音覓轡冰媚反

鄭氏曰面前也幦覆苓也良綏君綏也負之由左肩上入右腋下申之於前覆苓上也步行也孔氏曰僕御者也右帶劒者帶之於腰右邊也帶劒之法在左右手抽之便也今御者右帶劒者御人在中君在左若左帶劒則妨君故右帶也良善也善綏君綏也負良綏申之面者君由後升僕者在車背君而（面）向前按自君由後升以下十三字當刪取君綏由左腋下加左肩上繞背入右腋下申綏之末於面前拖諸幦者拖猶擲也亦引也幦車覆闌綏申於面前而擲末於車前幦上也散綏副（綏）也僕登車不得執君綏故執副綏而升也執轡然

本誤作面

元本有綏字

十一

後步者步行也既升車執策分轡而後行車也行車五步而立待君君出則授良綏而升君也朱子曰僕在車下帶劍負綏而擲綏末於辟上君固未就車也及僕以散綏升之後君方出而就車此疏乃言君由後升僕者在車背君取綏而拖諸辟誤矣又按綏制當是以索為環兩頭相屬故負者得以如環處自左腋下過前後各上至背則合而出於右腋之中以申於前而自車下擲於辟上君升則還身向後復以覆辟如環處授君使君得以兩手執之而升也又曰此條非為君御之事蓋劍妨左人自當右帶綏欲授人自當負之以升又當升時無人授己故但取散綏以升乃僕之通法注疏皆誤愚謂綏蓋繫於車之左右闌君由左升良綏在左僕右由升其綏在右僕必負綏者君升授綏必繞之於背以挽君乃有

按集說引補專字

五子卅二

力故於未升時預擬君升授綏之法而負之以升也此節固為僕之通法注疏承上文專以御君言之於義亦無害至疏謂負綏在車上則非是又君升則僕當向君而以綏授君疏乃謂背君向前而申綏於面尤不可曉疑是此疏文有誤脱若刪去君由後升至向前十三字則其文義亦自通曉也

請見不請退朝廷曰退燕游曰歸師役曰罷釋文見賢遍反朝直遥反後朝廷皆同罷音皮按朱子罷字如字今從之

鄭氏曰請見不請退者去止不敢自由朝廷曰退近君為進也燕遊曰歸禮褻主於家也罷之言罷劳也孔氏曰卑者於尊者有請見之理既見退必由於尊者故不敢請退朝廷之中若欲散還則稱曰退以近君為進還私遠君故曰退論語子退朝冉子退朝俱是對進為言也在燕及游退還稱曰歸

以燕游禮褻主於歸家於師役之中欲退散之時稱曰罷勞朱子曰按易曰或鼓或罷與史記將軍罷休就舍之罷亦同愚謂師兵衆也役徒役也罷休也凡用師役曰作曰興散師役曰罷

侍坐於君子君子欠伸運笏澤劍首還屨問日之蚤莫雖請退可也釋文欠起劍反伸音申笏音忽還音旋蚤音早莫音暮

鄭氏曰以此皆解倦之狀伸頻伸也運澤謂玩美也金罷美之易生汗澤孔氏曰志倦則欠体疲則伸運動也謂君子搖動於笏澤謂光澤玩弄劍首則生光澤還轉也尊者脫屨戶內及是屨恒在側故得自還轉之也欠伸以下諸事皆是君子体倦欲起或欲卧息之意故侍者請退可也愚謂此承上文而言請見雖不請退若君子有此諸事則雖請退可也所

以體尊者之意也

○事君者量而后入不入而后量凡乞假於人為人從事者亦然然故上無怨而下遠罪也 釋文量音亮乞如字又音氣為于偽反遠于萬反

鄭氏曰量量其事意合成否孔氏曰凡臣之事君欲請為其事先商量事意堪合與否而後入而請之不先入請然後始商量成否非但事君如此凡乞貸假借求請事人亦須先商量事意成否故曰亦然然猶如此事君如此君則下不忤上故上無怨上不責下故下遠罪然惟結上下不結乞假從事者畧可知也

不窺密不旁狎不道舊故不戲色 釋文窺苦規反

鄭氏曰密隱曲處不窺密嫌伺人之私也不旁狎妄相服習終或爭訟道故舊言知識之過失損友也朱子曰旁泛及也

十三

泛與人狎｜習不恭敬也舊事既非今日所急或揚人過惡以取憎惡如陳勝賓客言勝故情爲勝所殺之類也戲色謂嬉笑侮慢之容愚謂此四者皆非恭敬長讓厚之道故戒之

○爲人臣下者有諫而無訕有亡而無疾頌而無諂諫而無驕怠則張而相之廢則埽而更之謂之社稷之役釋文訕所諫反徐所姦反諂敕檢反相息亮反更音庚

鄭氏曰亡去也疾惡也頌謂將順其美也驕謂言行謀從恃知而慢也怠惰也相助也廢政教壞亂不可曰也孔氏曰訕謂道君之過惡及謗毀也君有過臣當諫之而不得向人謗毀諫若不聽當出竟亡去不得强留而憎惡君也頌美盛德之形容也諂謂以惡爲美橫求見容也君有盛德臣當美而頌之而不得虛妄以惡爲美也君若從己諫則不得曰言行

謀用恃知而生驕慢也君政怠惰則臣當張起而助成之君政若已廢壞無可張助則當埽蕩而更創立新政也事君如上所言則可為社稷之臣也

○毋拔來毋報往毋瀆神毋循枉毋測未至釋文拔蒲末反王本作校古孝反報音赴循枉上音句下紆往反

鄭氏曰赴讀為赴疾之赴拔皆疾也人來往所之當有宿漸不可卒也瀆謂數而不敬毋循枉謂前日之不正不可復遵行以自伸測意度也朱子曰來往只是向背之意二句文勢猶云其就義若熱則其去義若渴言人見有箇好事火急歡喜要做這樣人不耐久少間心懶意闌則去之矣所謂其進銳者其退速也愚謂測未至孔子所謂逆詐億不信也拔來報往則輕躁瀆神則不敬循枉則耻過作非測未至則不誠

數按字並當作依

士依於德游於藝工依於法游於說

鄭氏曰德三德也一曰至德二曰敏德三曰孝德藝六藝也一曰五禮二曰六樂三曰五射四曰五御五曰六書六曰九數法謂規矩尺寸之數也說謂鴻殺之意所宜也考工記曰薄厚之所震動清濁之所由出侈弇之所由興有說愚謂據謂執持以致其力游謂博涉以廣其趣據於德以立其本游於藝以該其末據於法以循其所當然游於說以知其所以然

毋訾衣服成器毋身質言語釋文訾子斯反○今按訾字亦當音紫

鄭氏曰質成也聞疑則傳疑若成之或有所誤也朱子曰毋訾衣服成器與不訾重器之意同毋身質言語謂疑事毋質之意愚謂毋訾衣服成器者為其非人之所樂也毋訾重器

此六字誤衍

此五字亦衍

之字據本疏刪

書已書千一

毋訾衣服成器皆所謂不苟訾也

言語之美穆穆皇皇朝廷之美濟濟翔翔祭祀之美齊齊皇皇車馬之美匪匪翼翼鸞和之美肅肅雝雝釋文美音儀出註濟子禮反齊齊皇皇齊如字皇音往徐于況反匪讀為騑芳菲反○今按美字皇字皆當如字

鄭氏曰匪讀為四牡騑騑齊齊皇皇讀如歸往之往美皆當為儀字之誤也周禮教國子六儀一曰祭祀之容二曰賓客之容三曰朝廷之容四曰喪紀之容五曰軍旅之容六曰車馬之容六曰和鸞之容孔氏曰知美皆當為儀者以保氏云教國子六儀一曰祭祀之容容即儀也故知美皆當為儀鄭彼註祭祀之容朝廷之容車馬之容皆引此文其賓客之容則此言語穆穆皇皇是也彼註喪紀之容引喪紀之容纍纍顛顛軍旅之容暨暨詻詻是也彼玉藻之文也穆穆皇皇皆美大

十五

之貌濟濟翔翔威儀厚重寬舒之貌皇讀如歸往之往謂孝子祭祀心有所繫往故齊齊皇皇然騑騑翼翼皆是馬之嚴正之狀肅肅敬貌雍雍和貌愚謂鄭氏引此文以解保氏義固無害然此所言與六儀不悉相當則不當破美為儀以從保氏也穆穆和靜不兵敖也皇皇顯明不蹇蹷也濟濟齊一也翔翔猶蹌蹌軒舉也齊齊謹慤皇皇猶皇皇然如有求而弗得之意言祭時求神而如弗得也匪匪舒散貌翼翼嚴正貌車馬以上五者言其容之美鸞和肅肅雝雝言其聲之美

○問國君之子長幼長則曰能從社稷之事矣幼則曰能御未能御問大夫之子長幼長則曰能從樂人之事矣幼則曰能正於樂人未能正於樂人問士之子長幼長則曰能耕矣幼則曰能負薪未能負薪釋文長丁丈反樂音岳

四九十三

食貨誤合借

長謂已冠幼謂未冠曲禮曰人生十年曰幼二十曰弱御御車也成童學射御能御成童以上未能御成童以下也能從樂人之事二十而舞大夏學大舞也能正於樂人十三舞勺成童舞象學小舞也保氏教國子以六藝御與樂皆六藝之事故君大夫之子以此為言士祿薄其子或別受田漢書合借志士工商受田五口乃當農夫一人是也故以耕與負薪為言古者民年二十而受田能負薪未能負薪亦謂成童上下與○孔氏曰曲禮問其身此問其子者記人之意異耳應氏鏞曰曲禮之問乃他人旁自相聞故對之者其辭文此則人問其子於父故對之者其辭卑

十六

本注行作步

○執玉執龜筴不趨堂上不趨城上不趨釋文筴音策

鄭氏曰於重器於近尊於迫狹無容也行張足曰趨

武車不式介者不拜

說並見曲禮○鄭氏謂軍中肅拜非也凡拜必跪介者不拜以其不能跪也左傳郤至三肅使者肅非拜也立而引手曰肅跪而引手曰肅拜

○婦人吉事雖有君賜肅拜為尸坐則不手拜肅拜為喪主則不手拜鄭註雖或為唯

鄭氏曰肅拜拜低頭也手拜手至地也婦人以肅拜為正凶事乃手拜耳為尸為祖姑之尸也士虞禮曰男男尸女女尸為喪主不手拜者為夫與長子當稽顙也其餘亦手拜而已愚謂肅拜跪引手而下之也婦人以肅拜為正故雖受君賜亦然士昏禮婦廟見拜扱地鄭氏云扱地手至地也婦人之扱地猶男子之稽首則婦人拜君賜亦當扱地蓋扱地乃肅

拜之重者其異於拜者首不至手也為尸坐謂為尸而坐也手拜手至地而以首至手即九拜之空首也婦人以手拜為喪拜婦人為尸則祖姑之尸也婦人為祖姑大功其虞祔卒哭之祭服尚未除乃不手拜而肅拜者尸以象神故不用已之喪拜也婦人吉拜皆肅拜重則扱拜喪拜用手拜重則稽顙

葛絰而麻帶

鄭氏曰謂既虞卒哭也帶所以自結束婦人質少變於喪之帶有除而無變

取俎進俎不坐

鄭氏曰以其有足亦柄尺之類孔氏曰俎有足立而進取便故不坐管子書弟子職云進柄尺按弟子職云柄尺不謂爵豆跪此係傳寫脫誤

之屬也

執虚如執盈入虚如有人

鄭氏曰重慎輔氏廣曰敬謹有常心不以在外者變也愚謂此二句形容主敬全體之功與論語出門如見大賓使民如承大祭之義同人之所以操存其心者苟能如此則可以無患乎惰慢邪辟之干矣

凡祭於室中堂上無跣燕則有之釋文跣悉典反

鄭氏曰凡祭不跣者主敬也燕則有跣爲歡也天子諸侯祭有事尸於堂之禮祭所尊在室燕所尊在堂將燕降說屨乃升堂孔氏曰凡祭自天子至士悉然也跣脱屨也士祭在室大夫祭在室儐尸在堂天子諸侯則有一室有堂祭禮主敬非惟室中不脱屨堂上亦不脱屨故云凡祭於室中堂上無

跣燕則有之者謂堂上有跣也燕禮主歡故脫屨而升堂安坐相親之心也愚謂坐而飲酒乃脫屨祭主嚴敬始終皆不坐故無跣燕主歡樂徹俎之後坐而飲酒故有跣

元本有士字

○未嘗不食新

鄭氏曰嘗謂薦新物於寢廟愚謂嘗秋祭也食新食新穀也左傳不食新矣秋時黍稷始熟嘗祭用以饋熟未嘗則未薦宗廟故人子不忍先食新此謂大夫士之禮人君時祭之外別有薦新之禮既薦新則以可以食之矣

○僕於君子君子升下則授綏始乘則式君子下行然後還立釋文還音旋

僕於君子謂為尊者御也升下則授綏者升時則授綏以升下時則授綏以下也凡僕人之禮必授人綏但非降等之僕

十八

則不受耳始乘則式謂君子未出時御者式以待之所以為敬也為君御始乘則跪為君子御始乘則式敬有隆殺也然則非降等之僕有不必式者與還謂轉車就旁側也立駐車也君子既下而行然後還車而立以俟君子公食禮曰賓之乘車在大門外西方北面立

乘貳車則式佐車則否

鄭氏曰貳車佐車皆副車也朝祀之副曰貳戎獵之副曰佐

孔氏曰朝祀尚敬乘副車者必式戎獵尚武乘副車者不式也愚謂乘貳車則式所謂乘君之乘車不敢曠左左必式也佐車則否所謂武車不式也

貳車者諸侯七乘上大夫五乘下大夫三乘釋文乘繩證反下文除乘車同

鄭氏曰此蓋殷制也周禮貳車公九乘侯伯七乘子男五乘

四百七十九

卿大夫各如其命之數愚謂貳車諸侯七乘據侯伯之禮也
周禮大行人上公貳車九乘侯伯貳車七乘子男貳車五乘
又大行人云凡諸侯之卿其禮各下其君二等以下及其大
夫士亦如之此上大夫五乘侯伯之卿也下大夫三乘侯伯
之大夫也士昏禮曰乘墨車從車二乘昏禮攝盛貳車二乘
則常禮宜一乘也以此差之則公之孤卿貳車七乘其大夫
五乘子男之卿貳車三乘其大夫二乘士卑五等之國畧為
一節貳車皆一乘與鄭氏以此為殷禮蓋以典命言車服各
如其命數而此言上大夫五乘下大夫三乘皆與命數不合
故疑其非周禮也然惟五等諸侯車服各如其命數至其卿
大夫則但視其命數之尊卑為差等非能盡如其命之數也
公侯伯之卿三命子男之卿二命而服同三章公侯伯之大

十九

元本謂字删

夫再命子男之大夫一命而服同一車則車服不可盡以命數準矣舊説謂士無貳車士昏禮從車二乘疏以為攝盛然士喪禮貳車白狗攝服則非攝盛始有貳車矣也國語大夫有貳車士有陪乘陪乘即貳車也殊其名謂耳謂士無貳車非也

有貳車者之乘馬服車不齒觀君子之衣服服劔乘馬弗賈釋文賈音嫁

鄭氏曰不齒尊有爵之物廣敬也服車所乘車也車有新舊弗賈平尊者之物非敬也孔氏曰齒論其年數多少賈評其賈數貴賤

其以乘壺酒束脩一犬賜人若獻人則陳酒執脩以將命亦曰乘壺酒束脩一犬

五了〇回

鄭氏曰陳重者執輕者便也乘壺四壺也酒謂清也糟也不言陳犬或無脩者牽犬以致命也於卑者曰賜於尊者曰獻孔氏曰四馬曰乘故四壺酒亦曰乘壺束脩十脡脯也涕酒曰清不涕曰糟陳列也酒重脯輕故陳列重者於門外而執輕者進以奉命也亦曰乘壺酒束脩一犬者謂將命之辭也愚謂犬與酒脯並獻者食犬也下云守犬田犬則食授擯者則食犬不授擯者矣食犬賤也

其以鼎肉則執以將命

鄭氏曰鼎肉謂牲體已解可升於鼎孔氏曰此謂無脯犬而有酒肉者陳酒而執肉以將命也

其禽加於一雙則執禽一雙以將命委其餘

孔氏曰二隻曰雙委其餘陳於門外愚謂聘禮記曰凡獻禽

二十

執字衍

太注作衆

執一雙交委其餘於西非陳於門外也然則陳執酒執脩以將命其所陳亦不在門外矣

犬則執緤守犬田犬則授擯者既受乃問犬名牛則執紖馬則執靮皆右之臣則左之釋文緤息列反守手又反又如字紖音引靮丁歷反

鄭氏曰緤紖靮皆所以繫制之者守犬田犬問名畜養者當呼之名謂若韓盧宋鵲之屬右之者執之宜由便也臣謂囚俘左之異於異物孔氏曰犬有三種一曰守犬守禦宅舍二曰田犬田獵所用三曰食犬以充庖厨田犬守犬有名食犬無名皆右之者謂以右手牽之此謂田犬守犬畜養馴善無可防禦若充食之犬則左手牽之右手防禦故曲禮云效犬者左牽之是也臣謂征伐所獲民虜也左之者臣虜或起惡慮故以左手操其右袂右手當制之也愚謂授擯者謂主人

據本注補䩉

既拜受又自以授擯者也守犬田犬授擯者則食犬不授擯者蓋以授庖人之屬與

車則說綏執以將命甲若有以前之則執以將命無以前之則袒櫜奉胄釋文稅本又作脫又作說並吐活反袒音但櫜音羔奉芳勇反

鄭氏曰甲鎧也有以前之謂他摯幣也櫜䩉鎧衣也胄兜鍪也袒其衣出兜鍪以致命孔氏曰獻車馬者執策綏故陳車馬而說綏執以將命甲若有他物以前之則陳甲而執他物輕者以將命袒開也櫜弢鎧衣也若無他物則開甲櫜出胄奉以將命曲禮曰獻甲者執胄是也

器則執蓋蓋

鄭氏曰謂有表裏孔氏曰凡器則陳底底執蓋以將命蓋輕便也

廿一

弓則以左手屈韣執拊。釋文：韣音獨。拊，芳武反。

鄭氏曰：韣，弓衣也。左手屈衣并於拊執之，而右手執簫。

劒則啟櫝蓋襲之，加夫襓與劒焉。釋文：櫝音讀。夫音扶。襓，如遥反。鄭注：夫或為煩。

鄭氏曰：櫝謂劒函也。襲，郤合之。夫襓，劒衣也。加劒於衣上。夫，發語聲。孔氏曰：蓋，劒函之蓋也。開函而以蓋郤合於函底之下，加衣於函中，而以劒置衣上也。襓字從衣，當繒帛為之，熊氏用廣雅以木為之，其義未善也。

笏、書、脩、苞苴、弓、茵、席、枕、几、潁、杖、琴、瑟、戈有刃者櫝、筴、籥，其執之皆尚左手。釋文：苴，子余反。茵音因。潁，京領反，又坰迥反。

鄭氏曰：苞苴謂編束萑葦以裹魚肉也。茵，著蓐也。潁，警枕也。筴，著也。籥如笛，三孔。皆十六物也。左手執上，上，陽也；右手執下，下，陰也。孔氏曰：案既夕禮云葦苞長三尺，內則云炮取豚

卷の十六

摺本作改箋

編萑以苴之是苞苴是編萑葦以裹魚及肉也兼容他物故禹貢云厥包橘柚孔叢子云我於木瓜之惠見苞苴之禮行是也蓐有著者謂之茵既夕云茵著用茶茶謂茅秀也枕外别言頴頴是警發之義故為警枕云籥如笛三孔者案漢禮器知之詩箋或云籥六孔兩不同者蓋籥有大小愚謂戈有刄者櫝謂戈有刄而用函盛之者也笏也書也脩也苞苴也弓也茵也席也枕也几也頴也杖也琴也瑟也戈有刄者櫝也筴也籥也此十六物其執之皆尚左手也尚左手以左手為尊也蓋物之有上下者則以左手執其上端以右手執其下端其無上下者則亦但以左手之所執為尊蓋授受之法主人在左必如是乃得以尊處授主人也孔氏謂尚左手以左手在上而執之以右手在下而承之似謂用兩手在處而

一本有一字

廿一

本注作鐶

上下捧持之，其義非是。曲禮言遺人弓者右手執簫，左手承拊，則執物尚左手之法可見矣。戈刃在上，其授人宜辟刃，此乃尚左手而以刃授人者，以其有櫝故也。

刀卻刃授穎，削授拊。凡有刺刃者，以授人則辟刃。釋文：穎，役頃反。削，音笑。刺，七賜反，又七亦反。辟，匹亦反。○今按：辟當音避。

鄭氏曰：穎，環也。拊，謂把。辟刃，不以正鄉人也。孔氏曰：授人以刀，卻仰其刃，以刀環授之。削，謂曲刀，以削授人，則以把授之。穎是警發之義，刀之在手，禾之秀穗，枕之警動，皆謂之為穎，其事雖異，大意同也。愚謂此言執有刃而無櫝者之法也。辟刃，不以其鋒向人也。辟猶卻也，鄭氏解為偏僻之侶，非是。以刀授人，卻其刃向下，又卻辟其鋒末，而以環授之也。以削授人，亦卻辟其鋒末，而以其把授之，不言卻刃，從上可知也。授

元本有授字

刀頴當作刀削

◯之子

頴拊即是辟刃然非獨刀削如此凡有刺刃者以授人其法皆然刀頴之屬以手之所執者爲首辟刃而授頴授把則是以末授人與他執物尚左手之法異也〇自其以乘壺酒至此明獻遺執物之法

〇乘兵車出先刃入後刃

鄭氏曰不以刃向國也

軍尚左卒尚右釋文卒子忽反

鄭氏曰左陽也陽主生將軍有廟勝之策左將軍爲上貴不敗績右陰也陰主殺卒之行伍以右爲上示有死志

〇賓客主恭祭祀主敬喪事主哀會同主詡軍旅思險隱情以虞釋文詡況矩反

鄭氏曰恭在貌敬在心詡謂敏而有勇若齊國佐險阻出奇

廿三

覆諼之處也。隱，意也。思也。虞，度也。當思念己情之所能，以度彼之將然否。輔氏廣曰：交際以禮相示，故以容貌之恭為主。祭祀以誠感格，故以內心之敬為主。思險，謂臨事而懼，慮敗不慮勝也。隱情以虞，謂好謀而成，且兵事露則不神也。愚謂詡，發皇之意。禮器曰「德發揚，詡萬物」。會同主詡，子產所謂「國不競亦陵」也。隱情者，隱己之情，使敵不能測。虞者，度彼之情，使敵不能欺。

○燕侍食於君子，則先飯而後已；毋放飯，毋流歠；小飯而亟之；數噍，毋為口容。釋文：飯，煩晚反。歠，昌悅反。亟，紀力反。數，色角反。噍字又作嚼，子笑反，又在笑反。

鄭氏曰：先飯後已，所以勸也。亟，疾也。小飯而亟之，備噦噎若見問也。口容，弄口。孔氏曰：先飯若嘗食然，後已若勸飽然。小飯，謂小口而飯，備噦咽也。亟，速也。速咽之，備見問也。數噍謂

書十六

數數嚼之無為口容無得弄口以為容也

○客自徹辭焉則止

曲禮曰卒食客自前跪執飯齊以授相者主人興辭於客然後客坐此通言燕食之法不與上侍食於君子枆蒙

元本移此句於愚謂下而此多偶未刪削

○客爵居左其飲居右介爵酢爵僎爵皆居右○釋文介音界僎音遵鄭註酢或為作僎或為馴

此明鄉飲酒禮奠爵之法也鄭氏曰客爵謂主人所酬賓之爵也以優賓耳賓不舉奠于薦東介爵酢爵僎爵皆飲爵也介賓之輔也酢所以酢主人也古文禮僎作遵遵謂鄉人為卿大夫來觀禮者孔氏曰鄉飲酒禮介爵及主人受酢之爵及僎爵皆不明奠置之所故記者明之愚謂此明鄉飲酒禮奠爵之法也主人酬賓之爵曰客爵者鄉飲酒禮自介以下

苗

無酬爵惟賓有之故謂酬爵為客爵也居左者鄉飲酒禮主人酬賓奠於薦西賓取奠于薦東是也賓席于牖間南向以西為右東為左其飲謂主人獻賓之爵及一人舉觶之爵也酬爵賓奠于薦東而不舉此二爵則賓飲之故曰其飲居右者鄉飲酒禮主人獻賓賓受爵奠于薦西又一人升舉觶于賓奠觶于薦西是也介爵主人獻介之爵酢爵賓酢主人之爵僎爵主人獻僎之爵也主人席于阼階上西面以北為右介席于西階上東面以南為右僎席于賓東亦以西為右三爵皆飲故居右鄉飲記曰凡奠者于(於)左將舉于(於)右○其飲居右孔疏專指為一人舉觶于賓之爵然介爵僎爵皆指獻爵不應賓爵乃專言旅酬而遺正爵也又註以酬爵為優賓蓋以介無酬爵惟賓有之此乃主人所以優賓故賓奠之而不

兩於字按儀礼文改

舉然主人酬賓本奠薦西賓轉奠于薦東耳孔疏以奠于薦東為優賓既失鄭氏之意且謂薦東即為主人所奠與鄉飲酒禮相違其失甚矣

〇羞濡魚者進尾冬右腴夏右鰭祭膴釋文濡音儒腴以朱反鰭音祁膴舊火吴反依註音哻况甫反徐况紆反

鄭氏曰濡魚進尾擗之由後鯁肉易離也乾魚進首擗之由前理易析也腴腹也冬右腴氣在下鰭脊也夏右鰭氣在上膴大臠謂刳魚腹也孔氏曰濡濕也冬時陽氣下在魚腹夏時陽氣上在魚脊凡陽氣所在之處肥美故進魚使嚮右以右手取之便也祭膴者謂刳魚腹下為大臠此處肥美故刳取以祭先也此謂尋常燕食所進魚体非祭祀及饗食正禮也若祭祀魚在俎皆縮載俎既横設魚則隨俎而從於人為

横無進尾進首之理故少牢魚用鮒十五而俎縮載公食大夫禮魚七縮俎愚謂魚之縮載者正法也少牢及公食禮是也若與牲同俎則從載牲之法而横載少牢禮祝俎及少牢賓尸之魚皆横載是也此所言是禮魚亦與牲同俎而足横載者魚縮載則生人進鬐鬼神進腴横載則乾魚進首濡魚進尾魚用於飲酒則有膴祭少牢賓尸司士載魚皆加膴祭於其上是也若用於食則但振祭而無膴祭特牲少牢禮尸舉魚皆振祭是也振祭食乃祭之公食禮魚不祭賓不食魚故也

○凡齊執之以右居之於左 釋文齊才細反下以齊同

鄭氏曰齊謂食羹醬飲有齊和者也居於左手之上右手執而正之由便也孔氏曰凡齊謂以塩梅齊和之法執塩梅於

書十六

右手居處羹食於左手以右手葅梅調和正之於事便也

〇贊幣自左詔辭自右

鄭氏曰自由也謂為君受幣為君出命也立者尊右孔氏曰贊助也謂為君受幣之時由君左詔辭謂為君傳辭也君辭貴重若傳與人時則由君之右也

注疏兩受字阮本作授衛集說同此作受授毛本阮氏校勘記云受字誤

酌尸之僕如君之僕其在車則左執轡右受爵祭左右軌范乃飲

釋文軌媿美反范音犯

鄭氏曰當其為尸則尊周禮大馭祭兩軹祭軌當作軓乃飲軌與軹於車同為轊頭也軌亦當作軓與范聲同謂軾前也孔氏曰尸之僕為尸御車將欲祭軷酌酒與尸之僕令為軷祭如酌酒與君僕之禮以尸之禮尊似以君也尸位在左僕立於右故左執轡右受爵祭酒也軌謂轂末范謂式前僕受爵則祭酒於

似據本疏改

廿六

車左右軌及前范爲其神助已不傾危也祭畢乃自飲愚謂軌爲車轍軹爲轂末二者不同而注謂軌與軹於車同但爲轄頭者蓋兩轄之下即爲車轍祭酒兩軹則下及於軌矣大馭言祭兩軹此言祭左右軌所據雖異而其實一也然此言在車囬祭酒之禮而曰其曰則則酌僕與僕之祭不獨在車上矣大馭云及犯軷王自左馭馭下祝登受轡犯軷遂驅之及祭酌僕僕左執轡右祭兩軹祭軋乃飲此大馭與此文參觀之蓋下祝時已酌僕而僕祭之至登車又酌僕而僕祭之如此與軌字從車旁九音媿美反車轍也此之祭兩軌及中庸車同軌是也軌字從車旁凡字亦作軋又作范並音犯車式前也大馭祭軋及考工記軓前十尺而策半之是也軹字從車旁只音旨此字有二義一是輢之植者衡者考工記叅分

較圍去一以為軹圍是也一是轂末大馭祭兩軹及考工記五分其轂之長去一以為賢去三以為軹又弓長六尺謂之庇軹是也但軌軓二字刑體相似經典或相亂而先儒亦有誤解者周禮大馭祭軓之軓當從軌而經者為軷故杜子春云軓當為軋此經典傳寫之也詩濟盈不濡軌軌字與牡字為韻當從九而毛傳云由軌以上為軌釋文云軌舊龜美反謂車轊頭依傳意直音犯此先儒傳註之誤也又案大馭祭兩軹故書軹為軒杜子春云軒當作軹或讀軒為簪笄之笄東原戴氏云轂末名軒轂末出輪外似笄出髮外也杜子春後軒為軒為軹遂與轊之植者衡者同名一車之中二名混淆其說甚為有理但周禮中言軹者非一如立當車軹五分其轂之長去之以為軹弓長六尺謂之庇軹未必皆故書為

廿七

軒者似未可竟以軒易軹也今姑述其說以俟考焉

凡羞有俎者則於俎内祭

鄭氏曰俎於人為横不得祭於間也孔氏曰羞在豆則於豆間祭在俎則於俎内而祭俎横於人前故不得祭於俎外及兩俎間也

君子不食圂腴　釋文圂與豢同音患

元本有腴

鄭氏曰圂犬豕之屬腴有似人穢孔氏曰圂腊（腴）犬腸也豬犬食穀米其腹與人相似故君子避其腴謂膓胃也故俎闕一也愚謂羊牛之腸胃用為俎實而豕則不用故記者釋之

小子走而不趨舉爵則坐祭立飲

鄭氏曰小子弟子也卑不得與賓介俱脩禮容也孔氏曰弟子不得與賓主參預禮但給役使故宜驅走不得趨翔為容

如日五十五

若得酒舉爵時則坐祭祭竟而立飲之也愚謂成人有趨翔之容小子走而不趨見是容不備成人舉爵坐祭遂飲之小子坐祭立飲是禮不備

先援本注

凡洗必盥　釋文盥音管又古亂反

鄭氏曰沃盥乃洗爵先自潔也

牛羊之肺離而不提心　釋文提丁禮反

鄭氏曰提猶絶也刲絶之不絶中央少許使易絶以祭耳愚謂刲離其四旁不絶其中央少許食時則絶之以祭也○肺有二一為祭肺亦曰刌肺特牲記刌肺三是也亦曰切肺少牢下篇侑俎切肺一是也一為舉肺亦曰離肺特牲記離肺一是也亦曰嚌肺少牢下篇羊肉湆嚌肺一是也祭肺為祭而設舉肺為食而設祭祀兼有二肺生人惟有舉肺有祭肺

廿八

則舉肺但振祭而已無祭肺則於舉肺絶末以祭鄉飲酒禮弗繚右絶末以祭是也賓尸禮有祭肺而舉肺亦絶祭者賓尸乃飲酒禮其有舉肺者正也其有祭肺乃以其為尸而盛之故雖有二肺而祭舉肺之禮不殺也

凡羞有湆者不以齊釋文湆起及反

湆大羹也齊謂鹽梅之齊和也大羹不和

為君子擇葱薤則絶其本末釋文為于偽反薤戶戒反

鄭氏曰為有萎乾孔氏曰葱薤根不淨末萎乾故擇者必絶其二處

羞首者進喙祭耳釋文喙許穢反

鄭氏曰耳出見也孔氏曰羞亦膳羞也喙口也若膳羞有牲頭者則進喙以向尊者尊者若祭先取牲耳祭之也愚謂羞

進也此篇言羞者五而義不同凡羞有俎者則於俎內祭凡羞謂膳羞也有湆者不以齊此二羞字皆總指殽饌而言也未步爵不嘗羞此專謂庶羞也羞濡魚羞首此二羞字皆當為進字之義此䟽以羞為膳羞非是祭耳謂羞之者先割耳以供尊者之祭與魚之祭與魚之祭膴同

尊者以酌者之左為上尊

鄭氏曰尊者設尊者也酌者鄉尊其左則右尊也愚謂上尊元酒之尊也凡尊必上元酒尊於房户之間元酒在西酌酒者向北以西為左上尊在酌者之左也○朱子曰設尊之法鄉飲酒云元酒在西鄉射云左元酒而鄭注云設尊者北面西曰左即此所謂尊者以酌者之左為上尊者蓋言設尊之人方其設時即預度酌酒人之左尊而實以元酒也若燕禮

廿九

則設尊者西面而左元酒南上公乃即位於阼階上則酌者不得背公自當東面以酌而上尊乃在其右矣故此經所云以為為鄉飲鄉射言則可以為為燕禮而言則正與之反鄭註既不明而庾孔皆引燕禮而反謂酌者西面其辟戾甚矣愚謂此所言不獨為鄉飲鄉射凡賓主體敵而尊于房戶間者其設尊皆如此又特牲禮尊于戶東元酒在西少牢司宮尊兩甒于房戶之間則祭祀設尊亦以酌者之左為上尊也惟君燕其臣則面尊而與此相反耳經泛言尊者所該者廣非專為一禮也

尊壺者面其鼻

鄭氏曰鼻在面中言鄉人也愚謂尊壺亦謂設壺也上泛言尊者此特言尊壺則尊之有鼻者惟壺與面其鼻謂設尊或

書司書千三

按元本補

傍於壁或傍於楹而其鼻皆在外而向人也孔疏云尊鼻宜向尊者故面其鼻此誤解玉藻惟君面尊之語而專以此為燕禮之尊耳惟君面尊謂君之面向尊也尊壺者面其鼻謂尊鼻之向外也若謂尊之鼻向君則非是燕禮公在阼階上而尊于東楹之西則尊傍於楹而鼻乃西向非向公也蓋尊面必與酌者相對燕禮酌者不得背公則尊不得向公矣

飲酒者機者醮者有折俎不坐釋文機其記反醮子笑反折之設反

鄭氏曰折俎尊徹之乃坐也已沐飲曰機愚謂飲酒即燕禮也齊侯欲享公子家曰朝夕立於其廷又何享焉其飲酒也乃飲酒鄉飲酒燕禮牲皆用狗是其禮同明矣左傳季氏飲大夫酒國語公父文伯飲南宮敬叔酒是飲酒之類多矣醮謂冠禮饗賓也冠禮醴賓以一獻之禮此云醮者蓋冠禮於冠

二十

元本牲體下俎也上似爲字或爲字俟考

必疑當作以

賔當是賓

者有醴有醮用醴則曰醴用酒則曰醮其於賓亦然折俎折牲體於俎也然三事禮末皆坐其初有折俎時則不坐必折俎尊也故鄉飲酒鄉射皆云請坐於賓賓辭以俎主人請徹俎燕禮司正請徹俎公許告于賓賓北面坐取俎以降膳宰徹公俎乃皆坐是有折俎時不坐也○鄭氏謂醮爲酌始冠者非也冠禮每加皆醮至三醮乃有折俎而於初醮再醮時亦不坐蓋酌始冠者之禮皆無酬酢無論其爲醴爲醮與折俎之有無皆無坐而飲酒之事也醴賓用壹獻之禮贊冠者爲介贊者皆與則是名雖曰醮而賓爲燕禮之輕者故曾子問謂之饗壹獻之後有旅酬無筭爵而贊者皆與於飲焉焉故至其末則徹俎而坐而飲酒若未徹俎則不得坐也故曰有折俎者不坐○孔疏謂飲酒者即下禨者醮者總以飲酒曰

之非也此平别三事不得以飲酒包機醮也疏又云折俎尊機醮小事卑故不得坐亦非也鄉飲酒燕禮亦徹俎乃坐非因機醮禮卑不得坐也疏又云庶子冠于房户之前冠者受醮不敢坐亦非也庶子冠於房户之間因醮焉而冠義云醮於客位則適子亦有醮禮是冠禮初不以醴與醮分適庶也冠者受酌本無坐法雖醴亦然非所謂不敢坐也疏又云鄉飲酒燕禮有折俎者皆不坐獨言機醮不坐者以機醮無折俎之時則得坐嫌畏有折俎者亦坐故特明之亦非也鄉飲酒燕禮無折俎之時亦坐豈獨機醮乎

未步爵不嘗羞

鄭氏曰步行也孔氏曰羞本為酒設若爵未行而先嘗羞是貪食矣此謂無筭爵之時羞庶羞行爵之後始嘗之若正羞

三十一

未字按本疏補
脫文按元本增
執字按燕禮文改
案字疑

脯醢折俎飲酒之前則嘗之故鄉飲酒鄉射燕禮大射獻後薦賓皆先祭脯醢嚌肺乃飲卒爵愚謂爵謂之行取所媵觶興惟公所賜乃就席坐行之又曰酌散爵者乃酌行之是也鄉飲酒禮乃羞無筭爵是設羞在無筭爵之先然設羞本為案酒未步爵之時雖已設羞而不得輙嘗也

○牛與羊魚之腥聶而切之為膾麋鹿為菹野豕為軒皆聶而不切麕為辟雞兔為宛脾皆聶而切之切葱若薤實之醢以柔之釋文聶之涉反膾古外反麋音眉軒音獻麕俱倫反辟音壁又補麥反徐扶益反兔他故反宛於阮反脾毗支反菹莊居反切葱若實之絕句○今按此當以切葱若薤為句實之醢以柔之為句

鄭氏曰聶之言牒也先藿葉切之復報切之則成膾軒辟雞宛脾皆菹類也其作之法以醢與葷菜淹之殺肉及腥氣也

孔氏曰聶而切之者謂先牒為大臠而後細切之為膾也麋

疏作於

疏作折骨

歸當是婦 按特牲禮主人獻賓長以肝從主婦獻兄弟長以燔從此注與彼文異俟考

鹿為菹以下已於内則具釋之

○其有折俎者取祭反之不坐燔亦如之尸則坐　釋文燔音煩

鄭氏曰亦為柄尺之類也燔炙也鄉射曰賓奠爵于薦西興絶取肺坐絶祭左手嚌之興加于俎坐帨手尸則坐尸尊也少牢饋食禮曰尸左執爵右兼取肝擩于俎鹽振祭嚌之加于菹豆孔氏曰折俎謂折骨為俎俎既有足柄尺之類故就俎取所祭肺祭畢反此所祭於俎皆立而為之惟祭時坐耳燔謂燔肉雖非折俎其肉在俎故取祭反之亦皆不坐此謂賓客耳若尸尊雖折俎取祭反之皆坐也愚謂燔所以從獻者也特牲禮主歸獻尸賓長以肝從賓長獻尸長兄弟以燔從肝炙肝燔謂燔肉也鄭以燔為炙者蓋燔是火燒之名炙者遠火之稱以難熟者近火易熟者遠之故肝炙而肉燔也

三十二

不當作則

元本作肺

詩楚茨疏燔炙實亦通名周禮量人制其從獻之燔脯此云燔亦如之所謂燔實兼燔炙而言故鄭以炙解燔欲明燔中兼有燔炙也尸取祭肺亦坐鄭氏獨引少牢禮取肝者蓋祭肝肺佐食取以授尸而燔則尸所自取也然則取祭反之不坐其義有二一則折俎高坐而取反不便與柄尺不坐同義一則折俎尊故取祭反之不坐與飲酒有折俎者不坐同義惟尸尊則不坐也○自凡羞有俎者至此雜明燕飲及膳羞之事

○衣服在躬而不知其名為罔釋文罔本亦作冈又作網亡兩反

鄭氏曰罔猶罔罔無知貌孔氏曰衣服文章所以表人之德亦勸人慕德若著之而不知其名義則是無知之人也愚謂名者義之所寓也衣服之名人莫不知然不知其所以名名義猶之不知也以附在我身者而昧之此非昏罔無知而何

○其未有燭而後至者則以在者告道瞽亦然釋文道音導○石經作有後至者

鄭氏曰以其不見意欲知之也師冕見及階子曰階也及席子曰席也皆坐子告之曰某在斯某在斯

凡飲酒為獻主者執燭抱燋客作而辭然後以授人釋文燋側角反又子約反又在遥反

鄭氏曰為宵言也主人親執燭敬賓示不倦也言獻主容君使宰夫也未爇曰燋應氏鏞曰執已然之燭又抱未爇之燋其愛客有加而無已也

執燭不讓不辭不歌

鄭氏曰以燭繼晝禮殺孔氏曰禮賓主有讓及更相辭謝又各歌詩相顯今既夜暮所以殺於三事

○洗盥執食飲者勿氣有問焉則辟咡而對釋文辟匹亦反徐孚益反咡而志反

三十三

鄭氏曰亦不敢歕氣也口旁曰咡孔氏曰洗謂為尊長洗足盥謂為尊長盥手為尊長洗盥及執尊長食飲則不得鼻嗅尊長食飲若洗盥執食飲之時尊長有問則辟口而對不使口氣及尊者愚謂鄭氏總以不敢顔氣觧此則以洗盥為洗盥手洗爵而酌酒孔氏則以洗盥為洗足盥手以下文觀之疏義似長但如孔氏説則勿氣當為不敢以氣觸長者之手足及食飲辟咡而對亦當為恐氣及尊長及其食飲其義乃備耳

為人祭曰致福為已祭而致膳於君子曰膳祔練曰告

鄭氏曰此皆致祭祀之餘於君子攝主言致福申其辭也自祭言膳謙辭也祔祥言告不敢以為福膳也孔氏曰致福亠致祭祀之福於君子也膳善也自祭不敢云福言致善味也

告以祭胙告君子使知已祔練而已顔淵之喪饋孔子祥肉是也愚謂此謂臣致胙於君之禮觀下言再拜稽首可見

凡膳告於君子主人展之以授使者于阼階之南南面再拜稽首送反命主人又再拜稽首其禮大牢則以牛左肩臂臑折九箇少牢則以羊左肩七箇犆豕則以豕左肩五箇釋文臂本又作辟以鼓反臑奴報反又奴到反說文云臂羊矢讀若襦字林人於反箇古賀反犆大得反

鄭氏曰折斷分之也皆用左者右以祭也羊豕不言臂臑因牛序之可知孔氏曰展省視也敬君子故主人自省視多少備具而阼階南稽首拜送使者使從君子處還反主人亦再拜稽首亦當在阼階南南面也曲禮云使者反必下堂而受命是也大牢者惟牛少牢者惟羊並用上牲不必備饌也周人牲体體尚右右以祭所以獻左也周貴肩故用左肩也九箇

卅四

者取肩自上斷折之至蹄為九段也臂臑謂肩脚也愚謂此臣致膳於君有大牢者蓋大夫殷祭及上大夫練祥得用大牢也肩臂臑前脛三体之名九箇者折每体為三段也少牢特特牲言肩惟有肩也少牢不賓尸禮主人俎用臂主婦俎用臑惟肩不見所用是留肩以致膳而致膳無臂臑也特牲禮阼俎用臂而肩臑不見所用然少牢致膳無臑則特牲可知也少牢賓尸之禮羊左肩以為侑俎臂以為阼俎臑以為主婦俎然則少牢賓尸禮不致膳與

○國家靡敝則車不雕幾甲不組縢食器不刻鏤君子不履絲屨馬不常秣釋文靡亡皮反幾其衣反組音祖縢大登反常如字本亦作嘗秣音末○今按靡字當讀為糜

鄭氏曰靡敝賦稅亟也雕畫也幾附纏為沂鄂也組縢以組飾之及紟帶也詩云公徒三萬貝胄朱綅亦鎧飾也孔氏曰

靡謂侈靡敝謂彫敝由造作侈靡賦稅煩急財物彫敝則改往德脩來或可糜爲糜請財物糜散彫敝古字通用幾謂〻鄂車不彫幾不彫畫漆飾以爲沂鄂也縢謂紟帶其甲甲不組縢不用組以爲飾及紟帶也不復絲纋謂約繶紃之屬不以絲爲之愚謂靡讀爲糜是也國家遭値災變而財物糜散耗敝則當貶損以足用也組縢謂以組綴甲左傳楚子重組甲三百是也食器常食之器也祭祀賓客之器不可貶所貶者常食之器而已秣以粟食馬也馬有時當秣特不常秣耳

禮記卅二卷　共計一萬七千三百八十二字

連書面共卅七頁

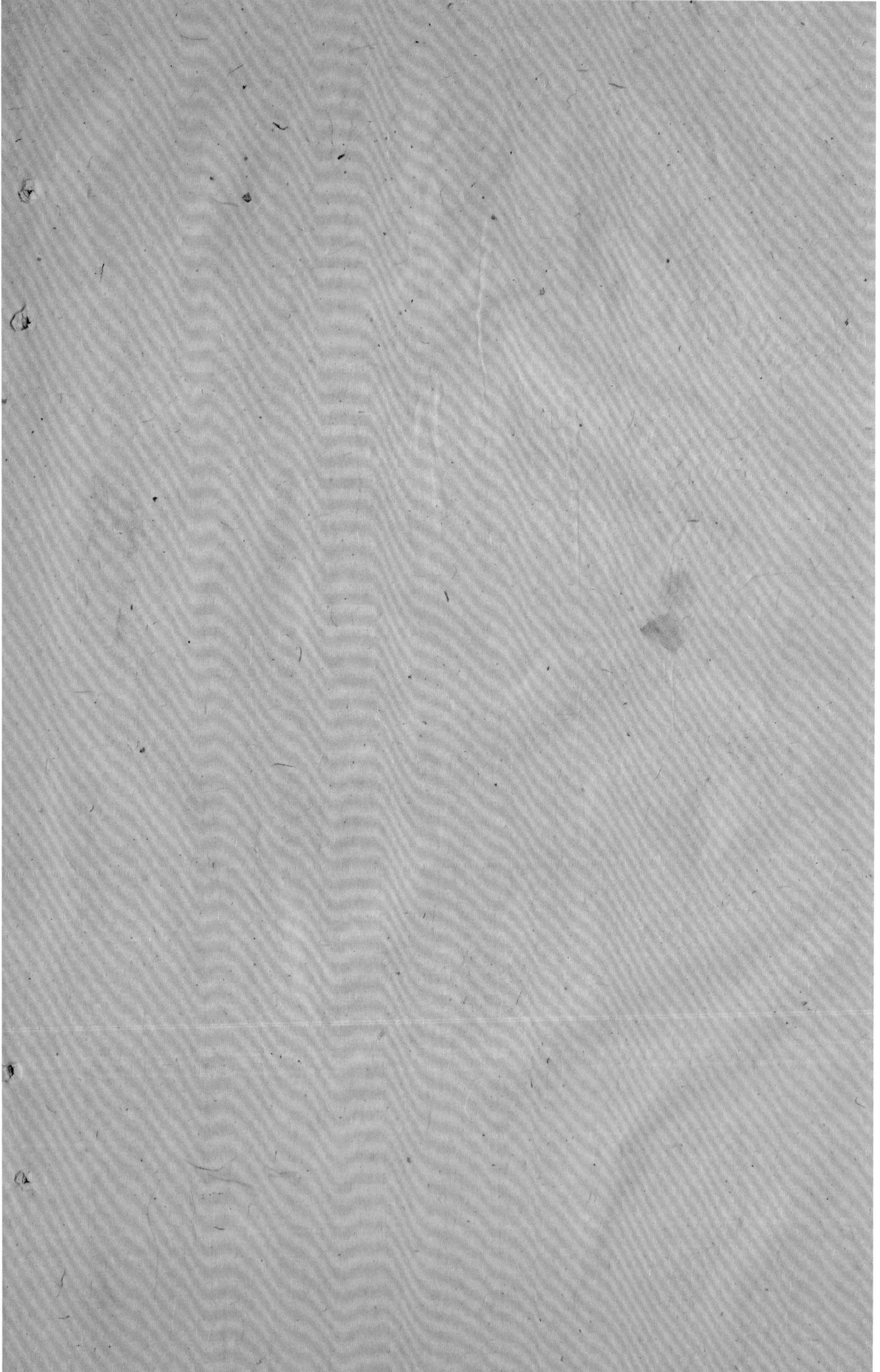

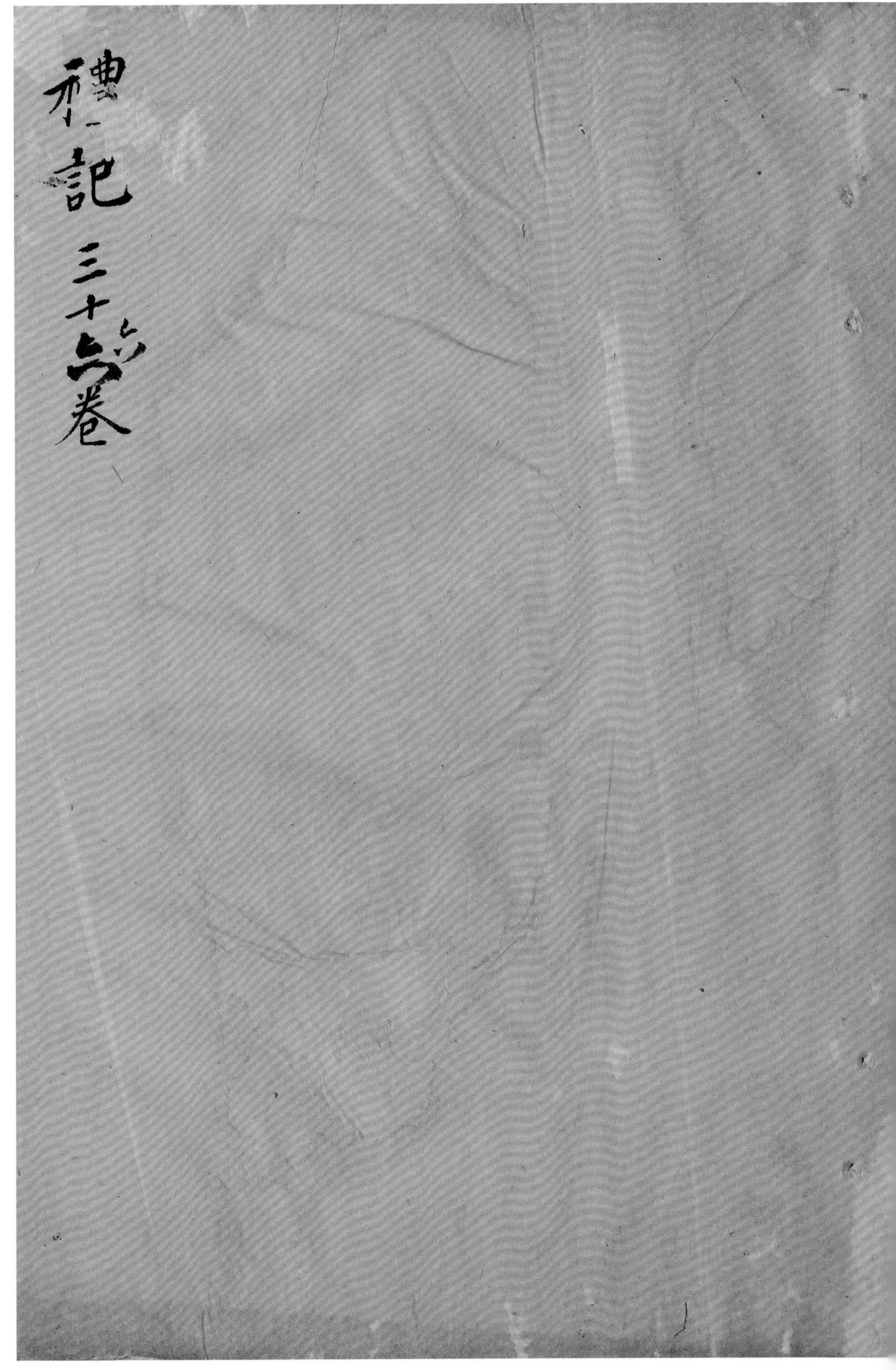

禮記三十六卷

九月二十三日錫鳴校過

五百四十五

禮記卷三十六

學記第十八 別錄屬通論

孫希旦集解

鄭氏曰名學記者以其記人教學之義朱子曰此篇言古者學校教人傳道授受之次序與其得失興廢之所由蓋兼大小學言之。程子曰禮記除中庸大學惟學記樂記最近道

發慮憲求善良足以謏聞不足以動衆就賢體遠足以動衆未足以化民君子如欲化民成俗其必由學乎 釋文憲音獻謏思了反徐所穆反聞音問

鄭氏曰憲法也言發計慮當擬度於法式也求謂招來也謏之言小也就謂躬下之體猶親也所學者聖人之道在方策

孔氏曰聞聲聞也言人起發謀慮必擬度於法式又能招来善良之士以自輔此是人身小善故小有聲聞也恩未被物故有足以動衆也就賢体遠恩被於外故足以動衆識見猶

一

淺仁義未備故未足以化民也朱子曰動衆謂聳動衆聽守常法用中才其效不足以致大譽遠謂疏遠之士下賢親遠足以聳動衆聽使知貴德而尊士然未有開導誘掖之方也故未足以化民惟教學可以化民使成美俗愚謂人君而能就賢體遠亦可謂有志於治矣然苟未知學則所以化民者無其本也惟由學則明德以新民而可以化民成俗矣

玉不琢不成器人不學不知道是故古之王者建國君民教學為先兌命曰念終始典于學其此之謂乎釋文琢丁角反兌依註作說音悅下兌命放此

鄭氏曰教學謂內則設師保以教使國子學焉外則有大學庠序之官兌當為說字之誤也高宗夢傳說求而得之作說命三篇典經也言學之不舍業也愚謂玉之質美矣然不琢則不成器人而不學雖有美質不可恃也教學以大學之道

五百卅一

教人而使學之也古之王者既盡乎脩己治人之道又以為化民成俗非一人之所能獨為故立為學校以教人而使人莫不由乎學故其進而為公卿大夫者莫非聖賢之徒而民莫不蒙其澤矣典常也言人君當始終思念常於學而不舍也

雖有嘉肴弗食不知其旨也雖有至道弗學不知其善也是故學然後知不足教然後知困知不足然後能自反也知困然後能自強也故曰教學相長也兌命曰學學半其此之謂乎釋文有戶文反強其丈反又其良反長丁丈反學學上胡孝反下如字

鄭氏曰旨美也學則覩己行之所短教則見己道之所未達自反求諸己也自強修業不敢倦學學半言學人乃益己之學半張子曰困者益之基也學者之病正在不知困爾自以

二

為知而問之不能答用之不能行者多矣呂氏大臨曰人皆病學者自以為是但恐其未嘗學耳使其果用力於學則必將自進之不足而又何敢自是哉

古之教者家有塾黨有庠術有序國有學釋文塾音孰又音育術音遂出註

鄭氏曰術當為遂聲之誤也古者仕焉而已者歸教於閭里朝夕坐於門門側之堂謂之塾周禮五百家為黨萬二千五百家為遂黨屬於鄉遂在遠郊之外孔氏曰此明立學之所在家有塾者周禮百里之內二十五家為閭同共一巷巷首有門門邊有塾民在家之時朝夕出入恒就教於塾故云家有塾白虎通云古之教民百里皆有師里中之老有道德者為里右師其次為左師教里中之子弟以道藝孝悌仁義也黨有庠者黨謂周禮五百家也庠學名也於黨中立學教閭

中所升者也術有序者術遂也周禮萬二千五百家爲遂序亦學名於遂中立學教黨中所升者也國有學者國謂天子所都及諸侯國中也天子立四代學諸侯但立時王之學也鄭註州長職云序州黨之學則黨學曰序鄉飲酒義云主人拜迎賓於庠門之外註云庠鄉學也州黨曰序此云黨有庠者是鄉之所居黨爲鄉學之庠不別立序凡六鄉以内州學以下皆爲序六遂之内縣學以下皆爲序與此文違其義非也庾氏云黨有庠謂夏殷禮非周法義或然也陳氏祥道曰州有序記言遂有序何也周禮遂官各降鄉官一等則遂之學亦降鄉一等矣降鄉一等而謂之州長其爵與遂大夫同則遂之學與州序同可知也顧氏炎武曰術有序水經注引此作遂有序月令審端徑術注術周禮作遂春秋文公十

庠當作序

五年秦伯使術来聘公羊傳漢書五行志並作遂管子度地篇百家為里里十為術術十為州術音遂此古遂術二字通用之證陳可大改術為州非也愚謂遂有庠序者言六遂之中縣鄙之屬有序也六鄉之中閭側有塾州黨有序鄉有庠則六遂之中里側有塾縣鄙有序遂有庠此於鄉但言黨於遂但言術畧舉而互見之也

比年入學中年考校一年視離經辨志三年視敬業樂羣五年視博習親師七年視論學取友謂之小成九年知類通達強立而不返反謂之大成夫然後足以化民易俗近者説服而遠者懷之此大學之道也記曰蛾子時術之其此之謂乎釋文比毗志反中徐丁仲反樂五孝反又音嶽下不能樂學同説音悦蛾魚綺反本或作蟻

鄭氏曰比年入學學者每歲来入學也中間也間歲則考學

卷之五十二

者之德行道藝離經斷句絶也辨志謂別其志意所趣向也知類知事義之比也强立臨事不惑也不反不違失師道懷來也安也蛾蚍蜉也蚍蜉之子微蟲耳時術蚍蜉之所為其功乃復成大垤孔氏曰蚍蜉所為謂銜土也張子曰離經離析經之章句也事師而至於親敬則學之篤而信其道也論學取友能論其學而取友必端也知類通達比物醜類是也九年者言其大畧人性有遲敏氣有昏明豈可齊也强立而不反可與立也學至于立則自能不息以至于聖人而教者可以無恨矣朱子曰鄭注張說皆是也辨志者自能分別其心所趨向如為善為利為君子為小人也敬業者專心致志以事其業也樂羣者樂於取益以輔其仁也博習者積累精專次第該遍也親師者道同法合愛敬兼盡也論學者知言

四

而能論學之是非，取友者知人而能識人之賢否也。知類通達，聞一知十而觸類貫通也。强立不反，知止有定而物不能移也。蓋考校之法，逐節之中先觀其學業之淺深，徐察其志行之虛實，讀者宜深味之，乃見進學之驗。陳氏澔曰：前言成俗，成其美俗也，此言易俗，易其汚俗也。愚謂敬業博習，所以專其業於己也，至能論學，則深造以道而所得於己者深矣。樂羣親師，所以集其益於人也，至能取友，則中有定識而所見於人者明矣。離經者，窮理之始，至於知類通達，則物格知至而精粗無不貫，知之成也。辨志者，力行之端，至於强立不反，則意誠心正而物欲不能奪，行之成也。此皆明明德之事也。己德既明，然後推以及民，以之化民易俗，而近遠莫不歸之，則其德化之所及者深而所被者廣，非謏聞動衆者之所

壽六十三

注作考与周礼合
中校改改

得而侔矣術學也蚍蜉之子其為力微矣然時時術學蚍蜉之所為則能成大垤為學之功由始學以至於大成雖若非一蹴之所能幾然為之以漸而亦無不可至也○鄭氏曰周禮三歲大比乃校考焉孔氏曰鄭引周禮三年大比考校則此三中年考校非周禮也愚謂周禮三年大比者興賢能之期也此中年考校者學校中考察之期也二者各為一事初不相悖

○大學始教皮弁祭菜示敬道也宵雅肄三官其始也入學鼓篋孫其業也夏楚二物收其威也未卜禘不視學游其志也時觀而弗語存其心也幼者聽而弗問學不躐等也此七者教之大倫也記曰凡學官先事士先志其此之謂乎　釋文宵音消肄本又作肄同以二反篋古協反孫音遜下皆同夏古雅反語魚庶反學不躐等學胡孝反躐里輒反○今按觀字為觀示之義當音古亂反

五

鄭氏曰：皮弁天子之朝朝服也祭菜祭先聖先師也菜謂芹藻之屬宵之言小也肄習也習小雅之三謂鹿鳴四牡皇皇者華也此皆君臣宴樂相勞苦之詩為始學者習之所以勸之以官且取上下相和厚鼓篋擊鼓警衆乃發篋出所治經業也孫猶恭順也夏槄也楚荊也二者所以撲撻犯禮者收謂收斂整齊之威威儀也禘大祭也天子諸侯既祭乃視學考校以游暇學者之志意時觀而弗語使之憤憤悱悱然後啟發也學不躐等學教也教之長穉倫理也自大學始教至此其義七也官居官者也士學士也孔氏曰熊氏云始教謂始立學教人天子使有司服皮弁祭先聖先師以蘋藻之菜也示敬道者服皮弁祭菜蔬並是質素示學者以謙敬之道入學鼓篋謂學士入學之時大胥之官先擊鼓以召之學者

壽王生

既至發其篋篋以出其書也故大胥云用樂者以鼓徵學士視學謂考試學者經義或君親往或命有司為之未卜禘祭不視樂欲優游縱閒學者之志不悤切之也時觀而弗語謂教者時時觀之而不丁寧告語欲學者存其心心憤憤口悱悱然後啟之也學不躐等者學者教也躐踰越也幼者但聽長者解說不得輒問教此學者令其謙退不得踰越等差也朱子曰觀示也謂示之以所學之端緒語告也愚謂始立學必釋菜於先聖先師文王世子始立學者既興器用幣然後釋菜是也先聖先師乃先世有道德者皮弁祭菜所以示學者尊敬道德使知所以仰慕而興起也詩者學者之所弦誦始入學者先習小雅鹿鳴之三篇蓋以此三篇皆君之所以燕樂其臣而臣之所以服事於君者故以入官之道示之於

六

橫當是擴

脫一句據元本補

大胥據周禮當作小胥

擴

而不至於惰慢

小

入學之始所以橫充其志意使知學之當為用於國家也入學發篋必擊鼓以警告之所以提撕警覺使之遜心於學業之中而不至於外馳也夏楚二物即虞書所謂朴作教刑所以收攝學者威儀大胥云逊舞列而撻其怠慢者是也禘者夏祭之名言卜禘者禘必先卜也視學謂考學者之業即一年視離辯志以至於九年視知類通達也入學在春而考視則在夏祭之後所以寬其期以優游其志意而使之不至於迫蹙也凡人之於學得之也易則其守之不固故時時觀示而不輒語以發之所以使學者存其心以求之於內待其自有所得而後告之也年有長幼則學有淺深故其進而受教於師使長者諮問而幼者從旁聽之所以教之使循序而進而不可踰越等級也此七者雖未及乎講貫服習之事然根

興鼓舞之方整齊嚴肅之意從容涵養之益皆在是焉是設教之大倫也大倫猶言大義也官已仕者士未仕者官與士之所學理雖同而分則異故一以盡其事為先一以尚其志為先引此者以証上文七者皆士先志之事也

大學之教也時教必有正業退息必有居學不學操縵不能安弦不學博依不能安詩不學雜服不能安禮不興其藝不能樂學故君子之於學也藏焉脩焉息焉游焉夫然故安其學而親其師樂其友而信其道是以雖離師輔而不反也兌命曰敬遜務時敏厥脩乃來其此之謂乎釋文操七刀反縵末但反雜徂合反依於豈反興虛應反樂音嶽又音洛又五教反離力智反○鄭註依或為衣雜或為雅○舊讀時字居字句絕學字自為一句陸氏朱子讀時教必有正業為句退息必有居學為句今從之依字當從張子讀為聲依永之依如字

鄭氏曰操縵雜弄也博依廣譬喻也雜服冕服皮弁之屬興

藝按衛集說補

之言喜也歆也藝禮樂射御書數藏謂懷抱之脩習也息謂作勞休止於之息游謂閒暇無事於之游敬孫敬道孫業也敏疾也厥其也學者務及時而疾其所脩之業乃來孔氏曰弦琴瑟之屬若不先學操調雜弄則手指不便故不能安弦也張子曰依聲之依永者也服事也雜服洒埽應對投壺沃盥細碎之事禮樂之文如琴瑟笙磬古人皆能之以中制節射御亦必合於禮樂之文如不失其馳舍矢如破騶虞和鸞動必相應也書數其用雖小但施於簡策然莫不出於學故人有倦時又用此以游其志所以便之樂學也孫其志於仁則得仁孫其志於義則得義惟其敏而已陸氏佃曰正業時教之所教也若春誦夏弦春秋教以禮樂冬夏教以詩書是也居學退息之所教也若操縵博依是也朱子曰時教如春

夏禮樂秋冬詩書之類居學謂居其所學如易之言居業盖常時所習如下文操縵博依興藝藏脩息游之類所以學者能安其學而信其道愚謂居學謂私居之所學也依當如張子讀為聲依永之依博依謂雜曲可歌詠者也雜服謂私燕之所服若深衣之屬也操縵非樂之正也然不學乎此則於手指不便習而不能以安於琴瑟之弦矣博依非詩之正也然不學乎此則於節奏不嫻熟而不能以安於詩矣雜服非禮之重也然不學乎此則於儀文不素習而不能以安於禮矣樂學謂樂正學也弦也詩也禮也皆正學而時教之所學也操縵也博依也雜服也所謂藝也皆退息之所學也正業於人至切而居學若在可緩然二者之為理相通而事相資有不可以偏廢者故不游之於雜藝以發其歡欣之趣則不

八

能安於正業而生其歆樂之心也藏謂入學受業也脩脩正業也息退而私居也游謂游心於居學也藏焉必有所脩息焉必有所游無在而非義理之養其求之也博其入之也深理浹於心而有左右逢原之樂身習於事而無艱難煩苦之迹是故内則信乎己之所得外則樂乎師友之相成至於學之大成而强立不返也敬孫書作孫志孫其心虚而有近裏近切己之功時敏則其業勤而有日新不已之益故其所脩之道來而不已也

今之教者呻其佔畢多其訊言及于數進而不顧其安使人不由其誠教人不盡其材其施之也悖其求之也佛夫然故隱其學而疾其師苦其難而不知其益也雖終其業其去之必速教之不刑其此之由乎釋文呻音申一音親佔敕沾反訊字又作誶音信施始移反下同悖布内反佛扶弗反去如字又起呂反〇

壽卅九

鄭註呻或為慕訊或為訾

鄭氏曰呻吟也佔視也簡謂之畢訊猶問也言今之師自不曉經之義但吟誦其所視簡之文多其難問也言及於數其發言出說不首其義動云有所法象而已進而不顧其安務其所誦多不惟其未曉由用也使學者誦之而為之說不用其誠材道也教人不盡其材謂師有所隱也其施之也悖其求之也佛教者言非則學者失問也隱不稱揚也疾速也學不心解則忘之易刑猶成也張子曰人未安又進之未喻之又告之徒使人生此節目不盡其材不顧安不由誠皆是施之妄也教人至難必盡人之材乃不誤人觀可及處然後告之聖人之明直若庖丁之解牛皆知其隙刃投餘地無全牛矣人之材足以有為但以其不由於誠則不盡其材若曰勉

九

衛集説作形名

卒而為之則豈有由其誠者哉朱子曰數謂刑名度数欲以是窮學者之未知非求其本也注疏法象之説恐非隱其學謂以學為幽隱而難知如曰二三子以我為隱之意愚謂進謂進學也進而不顧其安謂不量其材之所能受也使人教人皆謂師之施教也誠教者之誠材學者之材也多其訊問而務窮之以其所不知進而不顧其安而欲强之以其所未至則其使人也不出於愛人之誠矣呻其所視之簡畢而徒務乎口耳之粗繁稱乎度數而不究乎義理之本則其教人也不足以盡人之材而使之有所成就矣悖佛皆謂不順其道也不由其誠不盡其材則教者之施之也悖而學者之求之也亦佛是以其學幽隱不明而至於疾其師徒苦其難而不知其益也雖勉強卒業而無自得之實故其去之必速則

其與强立不反者相去遠矣此教之所以不成也

大學之法禁於未發之謂豫當其可之謂時不陵節而施之謂孫相觀而善之謂摩此四者教之所由興也釋文禁居鴆反摩莫波反徐忘髮反

鄭氏曰未發謂情慾未生朱子曰禁於未發謂預為之防當其可謂適當其可告之時也相觀而善謂之摩謂觀人之能而於己有益如以兩物相摩而各得其助也愚謂少成若天性習貫若自然豫之謂也八歲入小學十五入大學時之謂也中人以上可以語上中人以下不可以語上孫之謂也夫子以回方賜而子貢自知其弗如摩之謂也

發然後禁則扞格而不勝時過然後學則勤苦而難成雜施而不孫則壞亂而不脩獨學而無友則孤陋而寡聞燕朋逆其師燕辟廢其學此六者教之所由廢也釋文扞胡半反格胡客反又戶閣反勝音升又升證反過姑卧反壞

音怪胡拜反燕音鷰辟音譬下罕辟同

鄭氏曰格讀如凍洛之洛扞堅不可入之貌扞格不勝謂教不能勝其情欲時過然後學則思放也雜施而不孫則小者不達大者不識學者所惑也孔氏曰扞謂拒扞也格謂堅強譬如地凍則堅强難入情慾既發而後乃禁教則扞拒堅强教之不復入也學時已過則心精放蕩勤苦四體終無成也施教雜亂越節則大才輕其小業小才苦其大業並是壞亂不可脩治也獨學而無朋友則有疑無可諮問而學識孤偏鄙陋寡有所聞也朱子曰燕朋是私褻之友如損者三友之類燕辟謂私褻之談無益於學而反有所損也愚謂燕辟如所謂羣居終日言不及義也上言教之所由興有四此言教之所由廢有六者蓋發然後禁四者固為教之失其方而學

四百九十五

之無其助然其天資之高而向學之勤者或猶能奮發以有所成就若又加以私褻之朋私褻之談則固無望其能勤於學而雖有美質亦將漸移於邪僻而不自覺矣教有不廢者哉

君子既知教之所由興又知教之所由廢然後可以為人師也故君子之教喻也道而弗牽强而弗抑開而弗達道而弗牽則和强而弗抑則易開而弗達則思和易以思可謂善喻矣 釋文道音導强沈其良反又其兩反易以豉反

鄭氏曰道示之以道塗也開為發頭角思而得之則深孔氏曰喻猶曉也牽謂偪方氏慤曰道之使有所向而弗牽之使從則人有樂學之心强之使有所勉而弗抑之使退則人無無難能之病開之便有所入而弗達之使知則人有自得之

十一

益愚謂教惟豫也故道之而無牽引之煩而和矣和者扞格之反也教惟其時也故强之而無屈抑之患而易矣易者勤苦之反也教惟其孫也故迎其機以道之開其端不遽達其意而人將思而得之矣思者壞亂之反也蓋君子惟知學之所由廢興故其教喻之善如此若相觀而善則存乎朋友之益焉

據元本補

學者有四失教者必知之人之學也或失則多或失則寡或失則易或失則止此四者心之莫同也知其心然後能救其失也教也者長善而救其失者也釋文長丁丈反

高據衛集說改

鄭氏曰失於多謂才少者失於寡謂才多者失於易謂好問不識者失於止謂好思不問者張子曰為人則多好易則寡不察則易畏難則止愚謂失則多謂多學而識而未能貫通

失

高

[illegible]廿四

若子貢失則寡謂志意高遠而畧於事為若曾晳失則易謂無所取裁若子路失則止謂畏難自盡如冉有多者欲其至於會通寡者欲其進於篤實易者欲其精於所知止者欲其勉於所行

○善歌者使人繼其聲善教者使人繼其志其言也約而達微而臧罕譬而喻可謂繼志矣 釋文教如字一本作學胡孝反臧子郎反

朱子曰繼志繼聲皆謂微發其端而不究其說使人有所玩索而自得之也約而達微而臧罕譬而喻皆不務多言而使人自得之意吳氏澄曰教者之言雖至約不煩而能使人通之雖至微不顯而能使人善之雖少有所譬而能使人曉之約微罕譬皆教者之不盡言也達臧喻學者之能自得也如此可謂能使人繼其志者矣

十二

按元本顧氏說初列外註王謂以下直接張子說後移顧說於前似應一直接下不必用圈別之

○君子知至學之難易而知其美惡然後能博喻能博喻然後能為師能為師然後能為長能為長然後能為君故師也者所以學為君也是故擇師不可不慎也記曰三王四代惟其師此之謂乎釋文惡烏路反又如字。石經此上有其字

張子曰知學者至於學之難易又知其資質材性之美惡也

朱子曰能為師以教人則能為君以治人能為師者其人難得故不可不擇也。顧氏炎武曰三代之時凡民之俊秀皆入大學而教之以治國平天下之事孔子之於弟子也四代之禮樂以教顏淵五至三無以告子夏而又曰雍也可使南面然則內而聖外而王無異道矣其繫易也以九二見龍在田利見大人為君德故曰師也者所以學為君也愚謂至學之難易謂學者入道之深淺次第美惡謂人之材質不同無失

質下者字疑衍

者為美有失者為惡也博喻謂因學者之材質者而告之而廣博譬喻不拘一塗也長謂卿大夫州長黨正之屬周禮所謂使民與賢出使長之是也長與君皆有教民之責故能為師然後能為長能為君也能為師者難其人故擇之不可不慎也夏商周為三王并虞為四代惟其師者惟以擇師為重也

百四十八

凡學之道嚴師為難師嚴然後道尊道尊然後民知敬學是故君之所不臣於其臣者二當其為尸則弗臣也當其為師則弗臣也大學之禮雖詔於天子無北面所以尊師也

十三

鄭氏曰嚴尊敬也詔於天子無北面尊師重道不使處臣位也武王踐阼召師尚父而問焉曰昔黃帝顓頊之道存乎抑亦忽不可見與師尚父曰在丹書王欲聞之則齊矣王齊三

曰端冕師尚父亦端冕孔疏云師尚父亦端冕大戴禮無此文鄭所加也奉書而入負屏而立王下堂南面而立師尚父曰先王之道無北面王行西折而南疏云南字亦鄭所加今按今大戴禮與鄭氏所引志同蓋後人因鄭註增之非孔所見也東面而立師尚父西面道書之言皇氏侃曰王在賓位師尚父在主位此王庭之位若尋常師徒之教則師東面弟子西面也輔氏廣曰嚴師為難言盡嚴師之道為難非心悅誠服致敬盡禮如七十子之於孔子不可也師所以傳道師嚴然後道尊道未嘗不尊也因其尊而尊之則在乎人之嚴師也師嚴道尊然後民皆興起於學

○善學者師逸而功倍又從而庸之不善學者師勤而功半又從而怨之善問者如攻堅木先其易者後其節目及其久也相說以解不善問者反此善待問者如撞鐘叩之以小者則小鳴叩之以大

者則大鳴待其從容然後盡其聲不善答問者反此此皆進學之道也釋文說音悅撞文江反叩音口從讀為舂式容反○鄭註從或為松○今按說當從輔氏讀為脫從容當讀如中庸從容中道從七容反

鄭氏曰從隨也庸功也功之受其道有功於己善問者先易後難以漸入從如富父舂戈之舂舂謂重撞擊也始者一聲而已學者既開其端意進而復問乃極說之如撞鐘之成聲矣朱子曰注說非是從容正謂聲之餘韻從容而將盡者也言必盡答所聞然後止也輔氏廣曰治本者柔者既去然後剛者可脫而解矣故曰相說以解音悅恐非悅則以學者言矣以後譬觀之不然撞鐘以蓮擊之則其聲小以楹擊之則其聲大聲之大小雖不同然必待問者之從容然後盡其聲若亟撞之未有能盡其聲者也愚謂功之謂歸功於師也節

本注如字上有讀字似不可省

問據集說改

木字莛字並據集說

問者當作叩者衛集說作問疑

目木之堅而難攻處易說卦曰其於木也為堅多節說當讀為脱相說以解謂彼此相離脱而解也從容義如從容中道從容以和鐘雖叩之而無不鳴然必撞之者不急迫從容問歇而後其餘聲乃盡若急迫叩之則鐘聲有不能盡者矣善待問者於學者之問無不答若鐘之小叩小鳴大叩大鳴然必問者不急迫從容閒暇然後盡發其旨意若急迫問則教者有不盡告者矣非其於學者有所靳也蓋非從容則無沉潛詳審之意而不足以可領受之地故也

○記問之學不足以為人師必也其聽語乎力不能問然後語之語之而不知雖舍之可也釋文語魚據反舍音捨又如字

鄭氏曰記問謂豫誦雜難雜說至講時為學者論之此或時師心不解或學者所未能問聽問必待其問乃說之舍之須

後朱子曰記問之學無得於心而所知有限故不足以為人師愚謂聽語謂聽學者之問而因而語之所謂小叩小鳴大叩大鳴是也此惟學有心得而義理充足者然後能之然教者之語雖因乎學者之問而亦有不待其問而語之者蓋其心有憤悱而力不能問然後語以發之語之而不知則又當舍之以俟其後也論語不憤不啟不悱不發舉一隅不以三隅反則不復也即此義也

良冶之子必學為裘良弓之子必學為箕始駕馬者反之車在馬前君子察於此三者可以有志於學矣釋文冶音也箕音基始駕者一本作始駕馬者

鄭氏曰良冶之子必學為裘者仍見其家錮補金鐵之罷也補罷者其金柔乃合有似於為裘良弓之子必學為箕者仍見其家橈角幹也橈角幹者其材宜調調乃三體相稱有似於

者字據注補

梛字據本疏補

為梛木之箕始駕馬者反車在馬前以言仍見前事則即事易君子仍讀先王之道則為来事不惑孔氏曰良善也治謂鑄冶也積習善治之家其子弟見父兄錮補金鐵使之柔合以補治破罷使之完好故子弟仍能學為裘袍補續獸皮片片相合以至完全也善為弓之家使角幹撓屈調和以成弓故其子弟亦觀其父兄世業仍學取和軟撓之成箕也始駕謂馬子始學駕車之時反之者駕馬之法大馬本駕在車前今將馬子繫隨車後故曰反之本車在馬前所以然者此駒未曾駕車若或駕之必當驚奔今將以大馬牽車於前而繫駒於後使此駒日日見車之行慣習而後駕之不復驚也三事皆須積習非一日所成君子察此三事之由則可以有志於學矣愚謂良冶之子之能為裘也良弓之子之能為箕也

馬之能駕車也此三者非皆生而能之由於見聞習熟而馴而致之也然則君子之於道苟時習而不已豈有不能至之理哉故察於此而可以有志於學矣

古之學者比物醜類鼓無當於五聲五聲弗得不和水無當於五色五色弗得不章學無當於五官五官弗得不治師無當於五服五服弗得不親　釋文當丁浪反直吏反○鄭註醜或為計

鄭氏曰比物醜類以事相況而為之醜猶比也當猶主也五服斬衰至緦麻之親孔氏曰古之學者比方其事以醜類謂以同類之事相比方則學易成朱子曰比物醜類此句詳文義當屬上章仍有闕文愚謂比物醜類一句與下文義不相屬朱子以為有闕文是也自鼓無當於五聲以下則言學當尊師之意以上四事引起下一事也夫五服之親骨肉也然

十六

非有師以講明其理則或有不知其當親者或有知其當親而所以親之非其道者人倫賴師而後明此師之所以無當於五服而實為在三之一者也

君子曰大德不官大道不器大信不約大時不齊察於此四者可以有志於本矣　釋文約徐於妙反沈於畧反齊如字

鄭氏曰大德不官謂君也大道不器聖人之道不如器施於一物大信不齊謂若晉命于蒲無盟約大時不齊或時以生或時之殺

本注作或時以死

孔氏曰春夏花卉自生而薺麦（麥）自死秋冬草木自死而薺麦（麥）自生故云不齊不官為諸官之本不器為諸器之本不約為諸約之本不齊為諸齊之本朱子曰大德不官言大德者不但能專一官之事如荀子所謂精於道者兼物物也大信不約謂如天地四時不言而信者也愚謂德以人之

[illegible]十三

所得而言道則指其自然之本體也大德不官言人（聖）之德盛大不但偏治一官之事也大道不器言大道之體不偏主器易所謂形而上者謂之道形而下者謂之器也大信不約謂至誠感物不待有所要約而人無不信之若所謂誓告不及五帝也（盟會不及三王）大時不齊謂天之四時寒暑錯行未嘗齊一而卒未嘗有所違也此引君子之言本主於大德不官以明學必務本之意而兼及於其下三者猶上章言師無當於五服五服弗得不親而兼及於五色五聲之屬也蓋大德者務乎學之本者也才效一官者專乎學之末者也德成而上藝成而下行成而先事成而後得其本者可以該末而遂於末者不足以達本故君子必有志於學而學必有志於本大道（學）之道使人明德以新民而家以之齊國以之治天下以之平此學

十七

之所以可貴也。不然，而役役於一長一技之末，雖終其身從事於學，亦豈足以化民而成俗哉？

三王之祭川也，皆先河而後海，或源也，或委也，此之謂務本。釋文：源本又作原。委，於偽反。

鄭氏曰：源，泉出也。委，流所聚也。孔氏曰：源則河也，委則海也。朱子曰：所以先河後海者，以其或是源，故先之；或是委，故後之。疏有二說，此說是也。愚謂疏引皇氏之說云河海之外源與委，此一說也；又引或解云源則河，委則海，此又一說也。詳經文之意，源委即指河海，非謂河海外別有源委也。水之源可以至委，而委不可以達源，猶學之本可以兼末，而末不可以達本，故三王之祭川，必先河而後海，而君子之為學亦先本而後末也。

禮紀卅三卷　共計九千五百乂

連重面共十九頁

禮記 三七卷

九月二十三日鏘鳴校過

正義廢作壞先作尤

禮記卷三十七

樂記第十九之一 別錄屬樂記　　孫希旦集解

鄭氏曰：名樂記者，以其記樂之義。蓋十一篇合為一篇，有樂本，有樂論，有樂施，有樂言，有樂禮，有樂情，有樂化，有樂象，有賓牟賈，有師乙，有魏文侯。此鄭氏目錄次第與經不同今雖合此，畧有分焉。孔氏曰：周衰禮廢，其樂先微，以音律為節，又為鄭衛所亂，故無遺法。漢興，制氏以雅樂聲律世為樂官，頗能記其鏗鏘鼓舞，而不能言其義。武帝時，河間獻王好古，與諸生采周官及諸子言樂事者為樂記。其內史丞王度傳之，以授常山王禹。成帝時為謁者，數言其義，獻二十四卷。劉向校書，得二十三篇，與禹不同，著於別錄。今樂記斷取十一篇，餘有十二篇，其名猶在。二十四卷記無所錄也。其十二篇之名，按劉向別

為字元本有

錄云奏樂第十二樂器第十三樂作第十四意始第十五樂穆第十六説律第十七季札第十八樂道第十九樂義第二十昭本第二十一昭頌第二十二竇公第二十三是也案別錄禮記四十九篇樂記第十九則樂記十一篇入禮記在劉向前矣至向為別錄更載所入樂記十一篇又載餘十二篇總為二十三篇也愚謂此篇鄭孔皆不言作者之人惟史記正義以公孫尼子所作未知何據樂以義理為本以器數為用古者樂為六藝之一小學大學莫不以此為教其器數人人之所習也獨其義理之精有未易知者故此篇專言義理而不及器數自古樂散亡器數失傳而其言義理者雖賴有是篇之存而不可見之施用遂為簡上之空言矣然而樂之理終未嘗亡苟能本其和樂莊敬者以治一身而推其同和

壽四十三

同節者以治一世則孟子所謂今樂猶古樂者而其用或亦可以漸復也

按本疏引傳文改

凡音之起由人心生也人心之動物使之然也感於物而動故形於聲聲相應故生變變成方謂之音比音而樂之及干戚羽旄謂之樂 釋文應應對之應篇內同 比毗志反旄音毛

鄭氏曰宮商角徵羽雜比曰音單出曰聲形猶見也樂之器彈其宮則衆宮應然不足樂是以變之使雜也易曰同聲相應同氣相求春秋傳曰若水火之專一誰能食之若琴瑟之專一誰能聽之方猶文章也干盾也戚斧也武舞所執羽翟羽旄旄牛尾也文舞所執孔氏曰音即今之歌曲也愚謂此言樂之所由起也人心不能無感感不能無形於聲聲謂凡宣於口者皆是也聲之別有五其始形也止一聲而已然既

二

形則有不能自已之勢，而其同者以類相應，有同必有異，故又有他聲之雜焉而變生矣。變之極而抑揚高下，五聲備具，猶五色之交錯而成文章，則成爲歌曲而謂之音矣。然猶未足以爲樂也，比次歌曲而以樂器奏之，又以干戚羽旄象其舞蹈以爲舞，則聲容畢具而謂之樂也。

樂者，音之所由生也，其本在人心之感於物也。是故其哀心感者，其聲噍以殺；其樂心感者，其聲嘽以緩；其喜心感者，其聲發以散；其怒心感者，其聲粗以厲；其敬心感者，其聲直以廉；其愛心感者，其聲和以柔。六者非性也，感於物而後動。釋文：噍，子遥反，徐在堯反，沈子堯反。殺，色界反，徐所例反。其樂，音樂。嘽，昌善反。散，思旦反。粗，采都反，又才古反。

鄭氏曰：言人聲在所見，非有常也。噍，踧也。嘽，寬綽貌。發，猶揚也。孔氏曰：此聲皆據人心感於物而口爲聲，是人聲也。皇氏

壽冊八

云樂聲失之矣方氏慤曰凡人之情得所欲則喜喪所欲則哀順其心則喜逆其心則怒於所畏則敬於所悅則愛則竭而無澤殺則減而不隆蓋心喪其所欲故形於聲者如此嘽則寬綽而有餘緩則舒徐而不迫蓋心得其所欲故形於聲者如此發則宣出而無留遺散則四暢而無鬱積蓋順其心故形於聲者如此直則無委曲廉則有圭角蓋心有所畏故形於聲者如此和則不乖柔則致順蓋心有所悅故形於聲者如此粗則壯猛以奮發厲則高急而淩物蓋逆其心故其形於心聲者如此方氏元文多有未安今思略為改定如此陳氏澔曰六者之動乃情也非性也性則喜怒哀樂之未發者是也愚謂首節言人心之感而為聲由聲而為音由音而為樂其自微而至著有是三者之次自此以下六節皆承首節而遞申之此二節言

解粗厲條當移前直廉條上

三

形字疑衍

人之感而發為形聲者由於政所以申首節言聲之義所謂聲皆指人聲而言也

是故先王慎所以感之者故禮以道其志樂以和其聲政以一其行刑以防其姦禮樂刑政其極一也所以同民心而出治道也釋文道音導行下孟反治直吏反

禮以示其所履而所志因有定向故曰禮以道其志樂以養其心而發於聲者乃和故曰樂以和其聲聲即上所言六者之聲也感人心固以樂為主然萬物得其理而後和故道以禮而後可和以樂也政者所以布禮樂之具而刑又所以為故政之輔者也極猶歸也民心即喜怒哀樂愛敬之心也同謂同歸於和也六者之心人之所不能無惟感之得其道則所發中其節而皆不害其為和矣故禮樂刑政其事雖異然其歸

壽六十七

皆所以同民之心而出治平之道也

凡音者生人心者也情動於中故形於聲聲成文謂之音是故治世之音安以樂其政和亂世之音怨以怒其政乖亡國之音哀以思其民困聲音之道與政通矣釋文治世之音絶句安以樂音洛以絶句雷讀上至安絶句樂音岳以安二字為句寉讀上句依雷下以樂其政和為一句下亂世亡國各放此思息吏反又音笥○今樂當音洛治世之音安以樂為一句其政和為一句下四句放此

鄭氏曰言八音和否隨政也孔氏曰治平之世其音安靜而和樂由其政和平而人心安樂也禍亂之世其音怨恨而恚怒由其政乖僻而人心怨怒也亡國謂將亡之國也亡國之時其音悲哀而愁思由其民困苦而人心哀思也亡國不言世者以國將亡無復繼世也不云政者言國將滅無復有政也愚謂此節言人心之感而成為音者由於政所以申首節言音

四

二字據元本補

按全書例無稱孔疏者今改氏

之義所謂音皆謂民俗歌謠之類而猶未及乎樂也

宮爲君商爲臣角爲民徵爲事羽爲物五者不亂則無怗懘之音矣釋文徵張里反後放此怗徐昌廉反懘昌制反又昌紙反

此乃言音之比而爲樂者也鄭氏曰五者君臣民事物也凡聲濁者尊清者卑怗懘敝敗不和貌孔疏曰宮爲君者鄭註月令云宮屬土居中央總四方君之象也又五音以絲多聲重者爲尊宮絃最大用八十一絲故宮爲君商爲臣者鄭註月令云商屬金其以濁次宮臣之象也解者云商七十二絲次宮如臣之次君角爲民者鄭註月令云角屬木以其清濁中民之象也解者云宮濁而羽清角六十四絲居宮羽之中半清半濁民比君臣爲劣比事物爲優故角清濁中爲民之象也徵爲事者鄭註月令云徵屬火以其微清事之象也解

者云徵五十四絲是徵清事由民造為先事乃後有物事勝於物而劣於民所以徵為事之象也羽為物者鄭註月令云羽屬水以其最清物之象也解者云羽最清用四十八絲而為物物劣於事故處㝡末敝敗謂不和之貌若君臣民事物五者各得其所不相壞亂則五聲之響無敝敗矣劉氏曰五聲之本本生於黃鍾之律其長九寸每寸九分九九八十一是為宮聲之數三分損一以下生徵徵數五十四三分益一以上生商商數七十二商三分損一以下生羽羽數四十八羽三分益一以上生角角數六十四角之數三分之不盡一算其數不行故聲止於五此其相生之次也宮屬土弦八十一絲為最多而聲至濁於五聲獨尊故為君象商屬土弦用七十二絲聲次濁故次於君而為臣角屬木弦用六十四絲

五

言按元本

聲半清半濁居五聲之中故次於臣而為民徵屬火弦用五十四絲其聲清有民而後有事故為事羽屬水弦用四十八絲為最少而聲至清有事而後用物故為物此其大小之次也五聲固本於黄鍾為宫然還相為宫則其餘皆可為宫宫必為君而不可下於臣商必為臣而不可上於君角民徵事羽物各以次降殺其有臣過君民過臣事過民物過事者則不用正律而以半聲應之此八音所以克諧而無相奪倫也然聲音之道與政相通必君臣民事物五者各得其理而不亂則聲音和諧而無怗懘敝敗也愚謂此下三節承首節比音而樂之義而申之而一之樂之通於政此節則以政之得而感為樂者言之也

宫亂則荒其君驕商亂則陂其官壞角亂則憂其民怨徵亂則哀

其音依本注改

其事其勤羽亂則危其財匱五者皆亂迭相凌（陵）謂之慢如此則國之滅亡無日矣釋文陂彼義反匱其媿反迭田節反散蘇旦反○石經官作臣

鄭氏曰君臣民事物其道亂則（其音）五者應而亂荒散也陂傾也

孔氏曰五音敝敗各有所由宮音亂則其聲放散由其君驕溢故也商音亂則其聲欹斜而不正由其臣不治於官故也角音亂則其聲憂愁由政虐其民怨故也徵音亂則其聲哀苦由徭役不休其事勤勞故也羽音亂則其聲傾危由其君賦重其民貧之故也樂緯動聲儀云宮為君君者當寬大容衆故聲宏以舒其和情以柔動脾也商為臣臣者當發明君之號令其聲散以明其和溫以斷動肺也角為民民者當儉約不奢僭差故其聲防以約其和清以靜動肝也徵為事事者君子之功既當急就之其事當久流亡故其聲貶以疾其

六

和平以功動以也羽為物物者不有委聚故其聲散以虛其和斷以散動臂也動聲儀又云若宮唱而商應是為善太平之樂角從宮是謂哀羽從宮往而返是謂悲亡國之音也又云音相生者和註云彈羽角應彈宮徵應是其和樂以此言之相生應即為和不以相生應即為亂也又以政之失而應於樂音者言之也五者偏有所亂者亂世之音也五者皆亂至於迭相凌侮而為慢者亡國之音也五者皆亂周禮大司樂凡建國禁其淫聲過聲凶聲慢聲四者由輕而重則聲之失莫甚於慢矣

鄭衛之音亂世之音也比於慢矣桒閒濮上之音亡國之音也其政散其民流誣上行私而不可止也　釋文比毗志反濮音卜

鄭氏曰濮水之上地有桒閒者亡國之音於此之水出也昔

五了卅一

事見史記宋書之本
双行注

殷紂使師延作靡靡之樂已而沈自沈於濮水後師涓過焉
夜聞而寫之為晉平公鼓之事見史記樂書桑間在濮陽南誣
罔也孔氏曰比猶同也鄭音好濫淫志衛音促速煩志並是
亂世之音雖亂而未滅亡故云比於慢濮水之上桑林之間
所得之樂是亡國之音其政散者謂君之政教荒散也其民
流者流謂流亡君既荒散民自流亡也誣上行私而不可止
者君既失政在下則誣妄於上行其私意不可禁止也愚謂
比猶近也近於慢猶未至於慢也慢者亡國之音若桑間濮
上是也孔氏曰異義云論語說鄭國之為俗有溱洧之水男
女聚會謳歌相感故云鄭聲淫左傳說煩手淫聲謂之鄭聲
言煩手躑躅之聲使淫過矣許君謹按鄭詩二十一篇說婦
人者十九故鄭聲淫今按鄭詩說婦人者九篇異義云十九

元本有校

誤也○張子曰：鄭衛地濵大河，沙地土薄，故其人氣輕浮；其地平下，故其質氣弱；其地肥饒，不費耕耨，故其人心怠惰。其人性情如此，其聲音亦然，故聞其樂便人解慢。愚謂孔氏謂鄭詩説婦人者九，據毛詩而言。許慎言鄭詩説婦人者十九，疑齊魯韓三家詩説有如此者。今朱子集傳鄭詩多以爲洒詩，與毛傳不同，豈非即由慎説發其端與？然鄭詩不可以爲鄭聲，説見後魏文侯篇。

凡音者，生於人心者也；樂者，通倫理者也。是數知聲而不知音者，禽獸是也；知音而不知樂者，衆庶是也。唯君子爲能知樂。是故審聲以知音，審音以知樂，審樂以知政，而治道備矣。是故不知聲者不可與言音，不知音者不可與言樂，知樂則幾於禮矣。禮樂皆得，謂之有德。德者，得也。

書局第十二

鄭氏曰倫類也理分也禽獸知此為聲耳不知其宮商之變也八音並作克諧曰樂幾近也聽樂而知政之得失則能正君臣民事物之禮也方氏慤曰凡耳有所聞者皆能知聲心有所識者則能知音通于道者則能知樂若瓠巴鼓瑟游魚出聽伯牙鼓琴六馬仰秣此禽獸之知聲者也魏文侯好鄭衛之音齊宣王好世俗之樂此衆庶之知樂者也孔子在齊之所聞季札聘魯之所觀則君子之知樂者也愚謂樂通論[倫]理謂其通於君臣民事物五者之理也禮樂之為用雖異而理則相通故知樂則幾於禮矣禮樂皆得則惟實體其理於身者能之又非僅知之而已故謂之有德自第二節以下承首節聲音樂三者之義而遞申之至此則合而結之而歸重於知樂以起下章之義也○右第一章本樂之所由生也

八

實按注補

○是故樂之隆，非極音也；食饗之禮，非致味也。清廟之瑟，朱弦而疏越，一倡而三歎，有遺音者矣。大饗之禮，尚玄酒而俎腥魚，大羹不和，有遺味者矣。是故先王之制禮樂也，非以極口腹耳目之欲也，將以教民平好惡而反人道之正也。釋文：食並音嗣，下食饗同。疏音跡，下同。倡昌諒反。腥音星。和胡卧反。好呼報反。惡烏路反，又並如字，後好惡二字相連者放此。

鄭氏曰：隆，盛也。極，窮也。清廟，謂作樂歌清廟也。朱弦，練朱弦，練則聲濁。越，瑟底孔也。畫疏之，使聲遲也。倡，發歌句也。三歎，三人從歎之耳。大饗，祫祭先王，以腥魚為俎，不臑孰之。大羹，肉湆，不調以鹽菜。遺，猶餘也。平好惡，教之使知好惡也。孔氏曰：清廟之瑟，謂歌清廟之詩所彈之瑟。朱弦，謂練朱絲為弦，練則聲濁也。疏越，疏通底孔，使聲遲。聲濁又遲，是質素之聲，非要妙之響。初發首一倡之時，惟有三人歎之，是人不愛樂雖然有遺餘之音以其貴在於德念之不忘也上元酒在五齊之生腥也腥生也俎腥魚俎有三牲而兼載腥魚也大羹肉湆不以鹽菜和之此皆質素之食人所不欲也雖然有遺餘之味以其有德質素其味可重也元酒腥魚大羹是非極口腹也朱弦疏越是非極耳目也先王制禮樂不為口腹耳目將以教民均平好惡而反歸人道之正也朱子曰一倡三歎謂一人倡而三人和也愚謂鄉飲酒禮工四人二瑟燕禮大射工六人四瑟皆歌工二人若諸侯大饗之禮歌工當有四人以一人發歌句而三人應和之也虞書言拊搏言琴瑟以詠則升歌并有琴此言瑟而不言琴然則升歌用琴惟天子宗廟之祭乃有之與猶極也俎腥魚謂朝踐薦血腥之時魚亦腥而載之於俎也樂以升歌為始合舞為終故樂未嘗

九

不下當有在字

德據元本改

不極音而其隆者則在於升歌清廟以發明先王之德而不於極音也食饗之禮設尊則以元酒在西醴酒在東薦牲則以薦腥在先饋熟在後故食饗未嘗不致味而其隆者則在於元酒腥魚以反先代質素之本而不在於致味也樂在於不先故不極音而有餘於音禮在於反古故不極味而有餘於味也人道本無不正惟其徇於好惡而失之人之好惡之出於本然者亦無不平惟其徇於耳目口腹之欲而失之今使人皆知貴德反古之意則不至徇於耳目口腹之欲而好惡自此乎人道之正可以反矣

人生而靜天之性也感於物而動性之欲也物至知知然後好惡形焉好惡無節於內知誘於外不能反躬天理滅矣夫物之感人無窮而人之好惡無節則是物至而人化物也人化物也者滅天

天之性者以下廿四字元本偶未削去

元本有在字

理而窮人欲者也於是有悖逆詐僞之心有淫泆作亂之事是故强者脅弱衆者暴寡知者詐愚勇者苦怯疾病不養老幼孤獨不得其所此大亂之道也釋文誖音悖布内反泆音逸强其良反脅許劫反知者知音智怯起劫反

朱子曰人生而靜天之性也感於物而動性之欲也何也曰此言性情之妙人之所生而有者也蓋人受天地之中以生其未感也純粹至善萬理具焉所謂性也然人有是性即有是形有是形即有是心天之性者本其所從出者言之也感於物而動則性之欲出焉而不能無感於物感於物而動則性之欲者出焉而善惡于是乎分矣性之欲即所謂情也物至知知而後好惡形焉何也曰上言性情之别此指情之動處爲言而性[在]其中也物至而知知者心之感好之惡之者情也形焉者其動也所以好惡而有自然之節者性也好惡無

節於内知誘於外不能反躬天理滅矣何也曰此言情之所以流而性之所以失也好惡本有自然之節惟其不自覺知無所涵養而大本不立是以天則不明於内外物又從而誘之此所以流濫放逸而不自知也苟能於此覺其所以然者而反躬以求之則其流也庶乎其可制矣不能如是而惟情是徇則人欲熾盛而天理滅息尚何難之有哉此一節正天理人欲之機間不容息處惟其反躬自審念念不忘則天理益明存養自固而外誘不能奪矣夫物之感人無窮而人之好惡無節則是物至而人化物也人化物也者滅天理而窮人欲者也何也曰上言情之所以流此則以其流之甚而不反者言之也好惡之節天之所以與我也而至於無節宰制萬物人之所以為貴也而反化於物天理惟恐其存之不至也

以字據集説引補

元本是容

五月罕六

而反滅之人欲惟恐其制之不力也而反窮之則人之所以為人者至是盡矣然天理秉彝終非可殄滅者雖化物窮欲至於此極苟能反躬以求天理之本然者則初未嘗滅也但習染之深雖覺而易昧難反而易流非厲知恥之勇而致百倍之功則不足以復其初爾又曰人生而靜以上不容説人生而靜以上即是人物未生時只可謂之理説性不得此所謂在天曰命也纔説性時便已不是性纔謂之性便是人生以後此理已墮在形氣中不全是性之本体矣此程子所謂在人曰性也然性之本体元未嘗離亦未嘗雜要人就上面見得其本体耳性不可形容善言性者不過即其發見之端言之而性之理固可默識矣如孟子言性善與四端是也又曰物至知知上知字是體下知字是用又曰物之誘人固無

十一

窮然亦是自家好惡無節所以被物誘去若是自有主宰如何被誘去愚謂上文言先王之制禮樂所以教人平好惡而反人道之正此節又以人之好惡本於性而流於情者言之蓋人之好惡之失乃大亂之所由起此禮樂之所以不可不作也

是故先王之制禮樂人為之節衰麻哭泣所以節喪紀也鍾鼓干戚所以和安樂也昏姻冠笄所以別男女也射鄉食饗所以正交接也禮節民心樂和民聲政以行之刑以防之禮樂刑政四達而不悖則王道備矣釋文衰七雷反安樂音洛冠古亂反笄音雞別彼列反下文皆同

鄭氏曰言作為法度以過其欲男二十而冠女許嫁而笄成人之禮射鄉大射鄉飲酒也愚謂射鄉鄉射鄉飲酒也人之好惡無節先王之制禮樂於天下之人皆為之節接〔安〕樂者所

謂治世之音安以樂也和安樂者言導之於和而使之發於聲者皆安樂也和安樂者樂之所以和民聲也節喪紀別男女正交接者禮所以節民心也又為之政以一其行為之形以防其姦此四者聖人脩道之教人道之所以正而大亂之所以息也○右第二章本樂之所由作也

○右樂本篇第一○十一篇之次禮記與劉向別錄史記樂書皆不同盖別錄乃二十三篇之舊次而禮記則取以入禮者之所更定樂書本取諸禮記而褚少孫又自以其意升降之也鄭氏註禮記一依經文而目錄之次又不同觀其于賓牟賈師乙魏文侯三篇皆以年代次之則其意似以禮記之舊次為未善又以經文次第不欲輒更而於目錄見其意也又鄭謂十一篇畧有分則自魏文侯賓年賈師乙三篇確然可見者

十二

之外其餘分篇鄭氏原無明説孔疏亦言仔細不可的知孔疏中及史記正義分篇之説皆本於皇氏雖未有以知其必然然别無可考証今姑從之

樂者爲同禮者爲異同則相親異則相敬樂勝則流禮勝則離合情飾貌者禮樂之事也禮義立則貴賤等矣樂文同則上下和矣好惡著則賢不肖别矣刑禁暴爵舉賢則政均矣仁以愛之義以正之如此則民治行矣釋文勝治證反飭音敕本亦作飾音式著張慮反

鄭氏曰同謂協好惡異謂别貴賤禮樂欲其並行彬彬然陳氏澔曰和以統同序以辨異樂勝則流過於同也禮勝則離過於異也合情者樂之和於内所以救其離之失飾貌者禮之檢於外所以救其流之失愚謂禮言義見其有以相辨而貴賤之所以等也樂言文見其以有相接而上下之所以和

五百四十三

也好惡者形〔刑〕爵之本形〔刑〕爵者好惡之用仁以愛之而有惻怛之實義以正之而得裁制之宜又所以為禮樂刑爵之本者也民治行者言以此治民而民無不治也○右第一章言禮樂之為用異而實以相濟也蓋禮之與樂若陰之與陽仁之與義其理同出於一原其用相須而不離樂所以和禮而禮之從容不迫者即樂也禮所以節樂而樂之節制不過者即禮也且萬物得其理而後和其序九有不可紊者故樂記一篇每以禮相配而言之

○樂由中出禮自外作樂由中出故靜禮自外作故文大樂必易大禮必簡樂至則無怨禮至則不爭揖讓而治天下者禮樂之謂也暴民不作諸侯賓服兵革不試五刑不用百姓無患天子不怒如此則樂達矣合父子之親明長幼之序以敬四海之內天子如此

十三

則禮行矣。釋文：長易，以豉反。爭，爭鬬之爭。長，丁丈反。

鄭氏曰：樂由中出，和在心。禮自外作，敬在貌。文猶動也。易簡若於清廟大饗然。至猶達也，行也。賓，協也。試，用也。愚謂禮樂之本皆在於心，然樂以統同，舉其心之和順者達之而已，故曰由中出。禮以辨異，其親踈貴賤之品級，必因其在外者而制之，故曰自外作。樂由中出，故無事乎品節之煩，而其意靜。禮由外作，故必極乎度數之詳，而其事文。樂之大者必易，一嘆三唱而有遺音，而不在乎幼眇之音也。禮之大者必簡，元酒腥魚而遺味，而不在乎儀物之繁也。然則由中出者固非求之於外，而由外作者正當反而求之於中矣。樂至則無怨者，神人治而上下和也。禮至則不爭者，上下辨而民志定也。必易必簡者，禮樂之所以立乎其本；無怨不爭者，禮樂之所

節和似誤倒

以達乎其用如此則第相與揖讓以行禮樂而天下自治矣天子不怒者言無可怒之事也合父子之親使民父子有親明長幼之序使民長幼有序以敬四海之内者使四海之内皆榮然有文以相接相敬而無褻相也暴民不作至天子不怒樂至則無怨之事也合父子之親以下禮至則不争之事也

○右第二章言禮樂之作不同而其治天下之功一也

○大樂與天地同和大禮與天地同節和故百物不失節故祀天祭地明則有禮樂幽則有鬼神如此則四海之内合敬同愛矣

鄭氏曰同節同和言順天地之氣與其數百物不失不失其性祀天祭地成物有功報焉禮樂教人者鬼神助天地成物者也愚謂天地有自然之和而大樂與天地同其和天地有自然之節而大禮與天地同其節百物不失者百物得和以

十四

生各保其性也祀天祭地者萬物得節以成本其功於天地而報之也鬼神者天地之功用自然之和節也禮樂者聖人之功用同和同節者也鬼神体物而不遺禮樂体事而無不在二者一明一幽同運並行故能使四海之內無不得其節而合於敬無不得其和而同於愛也

禮者殊事合敬者也樂者異文合愛者也禮樂之情同故明王以相沿也故事與時並名與功偕釋文沿悅專反○鄭註沿或作緣

鄭氏曰沿猶因述也孔子曰殷因於夏禮所損益可知也周因於殷禮所損益可知也事與時並爲事在其時也禮器曰堯授舜舜授禹湯放桀武王伐紂時也名與功偕爲名在其功也偕猶俱也堯作大章舜作韶禹作大夏湯作大頀武王作大武名因其得天下之功愚謂禮之事異而敬之情則同

樂之文殊而愛之情則同禮樂之文與事者其末而愛敬之情者其本末可變而本不可變故明王以相沿也事與時並者禮有質文損益視乎時以起事名與功偕者樂有韶夏護武隨乎功以立名也明王之於禮樂因其情之不可變者以為本故因時以制禮象功以作樂而皆有以成一代之治也

故鍾鼓管磬羽籥干戚樂之器也屈伸俯仰綴兆舒疾樂之文也簠簋俎豆制度文章禮之器也升降上下周還裼襲禮之文也故知禮樂之情者能作識禮樂之文者能述作者之謂聖述者之謂明明聖者述作之謂也釋文伸音申綴丁劣反徐丁衛反下綴遠綴短皆同簠簋上音甫下居洧反上時掌反還音旋裼思歷反襲音習

鄭氏曰綴謂酇舞者之位也兆其外營域也述謂訓其義也

愚謂禮樂之文所謂殊事異文者也器則文之所寓也其文

十五

易識其情雖知知其情則得其本以達其末而化裁變通其文由之而出故能作識其文則於其本猶有所未逮也而於其已然之迹亦可以守之而不失故能述作者之謂聖禹湯文武周公是也述者之謂明游夏季札是也○右第三章言禮樂之本在乎愛敬之情也

樂者天地之和也禮者天地之序也和故百物皆化序故羣物皆別樂由天作禮以地制過制則亂過作則暴明於天地然後能興禮樂也

劉氏曰前言大樂與天地同和大禮與天地同節以成功之所合而言也此言樂者天地之和禮者天地之序以效法之所本而言也天地之和陽之動而生物者也氣行而不乖故百物皆化天地之序陰之靜而成物者也質具而有秩故羣

壽廿五

兩於字從陳集說刪又從字作法

乎亦據陳集說

暴當作亂

物皆別樂者從乎氣之行乎天者而作故動而屬陽聲音氣之爲也禮者法乎質之具乎者而制故靜而屬陰儀則質之爲也過制則失其序如陰過而肅則物之成者復壞故亂過作則失其和如陽過而亢則物之生者反傷故暴明乎天地之和與序然後能興禮樂以贊化育也愚謂禮以節行非所以爲亂也然過制則不足以爲節而反至於暴矣樂以道和非所以爲暴也然過作則不足以爲和而反至於暴矣上言樂者天地之和禮者天地之序下又以樂專屬天以禮專屬地者蓋天地各有自然之和序而樂之動而屬乎陽禮之靜而屬乎陰於天地又各有所專屬焉猶之立天之道曰陰與陽立地之道曰柔與剛而分而言之則陽與剛屬乎天陰與柔屬乎地雖若各爲一理而寔則相通也

十六

論倫無患樂之情也欣喜觀愛樂之官也中正無邪禮之質也莊敬恭順禮之制也若夫禮樂之施於金石越於聲音用於宗廟社稷事乎山川鬼神則此所與民同也釋文邪字又作耶同似嗟反

耶字疑

鄭氏曰倫猶類也患害也官猶事質猶本也愚謂論倫無患者言其心之和順足以論説樂之倫理而不相悖害也樂之情禮之質以其根於心者言聖人制禮樂之本也樂之官禮之制以其著於事者言聖人用禮樂之實也至於禮樂既達而施而用之又欲以情官質制徧化天下之人而與民同之也○右第四章言禮樂之作本於天地而達於民也

右樂論篇第二

王者功成作樂治定制禮其功大者其樂備其治辯者其禮具干戚之舞非備樂也孰亨而祀非達禮也五帝殊時不相沿樂三王

異世不相襲禮樂極則憂禮粗則偏矣及夫敦樂而無憂禮備而不偏者其唯大聖乎釋文王如字徐于況反治直吏反辯本又作辨音遍薄覽反亨沈普衡反徐許兩反粗倉都反後皆同偏音篇夫音扶下皆放此

郊特牲曰郊血大饗腥三獻爓一獻孰至敬不饗味而貴氣臭也不相沿樂不相襲禮言其有損益也鄭氏曰功主於王業治主於教民辨偏也達具也愚謂聲容者樂之末也故干戚之舞非備樂而朱弦疏越有遺音者矣儀物者禮之末故孰亨而祀非達禮而元酒腥魚有遺味者矣樂之文五常未嘗相沿禮之事三王不必相襲以其非禮樂之本故也帝王皆有禮樂於五帝言樂於三王言禮互文也樂失其本而致飾於聲容之盛則反害於和樂之正而至於憂矣禮失其本而徒務乎儀物之粗則不根於忠信之實而失之偏矣敦厚其

樂而不至於憂禮節詳備而不至於偏則惟其情足以稱之而能與天地同其和節故也非大聖其孰能之○右第一章言惟聖人能作禮樂也

天高地下萬物散殊而禮制行矣流而不息合同而化而樂興焉春作夏長仁也秋斂冬藏義也仁近於樂義近於禮樂者敦和率神而從天禮者別宜居鬼而從地故聖人作樂以應天制禮以配地禮樂明備天地官矣釋文夏戶嫁反長丁丈反近附近之近又其靳反敦音惇本亦作惇

天地定位萬物錯陳此天地自然之禮也流而不息而闔闢不窮合同而化而渾淪無間此天地自然之樂也春作夏長者天地生物之仁也仁者陽之施故近於樂秋斂冬藏者天地成物之義也義者陰之肅故近於禮敦和者厚其氣之同別宜者辨其體之異率神者氣之流行而不息循乎神之伸

書了六十二

也居鬼者體之一定而不易主乎鬼之屈也率神則属乎陽
而從天居鬼則属乎陰而從地聖人作樂以應天法乎陽以
為生物之仁制禮以配地法乎陰以為成物之義也天地官
言天地各得其聀猶中庸之言天地位也蓋聖人法天地以
作禮樂而禮樂又能為功於天地此聖人所以賛化育而上
下同流者也○朱子曰天高地下一段意思極好非孟子以
下所能作其文似中庸必子思之辭左傳云為六畜五牲三
犧以奉五味云云都是做這箇去合那天却無自然之理如
云天高地下萬物散殊而禮制行矣流而不息合同而化而
樂興焉皆是自然合當如此

天尊地卑君臣定矣卑高已陳貴賤位矣動靜有常小大殊矣方
以類聚物以羣分則性命不同矣在天成象在地成形如此則禮

十八

者天地之别也釋文卑如字又音婢下同

鄭氏曰卑高謂山澤也愚謂此申言天高地下萬物散殊而禮制行之義也禮有君臣而天尊地卑即自然之君臣也卑謂澤高謂山禮有貴賤而山澤之卑高即自然之貴賤也易之義以陽為大陰為少小禮有小大而陽動陰靜各有其常即自然之小大也方以道言物以形言方以類聚而剛柔燥濕之相從物以羣分而飛潛動植之各異由其所稟之性命不同也在天而月日星辰之成象在地而山川人物之成形凡此皆禮之見於天地者乃天地自然之别也

地氣上齊天氣下降陰陽相摩天地相盪鼓之以雷霆奮之以風雨動之以四時煖之以日月而百化興焉如此則樂者天地之和也釋文上時掌反齊註讀為躋又作隮子兮反摩本又作磨末何反蕩本或作盪同大儻反霆音廷又作梃奮甫問反易作潤之

煖徐許爰反沈況遠反

五十一

鄭氏曰齊讀爲躋躋升也摩猶迫也蕩猶動也奮訊也百物化生也愚謂此申言流而不息合同而化而樂興焉之義也言其体謂之天地言其氣謂之陰陽陰之氣上升陽之氣下降則陰陽相摩矣天下交於地地上交於天則天地相蕩矣煖昜作烜鼓之奮之動之煖之皆指萬物而言凡此皆樂之見於天地者乃天地自然之和也

化不時則不生男女無辨則亂升天地之情也

鄭氏曰辨別也升成也樂失則害物禮失則害人愚謂此又言在人者不可以無禮樂也蓋天地雖有自然之樂禮而禮樂之在人者乃所以贊天地之化育也故無樂則氣化不時而至於乖沴故萬物不生無禮則男女無別而至於相瀆故

十九

此二元本未刪

旣亂興作蓋禮樂與天地相感通故禮樂之不興雖人事之所為而其足以害物而致亂者乃天地之情也

及夫禮樂之極乎天而蟠乎地行乎陰陽而通乎鬼神窮高極遠而測深厚釋文蟠步丹反或蒲河反

此言聖人作禮樂之功所謂禮樂明備而天地官也鄭氏曰蟠猶委也高遠三辰也深厚山川也言禮樂之道上至於天下至於地則其間無所不至孔氏曰禮樂取象於天地功德又能遍滿乎天地之間天降膏露是極乎天地出醴泉是蟠乎地日月歲時無易百穀用成是行乎陰陽用之祭祀百神俱至是通乎鬼神天之三光皆應禮樂而明是禮樂窮極高遠也地之山川皆應禮樂而出瑞應是測深厚也朱子曰此以理言有是理即有是氣一氣之和無所不通愚謂此言聖人

作禮樂之功效所謂禮樂明備而天地官者也
樂著大始而禮居成物著不息者天也著不動者地也一動一靜
者天地之間也故聖人曰禮樂云　釋文樂者直略反
鄭氏曰著之言處也百始百物之始主著不息著不動著猶
明白也息猶休止也愚謂樂者陽之動故氣之方出而爲物
之大始者樂之所著也禮者陰之靜故質之有定而爲物之
已成者禮之所居也著不息者天之動也著不動者地之靜
也一動一靜充周乎天地之間以始物而成物者自然之禮
樂也惟天地之禮樂如此故聖人之治天下亦必曰禮樂云
云者語辭也○右第二章言天地有自然之禮樂聖人德而
則之又能爲功於天地也

右樂禮篇第三　別錄作樂理○今按十一篇之名別錄及史記正
義與孔疏間有不同今其名篇之義已不可盡考

知亦無以質其得失也

昔者舜作五弦之琴以歌南風夔始制樂以賞諸侯釋文夔求龜反

王氏肅曰尸子及家語云舜彈五弦之琴其詞曰南風之薰兮可以解吾民之愠兮南風之時兮可以阜吾民之財兮孔氏曰案世本神農作琴今云舜作者特用琴歌南風始自舜或五弦始舜也陳氏祥道曰賞諸侯以樂前此無有也而夔始制言之

故天子之爲樂也以賞諸侯之有德者也德盛而教尊五穀時熟然後賞之以樂故其治民勞者其舞行綴遠其治民逸者其舞行綴短故觀其舞知其德聞其謚知其行也釋文舞行戶剛反其行下孟反

鄭氏曰民勞則德薄酇相去遠舞人少也民逸則德盛酇相去近舞人多也○右第一章

元本作与

大章章之也咸池備矣韶繼也夏大也殷周之樂盡矣

大章黄帝之樂周禮謂之雲門大卷咸池堯樂周禮謂之大咸鄭氏曰大章堯樂名也言堯德章明也周禮闕之或作大卷咸池黄章所作樂名也堯增脩而用之咸皆也池之言施也言德之無不施也周禮曰大咸韶舜樂名也韶之言紹也言舜能紹堯之德周禮曰大磬夏禹樂名也言禹能大堯舜之德周禮曰大夏殷周之樂周禮曰大頀大武盡言盡人事也孔氏曰按樂緯及禮樂志云黄帝曰咸池咸池雖黄帝之樂至堯更增改脩治而用之則世本名咸池是也周禮謂之大咸黄帝之樂堯不增脩者則別立其名則此大章是也至周謂之大卷更加以雲門之號周禮雲門大卷在大咸之上此大章在咸池之上故知大卷當大章患謂此謂周禮大司

廿一

〔脱文據元本補〕

樂皆言歷代樂名此言大章與周禮雲門大卷相當則大章即雲門大卷無疑也鄭氏周禮註云黃帝曰雲門大卷黃帝能正名百物以明民共財其德如雲之出民得以有族類大咸咸池堯樂也堯能殫均刑法以儀民言其德無所不施〔是〕雲門大卷為黃帝樂咸池為堯樂〔也〕〔及禮樂志云黃帝曰咸池堯曰大章而莊子亦〕樂緯言黃帝張咸池於洞庭之野故鄭於此註又以大章為堯樂咸池為黃帝樂又以其於先後之序不合則謂黃章帝之樂堯增脩而用之夫五帝不相沿樂舜禹湯武皆自作一代之樂何以堯不作樂而但脩黃帝之樂而用之乎周用六代之樂於先代之樂未嘗別為立名何以堯用黃帝之樂乃別為之名乎秦人事不師古始改周舞曰五行舞至漢高帝又改舜招舞曰文始舞三代時未聞有是也大章為黃帝樂咸池為堯樂以賓禮六樂之

序斷之無可疑者緯書繆妄莊生寓言而漢志[illegible]言即本之緯書均未可據也○右第二章

本跡作樂

○天地之道寒暑不時則疾風雨不節則饑教者民之寒暑也教不時則傷世事者民之風雨也事不節則無功　釋文饑居祈反

鄭氏曰教謂禮（樂）也愚謂教不時則傷世故必有樂以教民事不節則無功故必有禮以節事

然則先王之為樂也以法治也善則行象德矣　釋文行下孟反

鄭氏曰以法治以樂為治之法行象德民之行順君之德也

愚謂此承上教不時則傷世而言先王以樂教民之事也

夫豢豕為酒非以為禍也而獄訟益繁則酒之流生禍也是故先王因為酒禮壹獻之禮賓主百拜終日飲酒而不得醉焉此先王之所以備酒禍也故酒食者所以合歡也　釋文豢音患食音嗣

廿二

上並字此五字係據本施改

也字元本有

鄭氏曰以穀食犬豕曰豢為作也言豢豕作酒本以饗祀養賢而小人飲之善酗以致獄訟壹獻士飲酒之禮百拜以喻多孔氏曰凡獻數按大行人云上公九獻侯伯七獻子男五獻是依命數其臣介則同子男卿大夫畧為一節但三獻則天子諸侯之士同壹獻故昭六年季孫宿如晋晋侯享之有加籩武子退使行人告曰得貺不過三獻但春秋亂世或有大夫三獻者故昭元年鄭伯享趙孟具五獻之籩豆於幕下愚謂此承上事不節則無功而言先王以禮節民之事無禮則酒食至於興訟有禮則酒食可以合歡事之不可以無節如此然禮之節民非一事獨以偹酒禍言之者畧舉以見其餘也

樂者所以象德也禮者所以綴淫也釋文綴知劣反

元本作必

鄭氏曰綴猶止也愚謂樂所以使民象君之德所以綴止民之淫亂此承上二節以起下文也

是故先王有大事必有禮以哀之有大福必有禮以樂之哀樂之分皆以禮終　釋文樂音洛下所樂哀樂康樂皆同分扶問反

鄭氏曰大事謂死喪愚謂張氏守節曰民有喪則先王制哀麻哭泣之禮以節之便使各遂其哀情是有禮以哀之也大福祭祀吉慶也民慶（必）好歌舞飲食禮使之不過而各遂歡樂是有禮以樂之也哀樂皆用禮節各終其分故云皆以禮終此結言先王以禮節民之事

樂也者聖人之所樂也而可以善民心其感人深其移風易俗故先王著其教焉　釋文著知慮反○漢書禮樂志易俗下有易字

鄭氏曰著立也謂立司樂以下使教國子愚謂此結言先

廿三

王以樂教人之事也○右第三章

右樂施章第四

夫民有血氣心知之性而無哀樂喜怒之常應感起物而動然後心術形焉是故志微噍殺之音作而民思憂嘽諧慢易繁文簡節之音作而民康樂粗厲猛起奮末廣賁之音作而民剛毅廉直勁正莊誠之音作而民肅敬寬裕肉好順成和動之音作而民慈愛流辟邪散狄成滌濫之音作而民淫亂釋文知音智應於甑反篇內同噍子遙反殺色界反又色例反思息吏反又音斯嘽昌善反諧戶皆反慢本又作嫚莫諫反易以豉反粗七奴反賁依註讀為憤扶粉反勁吉正反裕羊樹反肉而救反好呼報反辟匹亦反邪似嗟反後皆同敵他歷反滌大歷反濫力暫反○鄭註肉或為潤○今按志微漢書作纖微當從之

鄭氏曰言在所以感之也術所由也形猶見也志微意細也吳公子札聽鄭風而曰其細已甚民弗堪也簡〻少易也奮

篇據本疏改

本疏作形狀

末動使四支也賁讀爲憤憤怒氣充實也春秋傳曰血氣狡憤肉肥也狄滌往來疾貌也濫僭差也此皆民心無常之徵也孔氏曰此言人心不同隨感而變樂聲善惡本由民心而生合成爲樂又下感於人猶如雨出於山而還雨山火出於木而還燔木故此第(篇)之首論人能興樂此章之意論樂能感人也身爲本手足爲末故云奮末動使四支詩云踧踧周道字雖異與此狄同詩又云滌滌山川皆物之形貌(狀)故云往來疾貌狄成滌濫言樂之曲折疾速而成速疾而止陳氏暘曰肉倍好者璧好倍肉者瑗肉好如一旋而不可窮者環肉好之音豈其音旋而不可窮邪陳氏澔曰狄與逖同遠也成者樂之一終狄成言其一終(長)甚淫泆之意也滌洗也濫侵僭也言其音之泛濫侵僭如以水洗物而浸漬侵濫無分際也愚

苗

謂志微漢書樂志作纖微是也纖微謂樂音纖細而微眇也諧和也慢疏也易平也繁文文章繁簡節節奏簡也猛起謂樂之始剛猛奮末謂樂之終奮迅廣賁謂樂音廣大而憤怒也肉好以璧之肉好喻音之圓轉而潤澤也順成者以順而成和動者以和而動也流辟者流宕而偏辟邪散者淫邪而散亂狄成言樂之一成節奏逖遠所謂流湎以忘本也滌濫如水之滌蕩放濫往而不返也纖微噍殺之音出於哀者也以此感民則民之心亦應之而哀矣嘽諧慢易繁文廣節之音出乎樂者也以此感民則民之心亦應之而樂矣粗厲猛起奮末廣賁之音出於怒者也以此感民則民之心亦應之而怒矣廉直勁直莊誠之音出於敬者也以此感民則民之心亦應之而敬矣寬裕肉好順成和動之音出於愛者也以

此感民則民之心亦應之而憂矣流辟邪散狄成滌濫之音出于喜者也以此感民則民之心亦應之而喜矣此所言六者之音與第一篇同但彼言人心之感而為聲此則言樂音之感人而人心應之也。孔氏以志微為君之志意噍殺為樂音嘽諧嫚易為君德繁文簡節為樂音粗厲為人君氣性猛起奮末廣賁為樂音廉直勁正為君德莊誠為樂音寬裕為君德肉好順成和動為樂音流辟為君志邪散狄成滌濫為樂音皆上論君德下論樂音蓋因首句志微二字推類以言其餘然如其言則上下衡決不成文理且首篇云其聲嘽似緩其聲粗以厲其聲直以廉則此云嘽緩粗厲廉直皆指聲言亦明矣鄭氏引左傳其細已甚以解志微則於志微二字原不指君德然以志言音義文不合當從漢志作纖微為

是

是故先王本之性情，稽之度數，制之禮義，合生氣之和，道五常之行，使之陽而不散，陰而不密，剛氣不怒，柔氣不懾，四暢交於中而發作於外，皆安其位而不相奪也。然後立之學等，廣其節奏，省其文采，以繩德厚，律小大之稱，比終始之序，以象事行，使親疏貴賤長幼男女之理皆形見於樂，故曰樂觀其深矣。釋文稽古兮反道音導行下孟反懾之涉反暢敕亮反省西領反稱尺證反比毗志反長幼丁丈反下同曰見賢徧反

情性，先王一己之性情也。先王之性，天理渾然，其發而爲情者，無不中節，此中和之極，而作樂之本也。鄭氏曰：生氣，陰陽氣也。五常，五行也。密之言閉也。等，差也，各用其才之差，學之廣，謂增習之。省，猶審也。文彩，謂節奏合也。繩，度也。周禮大司樂以樂語教國子，興道諷誦言語，以樂舞。小大，謂高聲正聲

之類也終始學教國子舞雲門大卷大咸大磬大夏大護大武謂始於宮終於羽以象事行謂宮爲君商爲臣陳氏澔曰度數十二律上生下生損益之數也禮義貴賤隆殺清濁高下各有其義也生氣之和造化絪緼之妙也五常之行仁義禮智信之德也合生氣之和使其陽之動而不至於散陰之静而不至於密道人心五常之行使則（剛）氣不至於怒柔氣不至於懾天地之陰陽人心之剛柔四者各得其中而和暢焉則交於中而發見於外矣於是宮（君）商臣角民徵事羽物皆安其位而不相奪倫然後推樂之教以化民成俗也立之學者樂師掌國學之政大胥掌學士之版是也立之芧（等）若十三舞勺成童舞象之類是也廣其節奏者增益學者之所習也省其文采也省察其音曲使五聲相和相應若五色之相雜以

成文采也厚如書惟民生厚之厚以繩德厚謂檢約其固有之善而使之成德也律以法度整齊之也比以次序聯合之也宮音至大羽音至小律之使各得其稱始於黃鍾終於仲呂比之使各得其序以此法象而寓其事之所行也人倫之理皆可於樂而見之故曰樂之所觀其義深奧矣蓋古有是言而記者引以為證

土敝則草木不長水煩則魚鼈不大氣衰則生物不遂世亂則禮慝而樂淫是故其聲哀而不莊樂而不安慢易以犯節流湎以忘本廣則容姦狹則思欲感條暢之氣而滅平和之德是以君子賤之也

釋文敝音弊慝吐得反下同易以豉反湎綿鮮反狹音洽和胡卧反。今按和當讀為平聲右經滅上無而字

鄭氏曰遂猶成也慝穢也廣謂聲緩也狹謂聲急也感動也動人條暢之善氣使失其所孔氏曰土衰敝故草木不長水

據元本補

煩擾故魚鼈不大陰陽之氣衰故生物不得遂成世道衰亂上下無序男女無別故禮慝而樂淫此以上三事喻下一事也感感動也條遠也暢舒也感條暢之氣謂感動人心長遠舒暢之善氣也愚謂萬物得其理而後和禮既慝則樂亦淫矣哀之過故其聲太急而不莊樂之過故其聲太緩而不安不莊故慢易以犯節不安故流湎以忘本故其節奏廣廣則寬博而容姦邪犯節故其節奏狹狹則廹切而思嗜欲感條暢之氣則無以合生氣之和滅平和之德則無以道五常之行此皆淫樂之害也

右樂言篇第五 史記正義作言樂

廿七

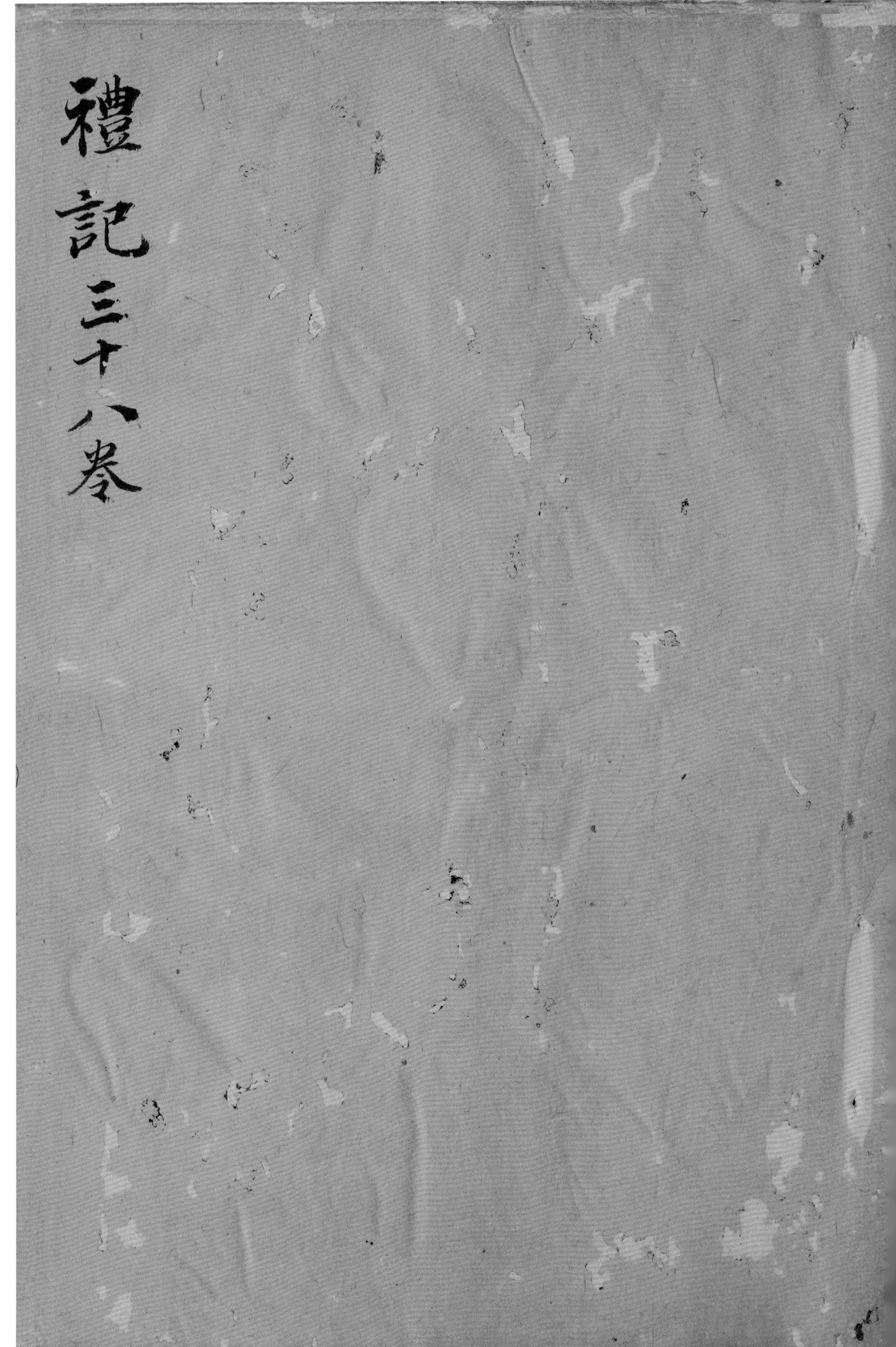
禮記三十八卷

壽十七

及字上當依疏有乖違邪僻字

禮記卷三十八

樂記第十九之二

○凡姦聲感人而逆氣應之逆氣成象而淫樂興焉正聲感人而順氣應之順氣成象而和樂興焉倡和有應回邪曲直各歸其分而萬物之理各以類相動也釋文倡昌尚反又音唱和胡卧反分扶問反

孔氏曰姦聲感動於人而逆氣來應二者相合而成象淫樂遂興紂作靡靡之樂是也正聲感動於人而順氣來應二者相合而成象和樂遂興若周室太平頌聲作也聲感人是倡也氣應之是和也善倡則善和惡倡則惡和是倡和有應回謂乖違邪謂邪僻及曲之與直各歸其善惡之分限善歸善分惡歸惡分是萬物之情理各以類自相感動也愚謂姦聲正聲皆謂人聲也

一

是故君子反情以和其志，比類以成其行。姦聲亂色不留聰明，淫樂慝禮不接心術，惰慢邪辟之氣不設於身体，使耳目鼻口心知百體皆由順正以行其義。釋文：其行，下孟反。情，徒卧反。辟，匹亦反。知，音智。○石經「淫樂」作「淫聲」。

情懼其流也，反之則所發者不過其節而其志和矣。行懼其失也，比擬善惡之類，去其惡而從其善，則其行成矣。此二者正心修身之事也。姦聲亂色不留聰明，防其接於外者也。淫樂慝禮不接心術，謹其存於中者也。惰慢之氣自内出，邪辟之氣自外入，而皆不設於身体，則内外皆得其養矣。君子之反情比類如此，故能使小大之体莫不順而不逆，正而不邪，而所行皆合於義也。此言聖人作樂之本也。

然後發以聲音，而文以琴瑟，動以干戚，飾以羽旄，從以簫管，奮至德之光，動四氣之和，以著萬物之理。釋文：著，張慮反。

發以聲音謂升歌也仲尼燕居云升歌清廟發德也是也文以琴瑟謂以琴瑟合於歌詠而文飾之堂上之樂也干戚武舞故言動羽旄文舞故言飾從隨也簫管輕故言從此皆堂下之樂也聖人之至德著於外而有光輝樂以象之而至德之光奮矣四氣之和氣也四時之和氣也樂以合之而四氣之和動矣親疏貴賤男女長幼之理皆形見於樂而萬物之理著矣

是故清明象天廣大象地終始象四時周還象風雨五色成文而不亂八風從律而不姦百度得數而有常小大相成終始相生倡和清濁迭相為經釋文還音旋迭大結反

清明言其聲之無所淆雜猶論語之言皦如也廣大言其體之無不包載猶季札言地之無不載也終始言其先後之有

序周還言其循環而不窮樂以五聲相生而成音節猶五色相次而成文章不亂者君臣民物事之各安其位也八風者八方之風東方曰明庶風東南曰清明風南方曰景風西南曰涼風西方曰閶闔風西北曰不周風北方曰廣莫風東北方曰條風樂之八音應乎八風竹音生於震而屬東木音生於巽而屬東南絲音生於乾（離而屬南土音生於坤而屬西南）而屬西北革音生於坎而屬北金音生於兌而屬西石音生於乾而屬西北革音生於坎而屬北匏音生於艮而屬東北從律而不姦謂八音應八風之氣克諧而無奪倫也百度言其多也百度得數而有常者若宮之八十一絲以至於羽之四十八絲黃鍾之九寸以至於應鍾之四寸二十七分寸之二十莫不得其常數也宮聲最大羽聲最小國語曰琴瑟尚宮鍾尚羽石尚角匏竹利制是

脱文援元本補

四千五十六

聲雖（有）（有小然）大相成而不相戾也終始相生者十二律始於黃鍾終於中呂五音始於宮終於角雖有終有始然相生而不相廢也先發者為倡後應者為和短者為濁長者為清經常也十二律或唱或和或濁或清更迭用之以為常法所謂旋相為宮也

故曰樂行而倫清耳目聰明血氣平（和）移風易俗天下皆寧

倫類也樂行倫清言樂達于（於）天下而倫類清美也耳目聰明血氣和平就一身而言之也移風易俗天下皆寧合一世而言之也

故曰樂者樂也君子樂得其道小人樂得其欲以道制欲則樂而不亂以欲忘道則惑而不樂

鄭氏曰道謂仁義也欲謂邪僻也愚謂樂者人之所歡樂也

三

然君子小子所樂不同君子樂得其道而能自制其欲故得其所樂而不至於亂小人樂得其欲而至於忘道則適足以為惑而不足以為樂矣言此以明先王之作樂正以道制欲之事故能使人各得其所樂以起下文之所言也

是故君子反情以和其志廣樂以成其教樂行而民鄉方可以觀德矣　釋文鄉許亮反

反情以和其志結首節之義不言比類以成其行者省文可知也廣樂以成其教結次節之義方道也民知鄉方結第三節樂行倫清之義此一節總結上文○右第一章言聖人之作樂皆本於己之德以教人也

○德者性之端也樂者德之華也金石絲竹樂之器也詩言其志也歌詠其聲也舞動其容也三者本於心然後樂器從之是故情深

從按元本補

而文明氣盛而化神和順積中而英華發外唯樂不可以為偽釋文

詩言其志一本無言字咏音詠

端猶孟子言四端之端性在於中而發而為德德者性之端緒也德不可見而象之為樂樂者德之光華也非器無以成樂金石絲竹樂之器也詩也歌也舞也三者合而為樂而其本則在乎心之德也德具於心發而為三者而後樂器從而播之情深者謂喜怒哀樂之中節氣盛者謂陰陽剛柔之交暢文明者五文采著明五色成文而不亂八風從律而不奸也化神者行乎陰陽通乎鬼神窮高遠測深厚而無所不至也情深而氣盛者德也和順之積中者也文明而化神者樂也英華之發外者也有是德然後有是樂故樂不可以為偽〇

四　右第二章承上章可以觀德而言德為作樂之本也

脫文據元本補

樂者心之動也聲者樂之象也文采節奏聲之飾也君子動其本樂其象然後治其飾是故先鼓以警戒三步以見方再始以著往復亂以飭歸奮疾而不拔極幽而不隱獨樂其志不厭其道備舉其道不私其欲是故情見而義立樂終而德尊君子以好善小人以聽過故曰生民之道樂為大焉釋文警音景見賢遍反著張慮反復音伏飭音勑拔步葛反又皮八反獨樂皇音洛庾音嶽厭於豔反好呼報反以聽過本或作以聖過如字

鄭氏曰文采樂之威儀也先鼓謂將作樂先擊鼓以警戒衆也三步謂將舞必先三舉足以見其舞之漸也孔氏曰樂者心之動也者心動而見聲聲成而為樂樂由心動而成也聲者樂之象也者樂本無体由聲而見是聲為樂之形象也文采節奏聲之飾也者聲無曲折則太質素故以文采節奏而飾之使美也動其本則心之動也樂其象則樂之象也治其飾則亦聲之飾也此結上三事自此以下記者引周之大武

之樂以明此三者之義愚謂先鼓以警戒者大武將舞之先擊鼓以警戒其衆所謂備戒之已久也三步以見方者舞之初作先三舉足以示其所往之方所謂始而北出也再始以著往者舞者於二成之初又再始舉足以著其所所往所謂再成而滅商也亂終也復亂以飭歸者舞者之終從末表復於第一表以整飭其歸所謂六成復綴以崇天子也拔急疾也奮疾而不拔者武舞發揚蹈厲欲及時事有奮發迅速之象而不至於大疾而失其節也極幽而不隱者言武王之病不得衆恐不逮事臨事而懼情意幽深大武之樂唱歡淫液以發明其幽深之情而著見而不隱也獨樂其志不猒其道者樂其德之備於已也欲謂可願欲之事備舉其道不私其欲者廣其化之被於民也此則周名之治以文止武而周名

五

道四達也情見而義立者武王愛民之情見而弔伐之義立也樂成而德尊者六成復綴以崇天子而見武王之德之尊也君子樂得其道故聽之而生其好善之心小人樂得其欲故聽之而知其情欲之過故曰以下又引古語以結之注疏自先鼓警以戒以下皆以大武言之其說是也惟其解再始荒往謂武王除喪觀兵孟津二年乃復伐紂則出於張霸偽泰誓之說而不可信而以極幽為歌者其義亦為未安耳。

右第三章又言樂所為德之象也

元本有以字

○樂也者施也禮也者報也樂樂其所自生而禮反其所自始樂章德禮報情反始也 釋文施始豉反。石經無而字

鄭氏曰言樂出而不反而禮有往來也孔氏曰言作樂之時衆庶皆聽之而無反報之意但有恩施而已禮尚往來受人

其字從衛集説增

禮事必當報之也樂樂其所自生者又廣明上樂者施也言王者作樂歡樂其已之所由生若武王民樂由武功而生王業即以武為樂名以受施處立名無報反之義也禮反其所自始者王者制禮追反其所自始若周由后稷為始祖即追祭后稷報其王業之由是禮有報也樂章德者樂是章明其德不求其報禮報情反始者言行禮者他人有恩於己己則報其情先祖既為始於子孫子孫則反報其初始以人意言之則謂之報情以子孫言之則謂之反始其實一也朱子曰樂樂其所自生禮反其所自始亦如樂由中出禮自外作樂是和氣中間直出無所待於外禮却是初始有這意思外面却做一箇節文抵當他却是人做底雖說是人做元不曾杜撰因他本有這意思故下文云樂章德禮報情反始也和順

六

積諸中英華發諸外便是章著其内之意横渠説樂則得其所樂即是樂也更何所待是樂其所自成説得亦好只是樂其所自成與樂其所自生用字不同耳

據元本補

所謂大輅者天子之車也龍旂九旒天子之旌也青黑緣者天子之寶龜也從之以牛羊之羣則所以贈諸侯也釋文旒本又作旒音流緣悦絹反

鄭氏曰贈諸侯謂來朝將去報之以禮孔氏曰前明樂者為施報此明禮報此之事諸侯奉其土地所有來朝天子天子以此等之物報之不覆明樂施之思其事易知記者略之也大輅謂上公及同姓侯伯則金輅異姓象輅四衛革輅蕃國木輅受於天子總謂之大輅也龍旂九旒據上公言之若侯伯則七旒子男則五旒青黑緣者寶龜之甲並以青黑為之緣也從之以牛羊之羣者天子既與大輅之屬又隨從以牛羊

非一也愚謂公羊傳曰黽青純何休云純緣也緣黽甲髯也千歲之龜青髯則黽之緣乃其本質自然非為之也牛羊之羣饔餼所陳之牲牢也孔氏以此合于上章為今考其文義與上文似不相蒙疑係他篇錯簡否則或有闕文耳○右第四章

右樂象篇第六 史記樂書移樂也者施也以下於樂施章之末

樂也者情之不可變者也禮也者理之不可易者也樂統同禮辨異禮樂之說管乎人情矣

鄭氏曰綂同同合和也辨異異尊卑也管猶包裹愚謂樂由中出而本乎中節之情故曰情之不可變若其可變則非情之和而不足以為樂矣禮由外作而合乎萬事之理故曰理之不可易若其可易則非理之當而不足以為禮矣情欲其

变疑愛　攝當是攝

無所乖戾，故統同；理貴乎有所分別，故辨異。人情萬變不窮，然有禮樂以統同辨異，則懽然有恩以相變（愛），粲然有文以相別，天下之人情皆管攝於是而不能外也。○右第一章，言禮樂可以治人情也。

窮本知變，樂之情也；著誠去偽，禮之經也。禮樂偩天地之情，達神明之德，降興上下之神，而凝是精粗之體，領父子君臣之節。釋文去起呂反。偩音負。粗，七奴反。

鄭氏曰：偩猶依象也。降，下也。興猶出也。凝，成也。精粗，謂萬物大小也。領猶理治也。愚謂窮，極也。本，謂樂本心而起也。變，即後篇所謂「聲音動靜，性術之變」也。極其和順之本於心，而知其發為聲音動靜之變，則情之發皆中節而無不和，故為樂之情。禮以忠信為本，著誠去偽，則本立而其文由之而出，故

樂之本元本不脫

為禮之經天地之情以其發見者言偵天地之情者言依象天地之情同和同節而與天地同其用也神明之德以其存主者言達神明之德言通於神明之德必易必簡而與天地同其體也降與上下之神言禮樂用之祭祀可以感格鬼神若周禮言天神皆降地祇皆出是也凝如中庸至道不凝之凝精者形而上之道粗者形而下之器禮樂者道與器合而精粗之體皆凝聚於是也領猶統會也言君臣父子之節皆統會於禮樂之中也○朱子曰禮之誠便是樂之本樂之本便是禮之誠若細分之則樂只是一箇周流底物禮則兩箇相對著誠與去偽也禮則相刑相尅以此尅彼樂則相生相長其變無窮樂如晝夜之循環陰陽之闔闢周流貫通而禮則有向背明暗所以樂記內外同異只管相對說

八

是故大人舉禮樂，則天地將為昭焉。天地訢合，陰陽相得，煦嫗覆育萬物，然後草木茂，區萌達，羽翼奮，角觡生，蟄蟲昭蘇，羽者嫗伏，毛者孕鬻，胎生者不殰，而卵生者不殈，則樂之道歸焉耳。釋文：訢音熹，許其反，一讀依字音欣。煦，許具反，徐況甫反。嫗，於具反，徐於甫反。區音句，古侯反，一徐丘于反，一音烏侯反。萌，莫耕反。奮，方問反。觡，古伯反。蟄，直立反。又伏，扶又反。孕，以證反。鬻音育，徐又扶表反。胎，他才反。殰音獨。卵，力管反。殈，呼闃反，范音溢，徐況逼反，一音況狄反。

鄭氏曰：訢讀為熹，熹猶蒸也。氣曰煦，體曰嫗。屈生曰區，無䚡曰觡。昭，曉也。蟄蟲以發出為曉，更息曰蘇。孕，任也。鬻，生也。內敗曰殰。殈，裂也。今齊人語有殈者。孔氏曰：天地訢合，言二氣蒸動，天氣下降，地氣上升也。言體謂之天地，言氣謂之陰陽。天地動作，則是陰陽相得也。天以氣煦之，地以形嫗之，天煦覆而地嫗育也。草木據其成體，故云茂；區萌據其新生，故云達。羽翼奮者，謂飛鳥之屬皆得奮動也。角觡生者，謂走獸之屬悉皆生養也蟄蟲昭蘇者言蟄伏之蟲皆得昭曉蘇息也羽者嫗伏謂飛鳥之屬皆得體伏而生子也毛者孕育謂走獸之屬以氣孕鬻而繁息也胎生者不殰謂不殰敗也卵生者不殈言不有殈裂也所以致此諸物各順其性由樂道使然故云樂之道歸焉耳樂由人心而生人心調和故樂音純善協律呂之體調陰陽之氣二氣既調故萬物得所也愚謂二氣絪緼而發育萬物者固造化自然之功用然非聖人作樂以感召其和氣則天地之氣且不免於乖沴而萬物有不得遂其生矣故以此為樂之道歸焉此聖人致中和而位天育物之效也○右第二章言禮樂之功非徒可以治人情而可以徧及乎天地之間也

九

樂者非謂黃鍾大呂弦歌干揚也樂之末節也故童者舞之鋪筵

席陳尊俎列籩豆以升降爲禮者禮之末節也故有司掌之樂師辨乎聲詩故北面而弦宗祝辨乎宗廟之禮故後尸商祝辨乎喪禮故後主人是故德成而上藝成而下行成而先事成而後是故先王有上有下有先有後然後可以有制於天下也釋文鋪普胡反又音敷上如字或時掌反行下孟反

鄭氏曰言禮樂之本在人君也樂本窮本知變禮本著誠去僞辨謂別也正也弦謂鼓琴瑟也後尸居後贊禮儀此言知本者尊知末者卑德三德也行三行也藝才技也先謂位在上也後謂位在下也尊卑備乃可制作以爲治法孔氏曰樂師辨曉聲詩但知樂之末節故北面而鼓弦宗謂宗人祝謂大祝宗祝但辨曉於宗廟詔相之禮故在尸後商祝謂習商禮而爲祝者但辨曉死喪擯相之禮故後主人皆言其位處

卑也德在内而行在外行成則德成矣在身謂之藝所為謂之事事成則藝成矣輔氏廣曰德成非遺藝也藝成則局於藝者爾行成非廢事也事成則役於事者爾本末具舉精粗一貫然後可以制禮作樂愚謂揚戚也干揚皆舞者之所執童者謂國子也樂師大師小師也周禮大師大祭祀師瞽登歌小師大祭祀登歌北面而弦謂在堂上北面而鼓弦也士喪禮有商祝夏祝凡襲斂皆使商祝設奠皆使夏祝盖二祝皆周禮之喪祝習商禮者為商祝習夏禮者為夏祝此獨言商祝者以其主襲斂之事與主人相隨也德六德也行六行也藝六藝也○右第三章言禮樂貴得其本也

右樂化篇第七　史記樂書第四

魏文侯問於子夏曰吾端冕而聽古樂則唯恐卧聽鄭衛之音則

不知倦。敢問古樂之如彼，何也？新樂之如此，何也？

鄭氏曰：魏文侯，晉大夫畢萬之後，僭諸侯者也。端，元衣也。古樂，先王之正樂也。愚謂端冕，端衣而服冕也。凡冕服皆用正幅，故曰端。古樂用於祭祀，祭時端冕，故端冕而聽古樂，猒之，故惟恐卧；悦之，故不知倦。

子夏對曰：今夫古樂，進旅退旅，和正以廣，弦匏笙簧，會守拊鼓，始奏以文，復亂以武，治亂以相，訊疾以雅。君子於是語，於是道古，脩身及家，平均天下，此古樂之發也。釋文：夫音扶，下同。廣如字，舊古曠反。匏，白交反。笙音生。簧音黄。拊音撫。復音伏。相，息亮反，徐思章反。訊音信。

鄭氏曰：旅，俱也。俱進俱退，言其齊一也。和正以廣，無姦聲也。會，合也。皆也。言衆皆待擊鼓乃作。周禮大師職曰：大祭祀，師瞽登歌，令奏擊拊；下管播樂器，令奏鼓朄。文謂鼓也，武謂金

穅應作糠

阮本作兩紐

按元本補

下琴當作瑟

也相即拊也亦以節樂拊者以韋為之裝以糠糠一名相因
以名焉今齊或謂糠為相雅亦樂器狀如漆筩中有椎孔氏
曰文謂鼓也始奏樂之時先擊鼓也武金鐃也舞畢擊金鐃
而退周禮笙師掌舂牘應雅鄭司農云雅狀如漆筩而弇口
大二圍長五尺六寸以羊韋鞔之有兩組疏畫並以漢時制
度而知方氏慤曰語即大司樂所謂樂語也道古道古之事
鄭氏釋大司樂曰道者言古以剴今蓋謂是矣愚謂旅進旅退者舞也
和正以廣者聲也弦謂琴琴瑟堂上之樂也笙堂下之樂也笙
以匏為體而植管於其中簧管中金葉所以鼓動而出聲者
也守猶待也大師登歌先擊拊以令之是堂上之樂必待拊
而後作也下管先鼓鞔以令之是堂下之樂必待鼓而後作
也始奏以文謂樂始作之時升歌清廟以明文德也亂樂之

十二

疾字據前文改

終也復亂以武謂樂終合舞舞大武以象武功也論語曰關雎之亂彼謂合樂為亂此謂合舞為亂蓋合樂合舞皆在樂之終也治亂以相謂正治合舞之時擊拊以令之也登歌擊拊則凡令歌皆先擊拊合舞之時堂上亦歌詩以合之故擊拊以令之也訊猶聽也訊疾以雅謂舞者迅疾之時舂雅以節之所謂奮迅而不拔也始奏以文以上三句承和正以廣而以聲言復亂以武以下承進旅退旅而以舞言也語謂樂終合語也道古者合語之時論說父子君臣長幼之道并道古昔之事也文王世子曰既歌而語以成之也蓋合語之事與樂相成故并言之

今夫新樂進俯退俯姦聲以濫溺而不止及優侏儒獶雜子女不知父子樂終不可以語不可以道古此新樂之發也釋文俯本又作府濫力暫

反溺乃狄反優音憂侏音朱儒音儒獶乃刀反字亦作猱○鄭註獶或為優

鄭氏曰俯猶曲也言不齊一也濫竊也溺而不止聲淫亂無以治之獶獼猴也言舞者如獼猴戲亂男女之尊卑孔氏曰新樂者謂今世所作淫聲也進俯退俯謂俯僂曲折行伍雜亂不能進退齊一也姦邪之聲濫竊不止不能和正以廣也聲既淫妙人所貪溺不可禁止不能始奏以文復亂以武也及優侏儒獶雜子女者言作樂之時及有俳優雜戲侏儒短少之人舞戲之時狀如獼猴間雜男子婦人言似獼猴男女無別也不知父子之樂之雜亂不知有父子為尊卑之禮也樂終不可以道古者言作樂既終盡皆邪辟不可以追道於古也愚謂進俯退俯則與進退齊一者異矣而又有俳優侏儒之戲雜男女亂尊卑蓋其舞之失如此姦聲以濫則與

和正以廣者異矣而又沉溺而不止蓋其聲之失如此

今君之所問者樂也所好者音也夫樂者與音相近而不同釋文好呼報反近附近之近徐如字

鄭氏曰言文侯好音而不知樂也鏗鏘之類皆為音應律乃為樂孔氏曰古樂有音聲律呂今樂亦有聲音律呂是樂與音相近也樂則德正聲和音則心邪聲亂是不同也

文侯曰敢問何如子夏對曰夫古者天地順而四時當民有德而五穀昌疾疢不作而無妖祥此之謂大當然後聖人作為父子君臣以為紀綱綱紀既正天下大定天下大定然後正六律和五聲弦歌詩頌此之謂德音德音之謂樂詩云莫其德音其德克明克明克類克長克君王此大邦克順克俾俾于文王其德靡悔既受帝祉施于孫子此之謂也釋文當丁浪反疢敕覲反莫亡伯反長竹丈反王此王于倣反俾依註音

敘按疏

祥當作詳

比必履反徐扶志反祉敕紀反施以豉反○今按二俾字皆當作比上音必履反下音毗志反

鄭氏曰此有德之音所謂樂也德正應和曰莫照臨四方曰明勤施無私曰類教誨不倦曰長慶賞刑威曰君慈和徧服曰順俾當為比聲之誤也擇善從之曰比施延也孔氏曰禮緯含文嘉云三綱謂君為臣綱父為子綱夫為妻綱六紀謂諸父有善諸舅有義族人有教敘昆弟有親師長有尊朋友有舊也陳氏澔曰祥亦妖也書序言亳有祥愚謂時和年豊豐故民無疾疢物各得其所故無妖祥大當言天地之間無不得其當也此以上言聖人養民之事也既養然後教之作為君臣父子以為紀綱制禮以教民也紀以治其條理之祥詳綱以總其禮節之大紀綱既正天下大定則禮達於天下矣禮達然後制樂周子所謂禮先而樂後也詩謂風雅也德音謂

十三

道德之聲音也。詩自克順克比以上，皆言王季之德也。比于至于也。至于文王而其德尤無所悔，故能受上帝之福而延及孫子也。引詩以證德音之說，斷章之義也。

今君之所好者，其溺音乎？文侯曰：敢問溺音何從出也？子夏對曰：鄭音好濫淫志，宋音燕女溺志，衛音趨數煩志，齊音敖辟喬志，此四者皆淫於色而害於德，是以祭祀弗用也。釋文：燕，於見反。趨，音促。數，音速。敖，字又作傲，同，五告反。辟，匹亦反。喬，音驕，本或作驕。

鄭氏曰：言四國皆出此溺音。濫，濫竊，姦聲也。燕，安也。趨數，讀為促速，聲之誤也。煩，勞也。祭祀者不用淫樂。孔氏曰：濫，竊也，謂男女相偷竊。言鄭國音樂好濫相偷竊，是淫邪之志也。溺，没也，即前謂溺而不止是也。言宋音所安，惟女子，使人意志没溺也。衛音既促又速，使人意意（志）煩勞也。齊音敖狠辟越，使

謂字據疏删

元本作志

壽十八

人意志驕逸也鄭音好濫宋音燕女其事是一而已為別音者濫竊非己儔匹別相淫竊燕女燕安己之妻妾而已所以別也又此四者皆淫於色而經惟云衛音趨數煩志齊人教辟驕志者衛音淫泆之外更有促速齊音亦女色之外加以教辟也愚謂淫志者樂音好濫則有淫邪之志聽之亦能生人淫邪之志也下三者放此先儒皆以鄭詩為鄭聲然此言溺音有鄭宋齊衛四者而宋初未嘗有詩則鄭衛之聲固不係於其詩矣列國之樂雖不用於祭祀賓客之正樂然至無算樂皆用之周禮所謂燕樂縵樂是也周樂十五國之風與南雅三頌並肄於樂官大司樂凡建國禁其淫聲過聲凶聲慢聲若十五國之鄭風衛風即鄭衛之淫聲周樂豈當有之蓋國風雅頌皆雅樂之所歌也若鄭衛之聲則別為當時

之俗樂雖亦必有歌曲然其所歌必非十五國風之詩也朱子疑桑中溱洧等篇用之何等之鬼神何第等之賓客是固然矣如淇澳緇衣等篇用之何等未嘗不可用之雅樂也三百篇之詩固有用於樂者有不用於樂者如大小雅則正者用而變者不用二南則如野有死麕行露等篇豳風則自東山以下亦未必皆用於樂而不妨與其用者並列也何獨鄭衛哉故以淫聲概鄭衛之風反無以處淇澳緇衣等篇若離詩與聲而二之則鄭衛之聲自爲當時之俗樂而其詩則美者同用於雅樂而其淫者則雖並列於三百篇之中而初未嘗用也亦豈相妨哉

詩云肅雝和鳴先祖是聽夫肅肅敬也雝雝和也夫敬以和何事不行

鄭氏曰言古樂敬且和故無事而不用溺音無所施顔氏炎武曰詩本肅雍一字而引之二字者長言之也詩云有洸有潰毛公傳曰　洸洸武也潰潰怒也即其例也愚謂何事不行者言無事而不成以起下文誘民孔易之意也

為人君者謹其所好惡而已矣君好之則臣為之上行之則民從之詩云誘民孔易此之謂也釋文易以豉反○按誘詩作牖

鄭氏曰誘進也孔甚也言民從君所好惡進之於善無難愚謂人君化民甚易故聖人有和敬之德以之化民而民無不從然後作樂以道其和也詩大雅板之篇

然後聖人作為鞉鼓椌楬壎篪此六者德音之音也然後鍾磬竽瑟以和之干戚旄狄以舞之此所以祭先王之廟也所以獻酬酳酢也所以官序貴賤各得其宜也所以示後世有尊卑長幼之序

十五

也。釋文：鞉音桃，椌苦江反，壎許袁反，篪直支反，竽音于，和如字，徐胡卧反，酬市由反，酳音仕覲反，酢音昨，長竹丈反。○鄭註：壎篪或為簨虡。

鄭氏曰：六者為本，以其聲質也。椌楬謂柷敔也。孔氏曰：鞉鼓、椌楬、塤篪，其聲質素，是道德之音也。鼓，革也。椌楬，木也。周語云「革木一聲」，註云「一聲無宮商清濁」，是質素是也。既用質素為本，然後用鐘磬竽瑟華美之音以贊和之，使文質相雜。干，楯也。戚，斧也。狄，羽也。聲既文質備足，又用干戚旄狄以舞動之。鄭宋齊衛四者祭祀所不用，此六音為道德之音，及四器之和，文武之舞，並可於宗廟之中奏之也。愚謂獻謂祭祀獻尸也。酬，旅酬也。酳，尸食畢而酳之也。酢，尸酢主人主婦也。官序貴賤，謂廟中助祭之卿大夫士也。樂在宗廟之中，君臣上下同聽之，莫不和敬，故官序貴賤各得其宜。若詩言「奉璋峩

戕髮士伋宜也尊卑長幼之理皆形見於樂故可以示後世

尊卑長幼之序也

鐘聲鏗鏗以立號號以立橫橫以立武君子聽鐘聲則思武臣釋文鏗古耕反徐苦耕反號胡到反橫古曠反

鄭氏曰號號令所以警衆也橫充也謂氣作充滿也孔氏曰鐘聲鏗鏗然堅剛故可以興立號令號令威嚴則軍士勇敢而壯氣充滿壯氣充滿則武事可立也君子謂識樂之情者聞聲達事鐘既含號令立武故聽之而思武臣也愚謂鏗以立號鏗屬聲言立號屬人言言鐘聲堅剛故可法之以立號令下放此

石聲磬磬以立辨辨以致死君子聞磬聲則思死封疆之臣釋文石聲磬依註挺音罄口挺反聽磬口定反

鄭氏曰：石聲磬，磬當爲罄字之誤也。辨，謂分明於節義。孔氏曰：石響輕清，叩之其聲罄罄然。分明辨別也，能分辨於節義，則不愛其死。死封疆之臣者，言守分不移，即固封疆之義。磬含守分，故聞其聲而思其事也。

絲聲哀，哀以立廉，廉以立志。君子聽琴瑟之聲，則思志義之臣。

鄭氏曰：廉，廉隅也。孔氏曰：哀謂哀怨。絲聲婉妙，故哀怨。哀怨故能立廉隅，不越其分也。不越分，故能自立其志。思志義之臣者，絲聲含志不可犯，故聞之而思其事。愚謂樂則其意舒而同於人，哀則其心斂而貞於已。絲聲哀怨，有介然不苟之意，故聞之使人立廉隅，廉隅立則志節成矣。

竹聲濫，濫以立會，會以聚衆。君子聽竽笙簫管之聲，則思畜聚之臣。釋文：濫，力敢反。會，戶外反，又古外反。畜，勑六反。○鄭注：聚或爲最。○按：濫字方氏讀如字，今從之。

丟了番十四

鄭氏曰濫之意猶擥聚也孔氏曰竹聲擥然有積聚之意故能立會思畜聚之臣者亦聞其聲而思其事也笙在竹聲之中者笙以匏為體揷竹於匏匏竹兼有也方氏愨曰濫汎濫之意愚謂笙竽之聲繁會有汎濫旁行之義故聞之使人立會謂會聚其人民也會聚其民人則其民無不聚矣畜亦聚也易曰君子以容民畜衆

鼓鼙之聲讙讙以立動動以進衆君子聞鼓鼙之聲則思將帥之臣釋文鼙步西反讙呼端反又音喧將子亮反帥本又作率同所類反○鄭注讙或為歡動或為勳

鄭氏曰聞讙囂使人志意動作孔氏曰鼓鼙之聲讙囂故使人意動作以動作故能進發其衆也思將帥之臣者鼓能進衆故聞其聲而思其事也

君子之聽音非聽其鏗鏘而已也彼亦有所合之也釋文鏘七羊反又吐衡反

十七

徐勑庚反

鄭氏曰以聲合成已之意愚謂君子所欲得者賢才也而樂聲有以合之故聞其聲則思其人如此則將欣悅之不暇何至於聽之而欲倦乎蓋子夏以此規文侯之失而其言婉而不廹如此亦可謂善告君矣○孔氏曰崔氏云八卦屬四方四維之音所感皆應與四方同水生木匏同竹音木生火木音同絲火生土土不當於方土生金土處金火之間土音屬金金生水石不可屬於水故不同於革以乾爲君父君父之音不可屬於人故磬別有所感乾爲天坤爲地坤不別出者坤卑故也今按崔氏所説浮虚体例不等上下混雜記人之意不應如此八音惟論五者以五體有此五事匏與土木無此象故記不言

右魏文侯篇第八　史記樂書第九

賓牟賈侍坐於孔子孔子與之言及樂曰夫武之備戒之已久何也對曰病不得其衆也　釋文牟亡侯反坐才卧反又如字

鄭氏曰武謂周舞也備戒擊鼓警衆病猶憂也以不得衆心爲憂憂其難也孔氏曰賓牟姓賈名愚謂已大也備戒之已久謂武之將作先擊鼓以戒警其衆擊鼓甚久而後舞乃作也病不得其衆者憂未能得士衆之心也

十八

咏歎之淫液之何也對曰恐不逮事也　釋文咏音詠歎音嘆液音亦逮音代又大計反

鄭氏曰咏歎淫液歌遲之也逮及也事戎事也愚謂凡舞必歌詩以奏之周頌桓賚諸篇左傳皆謂之武蓋奏大武之所歌也咏歎謂長言而唱歎淫液謂流連而羨慕也舞者在下歌者在上而其節奏相應此謂先鼓備戒之時歌者之聲如此

也武舞六成而左傳言武有七篇則其首篇乃未舞之先所歌也其戒備之久亦可見矣恐不逮事者謂武王恐諸侯後至不及用師之事故致其長吟歎慕之意也○武王以至仁伐不仁而曰病不得其衆恐不逮事若惴惴然惟恐其不勝者何也曰此聖人臨事而懼之意也聖人應天順人固非若後世用兵徒僥倖於一戰者然其心則未嘗不致其戒懼焉觀於書之泰誓牧誓所以誓戒其衆者諄諄焉不憚其煩而詩於牧野之事亦曰上帝臨女無貳爾心則聖人之情可見矣

發揚蹈厲之已蚤何也對曰及時事也 釋文蹈音悼蚤音早

孔氏曰發揚蹈厲初舞之時手足發揚蹈地而猛厲也初舞則然故云已蚤愚謂用兵之時其發揚蹈厲宜也今大武於

於初作之時已如此故言已蚤及時事者言欲及時而行討伐故初舞即致其勇決之意也

武坐致右憲左何也對曰非武坐也　釋文憲依註音軒

鄭氏曰致謂膝至地也憲讀爲軒聲之誤也孔氏曰軒起也愚謂武坐致右軒左謂武舞五成之時舞者之坐致右膝於地而軒起其左足也非武坐者武亂皆坐坐則當兩足皆致於地今乃致其右而軒其左則非武坐也

聲淫及商何也對曰非武音也子曰若非武音則何音也對曰有司失其傳也若非有司失其傳則武王之志荒矣子曰唯丘之聞諸萇弘亦若吾子之言是也　釋文傳直專反萇直良反

鄭氏曰有司典樂者也言典樂者失其傳而時人妄說也愚謂淫過也商商聲（商聲也）主殺伐此承武坐致右憲左而問則亦謂

十九

武亂有此聲也用兵之時宜有殺伐之聲至武舞之亂則戎商已克偃武修文之時而乃過有殺伐之聲則與勝殷過劉之意異矣有司失其傳者言有司傳授之誤而失其本也不然則武王之志荒亂而有意於黷武矣唯者應辭也吾子之言謂賈所答五者之說也萇宏周大夫既曰唯復曰是也者所以深然賈之言也○ 註疏謂賈言有三是兩非以下言發揚蹈厲太公之志而謂賈言及時事之非以下言武亂皆坐周召之治而謂賈言非武坐之非此皆誤也此孔子五問賈五答而孔子曰某聞諸萇宏亦若吾子之言是也是賈所答皆是矣若有二非孔子應即正之不應俟賈再問而後告之也發揚蹈厲固為欲及時事而所以欲及時事者則大公之志也武亂皆坐固非致右憲右而所以皆坐則所以象周

名之治也此皆因賈言而發其未盡之義非非之也

賓牟賈起免席而請曰夫武之備戒之已久則既聞命矣敢問遲之遲而又久何也　釋文遲直詩反徐直尸反

免席避席也聞命謂聞孔子是賈之言也賈所言凡五事孔子皆是之而但言備戒之已久者舉其始問者以該其餘也遲之遲而又久者武舞六成每成皆遲久而後終故重言以見其意也賈既聞孔子是已所言又自以其所疑者問之也○鄭氏以遲之專指久立於綴非也觀下文歷言武舞而以武之遲久結之則遲之遲之又久乃通言一舞之始終而非惟專指一事矣

下之字當作而

子曰居吾語女夫樂者象成者也總干而山立武王之事也發揚蹈厲大公之志也武亂皆坐周召之治也　釋文語魚據反女音汝大音泰召音邵治直吏反

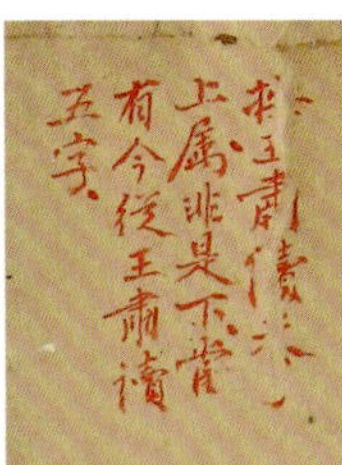

鄭氏曰：居猶安坐也。成謂已成之事也。總干，持盾也。山立，猶正立也。象武王持盾正立待諸侯也。愚謂象成，謂象所成之功，夫樂象成者也。此一句總包下文之所言，與篇末「武之遲久，不亦宜乎」二句相為首尾。「總干而山立」以下，歷言象成之事也。總，持也。干，盾也。武舞初起，武王持盾正立，不震不動，天子威重之容也。大公總率士卒，發揚蹈厲，以奮其武，將帥勇决之氣也。武亂者，武舞之終也。皆坐，舞者皆坐也。武舞至五成而分周公左、召公右，於此時舞者皆坐，象周公、召公以文止武也。此一節因賈之所荅而發其未盡之義也。

且夫武始而北出，再成而滅商，三成而南，四成而南國是疆，五成而分周公左、召公右，六成復綴以崇天子。釋文：扶音夫。綴，竹劣反，又竹衛反，下同。○按注疏讀「以」六句絶，「天下」屬下「夾振之」為句，非是。

五子四十四

成者舞之一終也武舞為六表而東西列之其在西者自南而北其在東者自北而南始而北出者自西之第一表至西之第二表象武王始出伐紂至孟津而大會諸侯也紂都朝歌在周之東北故曰北出再成而滅商者自西之第二表至西之第三表象武王渡河至牧野而克商也三成而南者自西之第三表至東之第一表象武武王既克商而旋師南向也南國謂青兗二州之諸侯在紂都之南未服於周者也四成而南國是疆者自東之第一表至東之第二表象旋師而因定南國之未服者也五成而分周公左召公右者自東之第二表至東之第三表象天下既定而周公召公分陝而治也六成復綴以崇天子者自東之第三表復歸於西之第一表象周公召公既成治功而歸其功於天子以尊崇之若王

廿一

制言考禮正刑一德以尊於天子也孔疏用熊氏之説謂武舞立四表自南而北又自北而南以為六成皇氏則謂六成乃舞者更迭出入而無立表往反之法今以六成復綴推之則熊氏為是但其言惟立四表者尚未善耳自此以下又為貫詳言武舞象成之事此一節統論一舞之始終也

夾振之而駟伐盛威於中國也分夾而進事蚤濟也久立於綴以待諸侯之至也　釋文夾古洽反分扶問反

鄭氏曰駟當為四武舞戰象也每奏四伐一擊一刺為一伐牧誓曰今日之事不過四伐五伐愚謂此申言再成滅商之事也振謂振鐸車也周禮大司馬職曰兩司馬振鐸又曰司馬振鐸車徒皆作夾振之而四伐謂舞者象牧野之戰兩司馬夾士卒之兩旁振鐸以作之而士卒以戈矛四度擊刺也

盛威於中國者牧野之戰盛大威武於中國書言我武惟揚是也分部分也分夾而進謂舞者象將帥部分士卒又振鐸夾之而使之進也濟濟河也事蚤濟者言所以分夾而進欲其急濟河而伐紂也久立於綴以待諸侯之至者言再成將發時久立於綴而來即舞象武王將濟河時待諸侯之至而俱發書言戊午王次于河朔群后以師畢會是也再成時始立於綴次乃渡河次乃四伐此乃逆言之蓋滅商之功成於四伐故先言之而逆溯以及其前也

且女獨未聞牧野之語乎武王克商反殷未及下車而封黄帝之後於薊封帝堯之後於祝封帝舜之後於陳下車而封夏后氏之後於杞投殷之後於宋封王子比干之墓釋箕子之囚使之行商容而復其位庶民弛政庶士倍祿釋文薊音計今涿郡薊縣是也即燕國之都也孔安國司馬遷

鄭注薊或為續祝或為鑄移置使之條前

殷當作商

及鄭皆云郜公與周同姓。按黃帝姓姬，君奭蓋其後也，或黃帝之後封薊者滅絕而更封燕乎？疑不能明也。而皇甫謐以郜公為文王庶子，記傳更無所出。又左傳富辰之言亦無燕也。祝，之六反。杞音起。行，下孟反。商容如字，孔安國云殷之賢人也，鄭云商禮樂之官也。復音伏。弛，始氏反。○使之，家語作使人令從之。鄭注薊或為續，祝或為鑄。○政當音征。

鄭氏曰：封，謂故無土地者也。投，舉徙之辭也。時武王封紂子武庚於殷墟，所徙者微子也，後周公更封而大之。積土為封。封比干墓，崇賢也。行，猶視也。使箕子視商禮樂之官，賢者所處，皆令反其居也。弛政，去其紂時苛政也。倍祿，復其紂時薄者也。孔氏曰：容為禮樂。漢書儒林傳云孝文時徐生善為容，是善禮樂者謂之容也。武成篇云武商容閭，則商容人名。鄭不見古文，故云商禮容之官也。張子曰：古樂於旅也說此樂之義，牧野之語語武也。愚謂反殷謂反紂之虐政，書所謂反商政，政由舊。下文所言皆其事也。薊，漢之薊縣，屬廣陽郡。

漢之祝阿縣屬平原祝或為鑄左傳初臧宣叔娶於鑄杜預云今濟北蛇丘縣鑄所治也投於殷之後於宋謂封紂子武庚祿父於殷墟也其後祿父（武庚）被誅封微子於宋以繼之故因謂殷為宋耳武庚未叛之先微子行遁未出武王未得而封之也投猶棄也商本天子今以諸侯封其後故不曰封而曰投也封黃帝堯舜之後所謂三恪也封夏殷之後所謂二代也三恪之世遠求之宜急故未下車而封之封二代之禮重故封之不可卒行故既下車乃封之也封比干之墓者葬之卯封貴賤有等比干以誅死葬不如禮故使人加封於其墓以致尊崇之意也使人謂使畢公也行謂行視也商容商賢臣史記云使畢公釋箕子之囚復商容之位政讀為征如周禮均人掌均地政之政弛政弛其力征役以休息之倍祿原厚

其祿糈以優養之也

濟河而西，馬散之華山之陽而弗復乘；牛散之桃林之野而弗復服；車甲衅而藏之府庫而弗復用；倒載干戈，包之以虎皮；將帥之士，使為諸侯，名之曰建櫜。然後天下知武王之不復用兵也。釋文：華如字，又戶化反。復，扶又反。衅，字又作釁，同許靳反。倒，丁老反。建，依註讀為鍵，其展反，徐其偃反。櫜音羔。

鄭氏曰：散，放也。桃林在華山旁。甲，鎧也。衅，釁字也。包干戈以虎皮，明能以武服兵也。建讀為鍵，字之誤也。兵甲之衣曰櫜。鍵櫜，言閉藏兵甲也。詩曰：載櫜弓矢。春秋傳曰：垂櫜而入。周禮曰：櫜之欲其約也。孔氏曰：倒載干戈者，倒載而還鎬京也。熊氏云：凡載兵之法，皆刃向外，今倒載者，刃向國，不與常同也。虎皮，猛武之物也。虎皮包裹兵器，示武王威猛，能見制天下兵戈也。或以虎皮有文，欲見以文止武也。將帥之士使為

[illegible]五十一

引孔疏盡此以下當有愚謂字

諸侯以報賞其功也鍵櫜牡也櫜兵甲之櫜也言鎧及兵戈悉櫜韜之置於武庫而鍵閉之故云名之曰櫜鍵也天下見武王放牛藏罷故知不復用兵也（愚謂）牛所以駕重車馬所以駕兵車也衅與釁同磔攘之祭名也包之以虎皮者凡兵甲之衣皆用虎皮為之取其威猛之意詩言虎韔鏤膺是也此節言武王之偃武下二節言武王之脩文文所以深明聲淫及商之非也

散軍而郊射左射貍首右射騶虞而貫革之射息也裨冕搢笏而虎賁之士說劍也祀乎明堂而民知孝朝覲然後諸侯知所以臣耕藉然後諸侯知所以敬五者天下之大教也釋文射食亦反沈食夜反貍力之反騶側由反貫古亂反裨婢支反搢音進笏音忽賁音奔說吐活反朝直遥反

鄭氏曰郊射為射宮於郊也左東學也右西學也貍首騶虞

茁

藉字據注補

革據疏補

敬據疏正

所以歌為節也貫革射穿甲革也裨冕衣裨衣而冠冕也裨衣袞之屬也搢猶插也賁憤怒也耕籍田也孔氏曰此論克商之後修文教也郊射射於射宮在郊學之中也左東學也在東郊諸侯射於東學歌貍首詩也右是西郊學在西郊天子於西學中習射歌騶虞詩也貫穿也甲鎧也貫革之射所謂軍射也軍中不習於儀容又無別物但取甲鎧張之而射惟穿多重為善謂為貫革春秋養由基射七札是也此既用禮射於學故貫革之射止息也裨冕入廟之服也搢笏插笏也虎賁言奔走有力如虎之在軍說劍者既並習之故皆說劍也六服更朝故諸侯知為臣之道王自耕籍田以供粢盛故諸侯見而知其敬亦還國而耕也五者天下之大教者郊射一裨冕二祀乎明堂三朝覲四耕籍五此五者大益於天

書五十一

下故使諸侯還其本國而為教愚謂祀乎明堂而民知孝謂祀上帝於明堂而以文王配之也祀文王以配上帝始於武王而孝經以為周公者以周之禮樂皆周公之所贊成也如追王大王王季亦在武王時而中庸六（亦）以為周公之事也事先王於孝事神主於敬明堂主於嚴父故言孝耕藉兼有外神故言敬其實亦互文爾

食三老五更於大學天子袒而割牲執醬而饋執爵而酳冕而總干所以教諸侯之弟也釋文食音嗣更古衡反大音泰饋其媿反酳仕覲反弟大計反

鄭氏曰冕而總干親在舞位也周名大學曰東滕（膠）孔氏曰天子養三老五更親袒衣而割牲親執醬而饋之親執爵而酳口親自著冕手執干戚而舞也此爵（冕）當為鷩冕養老饗射之類愚謂食三老五更於大學謂以食禮養老於大學也執醬

冕按語改

廿五

而饋者醬爲食之主凡食禮主人必親置其醬故公食大夫禮宰夫自東房授醯醬公設之今天子養老亦然也執爵而酳者天子親執酒醬漿之爵以供老更食畢酳口也公食禮飲酒實于觶加于豐宰夫右執觶左執豐進設于豆東又云宰夫執觶漿飲與其豐以進賓梲手興受宰夫設其豐于稻西是公食禮酒漿不親執今養老天子親執爵而酳者敬老更之至與尋常食禮異也冕而総干謂服冕而執干以舞所謂朱干玉戚以舞大舞也祭祀之禮人君袒而割牲及冕親在舞位冕而総干今養老亦然尊敬老更與祭祀之禮同也

此疑當在上節五者天下之大教之上

韓詩外傳云廢軍而郊射左射貍首右射騶虞然後天下知武王之不復用兵也祀乎明堂而民知孝朝覲然後諸侯知所以敬坐三老於大學天子執醬而饋執爵而酳所以教諸

脫文據元本補

侯之悌也此四者天下之大教也以此觀之則散軍郊射裨冕搢笏當屬於上節與不復用兵同為一事所以教天下之禮讓也與教孝教臣敬敬教悌而為五韓詩外傳上言四教者以不及耕籍也

若此則周道四達禮樂交通則夫武之遲久不亦宜乎釋文夫音扶

孔氏曰凡功小者易就其時速也功大者難成其時久也周之禮樂功大故作此大武之時遲停而久不亦宜乎愚謂樂以象成武王勘亂之勤已如彼致治之備又如此其功非一朝夕之所成則所以象其成者安得而不遲久乎

右賓牟賈篇第九史記樂書第十

君子曰禮樂不可斯須去身致樂以治心則易直子諒之心油然生矣易直子諒之心生則樂樂則安安則久久則天天則神天

廿六

則不則不言而信神則不怒而威致樂以治心者也致禮以治躬則莊則莊敬莊敬則嚴威釋文易以豉反下皆同子諒子如字徐將吏反諒音亮油音由○朱子云子諒當從韓讀外傳作慈良今從之

鄭氏曰善心生則寡於利欲寡於利欲則樂矣志明行成不言而見信如天也不怒而見威如神也愚謂人之身心其和樂者為樂其莊敬者為禮禮樂之跡有時而離而禮樂之理則無時而可去也致者極至之謂致樂以治心者無斯須之失其和樂致禮以致身者無斯須之莊敬也易直慈良之心人之善心也樂於此而不猒也安者安於此而不遷也久者久於此而不息也久則體性自然而無作為之勞故曰天天則神妙不測而無擬議之迹故曰神自然故不言而人自信不測故不怒而人自畏莊敬言其敬德之具於身嚴威言其

五十一

儀儀象之接於物○真氏德秀曰禮之治躬止於嚴威不若禮之至於天且神者何也樂之於人能變化其氣質消融其渣滓故禮以順之於外而樂以和之於中此表裏交養之功而養於中者實爲之主故聖門之教立之以禮而成之以樂也

心中斯須不和不樂而鄙詐之心入之矣外貌斯須不莊不敬而易慢之心入之矣

斯須暫時也此言禮樂之所以不可斯須去也

故樂也者動於內者也禮也者動於外者也樂極和禮極順內和而外順則民瞻其顏色而弗與爭也望其容貌而民不生易慢焉故德煇動於內而民莫不承聽理發諸外而民莫不承順故曰致禮樂之道舉而錯之天下無難矣釋文爭爭鬭之爭煇音輝錯本亦作措同七路反

樂曰極和而禮不曰極敬者蓋禮之用和為貴禮之順即敬之根於心而行之以從容不迫者也德煇見於外而本乎内之和樂故曰動於内理具於内而著為外之節文故曰發於外禮樂交錯内外互養而恨[根]心生色睟面盎背故見之者自然敬信而莫不順聽也○右第一章言人以禮樂治身心則可以化民也

○樂也者動於内者也禮也者動於外者也故禮主其減樂主其盈禮減而進以進為文樂盈而反以反為文禮減而不進則銷樂盈而不反則放故禮有報而樂有反禮得其報則樂樂得其反則安禮之報樂之反其義一也釋文則減胡斬反又古斬反銷音消報依註讀褒保毛反樂樂上樂音洛下音岳○今按報如字

鄭氏曰禮主其減人所倦也樂主其盈人所歡也進謂自勉

强也反謂自抑止也文猶美也善也放淫於聲樂不能止也報讀曰褒猶進也得謂曉其義知其吉凶之婦愚謂禮動於外而接於人者以撙節退讓為敬故減樂動於內而發於已者以於欣喜歡愛為和故盈減則恐其煩苦而易倦故以進為美嚴而用之以和也盈則恐其流宕而不止故以反為美和而濟之以節也禮減而不進則有見於嚴無見於和必至於倦畧故銷樂盈而不反則有見於嚴無見於和必至於倦畧流宕故放於禮上言進而下變言報者蓋進者由已而進者報者因物而報言進猶有勉强易倦之意言報則見我之行禮皆因情之不容已於物者而起而有不得不勉者矣禮得其報則有以達我之情故樂樂得其反則有以止乎其節故安樂則不至於銷安則不至於放故曰其義一也○右第

廿八

二章承上章而言禮樂之用又當有以救其偏也

夫樂者樂也人情之所不能免也樂必發於聲音形於動靜人之道也聲音動靜性術之變盡於此矣

鄭氏曰免猶自止也人道人之所為也性術言此出於性盡於此不可過孔氏曰樂者樂也言樂之為體是人情之所歡樂也人情之所不能免者免猶止退也歡樂動心是人情之所不能自抑退樂必發於聲音則嗟歎之詠歌之是也形於靜動則不知手之舞之足之蹈之是也內心歡樂發見聲音動靜是人道自然之常術謂道路變謂變動口為聲音貌為動靜人性道路之變動竭盡於此而不可過也

故人不能無樂樂不能無形形而不為道不能無亂先王耻其亂故制雅頌之聲以道之使其聲足樂而不流使其文足論而不息

謂接注

臨分疑作隨分

使其曲直繁瘠廉肉節奏足以感動人之善心而已矣不使放心邪氣得接焉是先王立樂之方也釋文耐古能字以道音導瘠在亦反肉如又反邪似嗟反

鄭氏曰流猶（謂）淫放也文篇辭也曲直聲之曲折也繁瘠廉肉聲之鴻殺也節奏闋作進止所應也方道也孔氏曰雅頌之聲作之有節使人愛樂不至流蕩也文謂樂之篇章足以談論義理而不止息也曲謂聲音回曲直謂聲音放直繁謂繁多瘠謂省約廉謂稜廉肉謂肥滿節奏謂作止作則奏之止則節之言聲音之或曲或直或繁或瘠或廉或肉或節或奏臨分而作以會其宜足以感動人之善心如此而已既節之以雅頌又調之以律呂貌得其敬心得其和故放心邪氣不得接於性情矣愚謂論謂樂終合語也論說其義也雅頌之義理深遠故足以談論說而不息也肉與寬裕肉好之肉同

廿九

謂聲之圓轉廉之反對也

是故樂在宗廟之中君臣上下同聽之則莫不和敬在族長鄉里之中長幼同聽之則莫不和順在閨門之內父子兄弟同聽之則莫不和親故樂者審一以定和比物以飾節節奏合以成文所以合和父子君臣附親萬民也是先王立樂之方也釋文長竹丈反閨音圭比毗志反飾音式又音敕

鄭氏曰審一審其人聲也比物謂雜金革土匏之屬也以成文五聲八音克諧相應和愚謂一者謂中聲之所止也左傳云先王之樂所以節百事也故有五節遲速本末以相及中聲以降五降之後不容彈矣于是乃有煩手淫聲慆堙心耳乃忘和平蓋五聲下不踰宮高不過羽若下踰於宮高過於羽皆非所謂和也故審中聲者所以定其和也然五聲皆為

中聲而宮聲乃中聲之始其四聲者皆由此而生而為宮聲之用焉則審中聲以定和者亦審乎宮聲而已此比合也審一以定和而以之上下相生以為五聲而又比合於樂器以飾其節奏也○朱子聲律辨曰宮最大而沈濁羽最細而輕清商之大次宮徵之細次羽而角居四者之中焉然世之論中聲者不以角而以宮何也曰凡聲陽也自下而上未及其半則屬於陰而未暢故不可用上而及半然後屬於陽而始和故即其始而用之以為宮因其每變而益上則為商為角為變徵為徵為羽為變宮而皆以為宮之用焉蓋以其正當衆聲和與未和用與未用陰陽際會之中所以為盛若角則雖當五音之中而非衆聲之會且以七均論之又有變徵以居焉亦非五聲之所取正也然自其聲之始和者推而上之

亦至於變宫而止耳。自是以上則又過乎輕清而不可以爲宫。於是就其兩間而細分之，則其别又十有二，以其最大而沈濁者爲黄鍾，其極細而輕清者爲應鍾，及其旋相爲宫而上下相生，以極乎五聲二變之用，則宫聲常不越乎十二之中，而四聲者或時出乎其外，以取諸律半聲之管，然後七均倫而一調成也。黄鍾之與餘律，其所以爲貴賤者亦然。若諸半聲以上，則又過乎輕清之甚而不可以爲樂矣。蓋黄鍾之宫，始之始，中之中也；十律之宫，始之次而中少過也；應鍾之宫，始之終而中已盡也；諸律半聲過乎輕清，始之外而中之上也；半聲之外，過乎輕清之甚，則又外之外，上之上，而不可以爲樂者也。由是言之，則審音之難不在於聲而在於律，不在於宫而在於黄鍾。蓋不以十二律節之則無以著夫五律

書四十又

之實不得黃鍾之正則十一律者又無所受以為本律之宮也愚謂朱子此辨所以發明中聲之義者最為詳盡而西山蔡氏亦曰律者致中和之用寫其所謂黃鍾一聲而已雖有十二律六十調然實一黃鍾也觀於此則所謂審一以定和者可識矣

故聽其雅頌之聲志意得廣焉執其干戚習其俯仰詘伸容貌得莊焉行其綴兆要其節奏行列得正焉進退得齊焉故樂者天地之命中和之紀人情之所不能免也釋文詘丘勿反要一遥反行列户剛反

鄭氏曰綴表也所以表行列也兆域也舞者進退所至也要猶會也紀總要之名也愚謂雅頌之聲發為聲音者也○干戚至節奏形於動靜者也天地之命以其本於性者而言中和之紀以其發為情者而言紀言其各有條理也○右第三

章言先王之立樂因人情所不能自已者而導之於和也

○夫樂者先王之所以飾喜也軍旅鈇鉞者先王之所以飾怒也故先王之喜怒皆得其儕焉喜則天下和之怒則暴亂者畏之先王之道禮樂可謂盛矣　釋文鈇方夫反又音甫鉞音越儕仕皆反

鄭氏曰儕猶輩類天子之於天下喜怒節之以禮樂則兆民和從而敬畏之方氏慤曰軍旅鈇鉞軍禮也五禮特言軍者對喜而言怒故也喜合於樂則非作好怒合於禮則非作惡愚謂軍旅所以征討鈇鉞所以刑殺儕猶類也左傳曰喜怒以類者鮮先王之怒喜惟義理之所在而已不與焉故喜則飾之以羽旄干戚而天下莫不和怒則飾之以軍旅鈇鉞而天下莫不畏先王之喜怒非禮樂不足以達之禮樂達而天下莫不和且畏焉其道豈不盛乎○右第四章言禮樂之化

經文宜照舊本重愛字

之盛也

右樂化篇第十 史記樂書第八

子贛見師乙而問焉曰賜聞聲歌各有宜也若（如）賜者宜何歌也師乙曰乙賤工也何足以問所宜請誦其所聞而吾子自執焉 釋文贛音貢請七頴反徐音情

鄭氏曰子贛孔子弟子師樂官也乙名聲歌各有宜氣順性也孔氏曰子贛欲今（令）師乙觀已氣性宜聽何歌

寬而靜柔而正者宜歌頌廣大而靜疏達而信者宜歌大雅恭儉而好禮者宜歌小雅正直而靜廉而謙者宜歌風肆直而慈愛（愛）者宜歌商溫良而能斷者宜歌齊夫歌者直已而陳德也動已而天地應焉四時和焉星辰理焉萬物育焉。釋文好呼報反斷丁亂反鄭註愛或為哀。自寬而靜至慈愛四十九字舊在五帝之遺聲也之下鄭氏云此（文）文換簡失其次寬而靜宜在上愛在（者）宜歌（商）宜承此下（行）讀云肆直而慈愛

卅二

者宜歌商今考史記樂書寬而靜至慈愛在者宜歌商之上正如鄭氏之說今移正又樂書云肆直而慈愛者此疊衍愛字

孔氏曰寬謂德量寬大靜謂安靜柔謂和柔正謂直正頌成功德澤宏厚若性寬靜柔正者乃能歌之志意廣大而安靜疏朗通達而誠信宜歌大雅但廣大而不寬疏達而不柔包容未盡故不能歌頌恭謂以禮自持儉謂以約自處好禮而動不越法也性既恭儉好禮而守分不能廣大疏達故宜歌小雅正直而不能包容靜退既即不知機變廉約自守謙恭卑退不能好禮自處其德狹劣故宜歌諸侯之風未能聽天子之雅愚謂寬宏而安靜和柔而中正者頌之德也故德如此者宜歌頌廣大而安靜疏朗通達而誠信者大雅之德也故德如此者宜歌小雅正直而安靜廉潔而謙讓者國風之德也故德如此者宜歌風明乎商之音之者臨事而屢斷肆直

元本作别

而慈愛則能斷事故宜歌商明乎齊之音者見利而讓温良而能斷則能讓利故宜歌齊皆因其德性之所近而歌以合之也國風雅頌此以詩而論其德性之所近者也商聲齊聲此以聲而論其德性之所近者也然商聲齊聲亦必有所歌之詩淮南子云甯戚商歌車下而其辭則非今三百篇之詩是商與齊别則有所歌之詩矣或三百篇之詩亦可以商聲歌之而謂之商以商齊聲歌之而謂之齊與直已而陳德謂直已之所行而用歌以陳列之也天地萬物皆我一體故歌者動已之志氣而天地四時星辰萬物皆與之相應盖莫非德之所感也

卅二

故商者五帝之遺聲也商之遺聲也商人識之故謂之商齊者三代之遺聲也齊人識之故謂之齊明乎商之音者臨事而屢斷明

知按注改

故歌以下剔作一節

乎齊之音者見利而讓臨事而屢斷勇也見利而讓義也有勇有義非歌孰能保此釋文屢力住反○鄭註云遺聲也衍字

鄭氏曰屢數也數斷事以其肆直也見利而讓以其温良能斷也斷決也保猶安也知也愚謂上節歷言上言國風雅頌與商聲齊聲此獨以商聲齊聲由言之者豈非國風雅頌學者之所常弦誦而二者之聲或有不能盡識者與保謂保其德性之美也

故歌者上如抗下如隊曲如折止如槁木倨中矩句中鉤纍纍乎端如貫珠故歌之為言也長言之也說之故言之言之不足故長言之長言之不足故嗟歎之嗟歎之不足故不知手之舞之足之蹈之也釋文上時掌反抗苦浪反隊直媿反折之設反槁古老反倨音据中竹仲反句紀具反鉤古侯反纍本又作累力追反說音悅

鄭氏曰言歌聲之著動人心之審孔氏曰此論歌聲感動人

書廿二

心上如杭者言歌聲上饗感動人意似如似杭舉下如隊者言音聲下響感動人意似如隊落曲如相者言音聲回曲感動人意似如方折止如槀木者言音聲止靜感動人意如似枯槀之木止而不動倨中矩言音聲邪曲感動人意如中當於矩句中鉤言歌聲大曲感動人心如中當於鉤纍纍乎端如貫珠者言歌聲纍纍然感動人心端正其狀如貫於珠方氏慤曰抗言聲之發揚隊言聲之重濁曲言其回旋而齊也止言其闋後而定也倨則不動不動者方之体故中矩句則不直不直者曲之体故中鉤纍纍乎言其聲相繫屬端如貫珠言其兩端相貫而各有成也郝氏敬曰此七者歌之法也上者聲高下者聲卑曲者聲回止者聲絶愚謂上下七句方氏郝氏皆以歌聲言是也回轉謂之曲小折謂之倨大折謂

卌

謂之句纍纍者相連繫而不絕也此節形容歌聲之妙如此
此所以直己陳德而可以感動天地萬物者也
故歌之爲言也長言之也說之故言之言之不足故長言之長言
之不足故嗟歎之嗟歎之不足故不知手之舞之足之蹈之也釋文
說音悅
鄭氏曰長言之引其聲也嗟歎和續之也不知手之舞之足
之蹈之歡之至也孔氏曰詩序先云嗟嘆後云咏歌此先云
長言後云嗟歎不同者詩序是屬文之体累畧之此委曲說
歌之狀其言備具故言之言之不足故長言之長言之不足
故云嗟歎之矣愚謂歌之引聲者謂長言虞書言歌永言是
也歌之歎和流連者謂之嗟歎賓牟賈篇所謂詠歎之淫液
之是也此言歌之所由生出於長言嗟歎之不能自已此所

以抑揚高下而有上文所言七者之聲也至於嗟歎之不足而至於手之舞之足之蹈之則又由歌而爲舞而性術之變盡矣

子貢問樂

此篇題之名古書篇題皆在篇末此十一篇盖皆有之先儒合十一篇爲一篇而删去其每篇末篇題之名獨此失於删去故尚存耳

右師乙篇第十一

卅五

禮記卷三十九

孫希旦集解

雜記上第二十之一 釋文別錄屬喪服

喪服小記者以其所記之瑣碎而名之也喪大記者以其所記之繁重而名之也此篇所記有與小記相似者有與大記相似者又有非喪事而亦記之者以其所記者雜故曰雜記

諸侯行而死於館則其復如於其國如於道則升其乘車之左轂以其綏復 釋文乘繩證反下同轂工木反綏依註音緌耳隹反下同

鄭氏曰館主國所致舍復招魂復魄也如於其國主國館賓予使有之得升屋招用褒衣也如於道道上廬宿也升車左轂象升屋東榮綏當為緌緌旌旗之旄也去其旒而用之異於生也孔氏曰乘車其所自乘之車也此車以南面為正則左在東也升車左轂象在家升屋東榮也不於廬宿之舍復者廬[illegible]伊待象

旌當作旒

據元本補

賓非死者所專有。愚謂聘禮及郊欽旝，盖旗之旒縿至郊皆欽之，而但載其綏，故周礼夏采以乘車建綏復于四郊。此死於道，則升車而以綏復，以生時在道惟建綏故也。鄭氏謂去其旌而用之，異於生，失其義矣。在道車而復，乘車象宫室，南鄉復者時鄉而復，則東之左轂在東也。

其輤有裧，緇布裳帷，素錦以為屋而行。釋文：輤，千見反。裧，昌占反。本或無布字。緇帷裳，本或作緇布帷裳。

此謂新死在塗載尸之車飾也。輤者，載尸車飾之總名。若分而言之，則盖於上者為輤，屬於輤而四垂者為裧，周於四旁者為裳帷，在輤之内而周於尸者為屋。言緇布於裧與裳帷之間，明二者皆緇布為之也。屋，幄也，四合象宫室，故曰屋。此承上言復之文，又下云不毁墻，又於大夫云舉自阼階，則此經主謂未大

明下當有矣

斂而歸者明若既大斂載柩而歸其車飾盖亦如此而其禮則有異也○輤之義未詳鄭氏曰輤取名於櫬與蒨櫬棺也蒨染赤色者也裳帷用緇則蒨用赤愚謂遺車之障亦曰輤則非有取於櫬也大夫用布亦曰輤則非有取於蒨也且古人器服之飾其法象皆不苟凡飾用元纁者必元上而纁下以象天地之定位否則元表而纁裏以象陰陽之內外若輤用赤裳帷用緇則纁上而元下其於法象逆矣必無是理也

至於廟門不毀牆遂入適所殯唯輤為說於廟門外釋文說吐奪反本亦作脫下同

廟門殯宮之門也毀牆殯宮門之西牆也不毀牆以未大斂也凡以柩歸者入自闕則毀牆以尸歸者入自門則不毀牆所殯謂堂上也死於家者小斂於戶內畢乃奉尸侇於堂尸自外來則升堂而遂侇尸焉言遂適所殯明不入於室而後出也輤者

裧與裳帷之揔名惟唯輤為説於廟門外明車不易也鄭氏曰去輤乃入廟門以其入自有宮室也

大夫士死於道則升其乘車之左轂轂以其綏復如於館死則其復如於家

鄭氏曰緌亦綏也也大夫復於家以元冕士復以爵弁服也按注補下復字按注刪愚謂如於家謂升屋而以上服復也

大夫以布為輤而行至於家而説輤載以輲車入自門至於阼階下而説車舉自阼階升適所殯○釋文輲依註作為輇市專反又市轉反○鄭注輲讀為輇或作槫○按戴輲字氏如字今從之

鄭氏曰布白布不染也不言帷裳俱用白布無所別也至門亦説輤乃入輲讀為輇或作槫許氏説文解字曰有輻曰輪無輻曰輇周礼禮又有蜃車天子以載柩蜃輇聲相近其制同乎輇崇

蓋半乘車之輪戴氏震曰蜃車即輲車蜃乃假借字輲其本字也輲車四輪迫地而行其輪無輻然鄭以為即輇亦非也輲者車之名輇者輪之名愚謂以布為輤謂上之輤及裧旁之裳帷中之屋皆以白布為之也至於家而説輤亦至廟門外而説之也言載以輲車明不易以輁軸也於諸侯言不毀牆於大夫言入自門互相明也舉謂説車而以人舉之象在家者男女奉尸使於堂之礼也諸侯及士亦然獨於大夫言之舉中以見上下也入自門舉自阼階尸入之禮然也若柩則入自闕至西階下而説輲車諸侯則載輴車大夫士則載以輁軸而皆升自西階也。孔氏曰凡在路載柩天子以下至士皆用蜃車鄭注既夕礼云蜃車之轝其狀如牀中央有轅前後出設前後輅轝上有四周下則前後有軸以輇為輪鄭又註周礼遂師云四輪迫地而行有似於蜃因取名焉輴車制與蜃車同但不用輇為輪天子諸侯殯皆用之大夫士殯不用輴其朝廟大夫以上用輴士用軹軸輴有四周軹軸則無鄭註既夕礼云軸狀如轉轔刻兩頭為軹軹狀如長牀穿桯前後著金而關軸焉愚謂在道載柩載尸皆以輲車以其上有四周下有凶輻又輻用全木承載穩行地安而無傾敗之患也

士輤葦席以為屋蒲席以為裳帷

不言褑三字衍

士之輤其內之屋外之裳帷皆以席為之屋以葦席裳帷以蒲席葦席精於蒲席也不言褑士葬無褚此乃有屋者亦以未有柩故也不言褑者諸侯褑與裳帷同以緇布大夫褑與裳帷同以布則士之褑與帷同以蒲席可知也

○凡訃於其君曰君之臣某死父母妻長子曰君之臣某之死（釋文訃音）

赴長作丈及。鄭註訃或皆作赴

鄭氏曰：訃，至也。臣死，其子使人至君所告之。父母妻長子，此臣於其家喪所主趙孔氏曰君之臣某之某死上某是生者臣名下某是臣之親屬死者愚謂君之臣某之某死者若父死則曰君之臣某之父某死長子則曰君之臣某之長子某死若母妻則以氏配字稱之若曰伯姬叔姬也長子亦赴於君者以其為三年之喪而自主之者也然則君亦當使人弔之矣

君訃於他國之君曰寡君不祿敢告執於事夫人曰寡小君不祿大子之喪曰寡君之適子某死釋文大音泰後大子同適丁歷反

鄭氏曰君夫人不稱薨告他國君謙也孔氏曰不敢指斥隣國君身故云敢告於執事夫人大子皆當云告於執事不言者畧也愚謂諸侯之喪訃告之辭曰不祿國中書之曰薨鄰國書之

曰卒一已為議已一以為尊君一以別外內之辭義國有所當也

大夫訃於同國適者曰某不祿訃於士亦曰某不祿訃於他國之君曰君之外臣寡大夫某死訃於適者曰吾子之外私寡大夫某不祿使某實訃於士亦曰吾子之外私寡大夫某不祿使實某釋文適依註音敵實鄭讀大歷反實依註音至今讀告

鄭氏曰適讀為匹敵之敵謂爵同者也實當為至此讀周秦之聲之誤也孔氏曰尊敬他君不敢申辭故云某死赴大夫其辭得申故云某不祿愚謂實當告文云敢告於執事是也

士訃於同國大夫曰某死訃於士亦曰某死訃於他國之君曰君之外臣某死訃於大夫曰吾子之外私某死訃於士亦曰吾子之外私某死

孔氏曰士賤赴大夫及士皆曰其死但於他君稱外臣於大夫士言外礼耳愚謂士喪礼朝夕哭有他國異爵者之位而此記亦有大夫士死赴於他國君大夫士之辭則大夫以吉凶慶吊之事接於境外者固礼之所未嘗禁而所謂人臣無私交者初非絶不往未之謂也

○大夫次於公館以終喪士練而歸士次於公館大夫居廬士居堊室

公館謂喪次在公所者也士練而歸於其家亦為喪次於寢門外以居臣故謂次之在公所者為公館别於在家之次也大夫次於公館以終喪士練而歸此以恩之浅深為居次久暫之差也士次於公館大夫居廬士居堊室言未練之前士亦次於館但大夫居廬士居堊室又以恩之深浅為居次重輕之差也喪

大記曰公之喪大夫俟練士卒哭而歸此謂異姓之大夫士與君無服者也大夫次於公館以終喪士練而歸謂同姓之大夫士與君有服者也周礼宫正大喪別其親踈貴賤之居可見臣為君居喪之次不惟貴賤有不同其親踈亦不同矣○鄭氏以練而歸之士為邑宰非也人君以國為家若君喪而悉聚一國之大夫士於君所則內無以治其民人外無以固其邊圉有必不可者且為人既衆則廬堊室亦不足以容也大夫士之宰邑者其於君之喪蓋如諸侯之於天子各於其邑為喪次以居喪爾

○大夫為其父母兄弟之未為大夫者之喪服如士服士為其父母兄弟之為大夫者之喪服如士服（釋文為其為于僞反）

鄭氏曰大夫雖尊不以其服服父母兄弟嫌若踰之也士謂大夫庶子為士者也已卑又不敢服尊者之服孔氏曰大夫適子

雖未為士猶服大夫之服故知此士為父母兄弟服士服是庶子也愚謂大夫之服異於士者不可盡考然其見於礼者畧可推而得也喪大記曰君將大斂子弁經即位于序端曾子問曰共殯服則子麻弁經疏衰菲屨此人君之礼也雜記曰大夫與殯弁經大夫與他人殯弁經則其于父母之殯弁經必矣人君將殯弁經而疏衰則大夫弁經亦疏衰與士始死笄纚深衣至小斂加素冠斂後括髮以至成服大夫則至大斂而弁經疏衰此未成服以前之服異於士者也周官司服凡弔事弁經服凡喪事服弁服大夫弔既弁經則喪亦服弁矣服弁蓋用喪冠之升數而如弁之制為之雜記曰凡弁經其衰侈袂則服弁亦必侈袂矣士喪之首服以冠其衰衣二尺二寸袂圜殺為尺二寸大夫則首服以弁袂侈之而不圜殺此成服以後之服異於士

者也至其升数之多寡鍜治之功沽則所謂端衰無等者未嘗有大夫士之異也大夫為不為大夫者之服皆如士服嫡為父母兄弟或異故特明之盖服所以施於死者故不可以踰於死者之服亦猶死服享先王衰冕享先公則鷩冕之義也○鄭氏曰大夫喪服禮逸與士異者未得而備閒也春秋傳曰齊晏桓子卒晏嬰麤衰斬苴帶杖菅屨食粥居倚廬寢苫枕草其老曰非大夫之服也曰惟卿為大夫此平仲之謙也言已非大夫故為父服士服耳麤衰斬者其服在齊斬之閒謂縷如三升半而三升不緝也斬衰以三升為正微細焉則屬於麤也然則士與大夫為父服異者有麤衰枕草矣其為母五十縷而四升為兄弟六升縷而五升乎惟大夫以上乃能備儀盡飾士以下則以臣為君之斬衰為其父以臣臣君而服之齊衰為其母與兄弟

亦以勉人為高行也愚謂晏嬰為其父之服乃喪父之達禮也當時大夫行礼者少惟晏嬰服之故其老怪而問之晏子不欲顯言他人故之先禮故遜曰惟卿為大夫言時人所行大夫之禮惟卿乃得行之已未為卿不得行此禮也鄭乃以晏嬰之麤衰枕草為士為父之異於大夫者又謂麤衰在齊斬之間而并以惟士為母及兄弟之服臆說甚矣寢苫枕塊士喪記之明文可謂枕塊為大夫礼而枕草為士礼乎喪服一經雖兼有大夫以上之禮然实主士礼言之其言五服之精麤曰斬衰三升三升有半衰齊四升安有如鄭所云縷如三升半而三升縷如五升而四升縷如六升而五升者乎孟子之告滕文公曰齊疏之服新書六衔蒿曰服有麤衰齊衰大紅細紅緦麻盖對大功以下而言則齊衰為麤對衰而言則斬衰為尤

按文義當作齊斬

麤晏所服之麤衰即斬衰初非衰斬之閒別有所謂衰也

大夫之適子服大夫之服

服謂為其父母之服也服以施於死者而適子主喪故一視乎死者之爵而不以其子之尊卑此即大夫為其父母之不為大夫者服士服之義也

大夫之庶子為大夫則為其父母服大夫服其位與未為大夫者齒

鄭氏曰雖庶子得服其服尚德也使齒於士不可不宗適愚謂其位與未為大夫者齒則不但下於適子雖他庶子有長於大夫者大夫猶不敢先之貴貴長長之義並行而不悖如此

士之子為大夫則其父母弗能主也使其子主之無子則為之置後

釋文為去聲

主謂為主而拜賓也士之子為大夫則其父弗能主者非以大

夫之尊卑其父乃不敢以士之賤褻弔賓也大夫之子雖為士而可以主其父之喪者父貴有及子之義故也置後謂立族人為大夫之子而以子之礼主其喪也然則大夫之無子者雖非大宗而得立後矣

○大夫卜宅與葬日有司麻衣布衰布帶因喪屨緇布冠不蕤占者皮弁

鄭氏曰此服非純吉亦非純凶也皮弁則純吉之尤者也愚謂宅葬地也麻衣大祥所服以十五升白布為之而線者也布謂十五升吉布也緇布冠本無蕤特言之者嫌因事变服或與始冠之礼異也用大祥衣又用吉布為衰及帶又用太古之齊冠則於喪服皆变之矣大夫之貴臣為其君菅屨家臣繩屨凡喪中因事而變服者帷其屨無変也此有司乃大夫之臣本為

其君服斬者為不敢以凶服臨鬼神故其服如此皮弁吉服也占者乃公有司故吉服卜之事有涖卜陳亀貞亀眎高命亀作亀士喪礼族長涖卜宗人命亀眎高卜人陳亀貞亀作亀下文云大夫之喪小宗人命亀卜人作亀則眎高者亦小宗人陳亀貞亀者亦卜人此有司乃涖卜者也命亀作亀於接鬼神尤親宜使無服者故以公有司涖卜贊主人出命宜使親者故以私臣士喪礼族長涖卜吉服此不純用吉族長盖士期功以下之親故変服純吉大夫之臣為大夫斬衰故変服猶不純吉也

如筮則史練冠長衣以筮占者朝服釋文朝直遥反

鄭氏曰練冠長衣純凶服也朝服純吉服也愚謂曰如筮者宅與日或卜或筮隨人所用也或俱用卜或俱用筮或一卜一筮士喪礼筮宅而卜日盖於卜筮各舉其一以見其禮非謂士之

礼宅必用筮日必用卜也史家臣主筮事者也練冠小祥之冠也長衣喪服之中衣也中衣上有喪衰今以不敢純凶故脱喪衰而即以中衣為外服也此史與上涖卜之有司皆本服斬而因事变服者也涖卜之有司吉服而不純此則凶服而稍変盖卜重而筮輕故服之不同如此占者亦公有司也朝服降於皮弁亦以筮輕於卜故也

○大夫之喪既薦馬薦馬者哭踊出乃包奠而讀書釋文薦音薦本又作薦

鄭氏曰嫌與士異祀之曰既夕礼曰包牲取下体又曰主人之史請讀賵孔氏曰案士喪礼下篇薦馬有三時柩初出至祖廟設遷祖之奠訖乃薦馬一也至日側祖奠之時又薦馬二也明日將行設遣奠之時又薦馬三也此謂第三薦之時包奠者取遣奠牲下體包裏以以送死者也書謂凡送死賵物之書也讀

謂省録也既夕禮薦馬出之後包奠讀賵記者嫌大夫之尊與士異故特記之明與士同也愚謂薦馬者謂圉人與御者也士喪礼下篇云薦馬圉人夾牽之御者執策立于馬後哭成踊右還出喪無人不致其哀故薦馬者雖賤亦哭成踊乃出也薦馬者哭踊出乃包遣而讀書謂包遣讀書以薦馬者之出為節也

大夫之喪大宗人相小宗人命亀卜人作亀釋文相息亮反

鄭氏曰謂卜葬及日也相相主人礼也命亀告以所問事也作亀謂揚火灼之以出兆皇氏侃曰大小二宗並是其君之職来為喪事為司徒旅歸四布是也故肆師云凡卿大夫之喪相其礼愚謂凡相礼事者皆曰宗人雖私臣亦以名之此大小二宗並公臣乃伯宗上中下士之属自以尊卑分為大小非大宗伯小宗伯之官也命亀述命以告卜人也其出命以命宗人則涖

伯宗當作宗伯

大小宗至此類是也移應氏鏞曰之下

卜者為之大小宗及卜人皆春官而以贊大夫之喪大夫之喪力有不能盡具皆仰之於公又俾有司贊其事所謂体羣臣者此類是也○賈氏曰士命龜有二命筮有一士喪礼命筮者命曰哀之某為其父某甫筮宅度兹幽宅兆基無有後艱筮人許諾不述命註云既命而申之曰述不述者士礼畧及卜葬日云涖卜命曰哀子某来日卜葬其父某甫考降無有近悔許諾不述命還即席西面坐命龜卜云不述命猶有西面命龜是士命龜辭有二命筮辭有一大夫以上命筮辭有二命龜辭有三少云史執筴受命于主人主人曰孝孫某來日丁亥用薦歲事于皇祖伯某以某妃配某氏尚饗史曰諾又述命曰假爾大筮有常孝子某以下與前同述前辭以命筮大夫筮既述命即卜亦述命是命龜有三命筮有二也應氏鏞曰

○復，諸侯以褒衣、冕服、爵弁服。

鄭氏曰：冕服者，上公五，侯伯四，子男三。褒衣，亦始命為諸侯及朝覲見加賜之衣也。褒猶進也。愚謂褒衣者，謂天子所褒賜之衣，或用其本服，或加賜於本服之外。韓奕之詩曰「王錫韓侯，元衮赤舄」，韓以侯而賜衮衣，則褒衣之法可見矣。冕服者，五等諸侯之上服，公則衮冕，侯伯則鷩冕，子男則毳冕也。諸侯復之衣三，褒衣一，冕服二，爵弁三也。爵弁服，祭服之下，而乃用以復者，重其為始見天子之服也。士喪禮復用爵弁服，此言諸侯之復，自褒衣至爵弁服而止，皮弁服以下，復皆不用也。

夫人稅衣、揄狄，狄稅素沙。釋文：稅，他喚反，下文放此。揄音遙。

孔氏曰：復用稅衣，上至揄狄，謂侯伯夫人也。狄稅素沙，言從揄狄下至稅衣，皆以素沙白縠為裏。愚謂諸侯復之衣三，則夫人

亦然此但言揄狄稅衣者蓋二衣之闕又科用一衣也以其蒙上可知故畧言之

内子以鞠衣褒衣素紗下大夫以襢衣其餘如此釋文鞠九六反又曲六反襢張戰反〇此節舊在復諸侯以褒衣之士鄭云當在夫人狄稅素紗下脫爛失處今移正

鄭氏曰内子卿之適妻也春秋傳曰晉趙衰請逆叔隗於狄趙衰以為内子而已下之是也下大夫謂下大夫之妻襢周礼作展王后之服六惟上公大夫亦有褘衣侯伯夫人自揄狄而下子男夫人自闕狄而下卿妻自鞠衣而下大夫妻自展衣而下士妻稅衣而已素沙若今紗縠之帛也六服皆袍制不襌以素紗裏之如今袿袍襈重繒矣褒衣者始為命婦見加賜之衣也其餘如士之妻則亦用稅衣愚謂内子有褒衣者夫榮于朝妻

十一 貴于室其夫受加賜之服則其妻亦視夫之所加者服之而謂

之褻衣也夫人內子之服特言素沙者明與男子之衣異也男子礼衣皆禪婦人礼衣皆有裏陽奇陰偶之義也士妻復用褖衣其餘如士謂內子與大夫之妻皆兼用褖衣也內子與下大夫之妻復之以皆二內子以鞠衣與褖衣如無褖衣則以鞠衣與稅衣也大夫之妻用襢衣與稅衣如有褖衣則亦用褖衣與襢衣也然則卿與下大夫復之以亦二卿以希冕服與爵弁服下大夫以元冕服與爵弁服其有褖衣者則皆去爵弁服也士復之衣一卿大夫復之衣二諸侯復之以三以此差而上之則天子自十二章以下王后自禕衣以下而復之衣皆四也

復西上

鄭氏曰北面而西上陽長左也愚謂凡位以西為尊西上謂衣之尊者在西也士喪礼復以爵弁而復者一人則復之礼蓋一

衣而一人也卿大夫二人諸侯三人天子四人也孔疏謂復之人如命数然非是案周禮天子之禮夏采以冕服復於大廟以素車連綏復於四郊祭僕復於小廟隷僕復于小寢大寢而夏采惟下士四人隷僕下士二人而得毋處復有四人者蓋當使他官攝職以佐之也

○大夫不揄絞屬於池下 釋文絞户交反屬音燭

鄭氏曰揄揄翟也采青黃之間曰絞屬猶繫也人君之柳其池繫絞繒於下而畫翟雉焉名曰振容又有銅魚在其間大夫去振容士去魚此無人君及士亦爛脱愚謂揄絞有在池上者有在池下者在池上者士以上皆用之喪大夫記於士言揄絞是也在池下者名振容惟人君得用之喪大記於大夫言不振容是也

十二 ○大夫附於士士不附於大夫附於大夫之昆弟無昆弟則從其昭穆

雖王父母在亦然、釋文附依註作祔、音同、下並同、昭常遷卷內皆同、

鄭氏曰、附讀皆為祔、大夫祔於士、不敢以己尊自於其祖也、士不祔於大夫、自卑別於尊者也、大夫之昆弟、謂為士者也、孔氏曰、從其昭穆、謂祔於高祖為士者、若高祖為大夫、則祔高祖昆弟為士者、愚謂凡祖適無不祔於祖者、大夫祔於士、士不祔於大夫、皆為祖廢言之耳、說已見喪服小記、雖王父母在亦然者、王父母尚在、無可祔、若五父有昆弟前死、則祔於王祔之昆弟、無昆弟、可祔於高祖也、

婦附於其夫之所附之妃、無妃則亦從其昭穆之妃、妾附於妾祖姑、無妾祖姑則亦從其昭穆之妾、

婦祔於祖姑、言祔於夫所祔之妃者、容祖姑為大夫而祔於從祖姑也、無妃、謂夫所祔之妃尚在也、從其昭穆之妃中一而祔

元本初用武後改嬙字

於高祖姑也

男子附於王父則配女子附於王母則不配

鄭氏曰配謂并祭王母不配則不祭王父也有事於尊者可以及卑有事於卑者不敢援尊配與不配祭饌如一祝辭異不言以其妃配其氏耳女子謂未嫁者也嫁未廟見而死猶歸葬於女氏之黨愚謂婦祔於祖姑亦不配獨言女子者祖舅尊嚴孫婦之祔自然不敢祭之王父親女孫之祔或（嫌）當祭及王父故特明之

公子附於公子

大夫士不敢祔於諸侯也

○君

君薨太子號稱子待猶君也 釋文鄭註待或為侍

十三

鄭氏曰謂未踰年也雖稱子與諸侯朝會如君矣春秋僖公九

即立疑即位

年夏葵丘之會宋襄公稱子而與諸侯序愚謂緣始終之義一年不二君故君薨世子主踰年然後行即位之禮即後然後稱公若未即立未葬則稱子某春秋書子野子般是也蓋戶柩尚在猶用父前子名之義故稱名也已葬則稱子春秋文公十八年六月癸酉葬我君文公冬十月子卒是也蓋未即位則未成為君故不稱公而稱子子者男子之美稱也待猶君者謂人民所以事之者鄭國弔襚之使及以他事相接者皆以君礼待之下文弔者之辭曰寡君同君之喪寡君使某如何不辟又上客臨曰寡君命使臣某毋敢親賓多是皆以人君之禮待之也

○有三年之練冠則以大功之麻易之惟杖屨不易

鄭氏曰謂既練而遭大功之喪者也練無首絰要絰葛又不如大功之麻重也言練冠易麻互言之也惟杖屨不易言其餘皆

易也屨不易者練與大功俱用繩耳孔氏曰杖屨不易其餘冠也衰也要帶也悉易也然練之首絰除矣無可易也大功無杖亦無可易而云易與不易因其餘有易者連言之愚謂父喪既練衰七升母喪既練衰八升大功初喪降服七升正服八升義服九升則是大功之服有輕於既練之服者矣而悉得易三年之練衰者蓋練為三年之末而大功新喪為重故得変前服不計其升數之多寡也服問曰小功不変喪之練冠則大功固変練冠矣三年之練冠或八升或九升而大功十升十一升之冠得以変之則大功八升九升之衰得変七升八升之練衰宜矣大功既葬則反服三年之功衰因其故葛帶絰期之葛絰

○有父母之喪尚功衰而附兄弟之殤則練冠附於殤稱陽童某甫不名神也釋文衰七雷反

按本注大功親以下之殤輕不易服句冠兄為殤冠字属下此誤倒冠在服上又删去而字似誤

鄭氏曰斬衰齊衰之喪練皆受以大功之衰此之謂功衰兄弟之殤謂大功親以下之殤也大功親以下之殤輕祔之不易冠服兄爲殤謂同年者也兄十九而死已明年因喪而冠孔氏曰大功正服變三年之練此着練冠故知大功親以下之殤若成人合服大功其長殤小功成人小功其長殤緦麻小功兄弟長殤則是祖之兄弟之後所以得祔者已是曾祖適孫其小功兄弟身及父是庶人不合立祖廟則曾祖適孫爲之祔於從祖也皇氏曰小功兄弟爲士從祖爲大夫士不可祔於大夫當祔於大功親以下從祖爲士者故祔小功兄弟長殤於己祖廟義亦得通案服問大功親長中殤變三年之葛得亦首絰要帶不得易服故此祔祭著練冠也愚謂小功之親乃待從祖兄弟爲之祔者所謂士不祔於大夫祔於諸祖父之爲士者皇氏之說是也若無廟

者自附於寢不必祔於從祖之廟也男子爲殤曰陽童女子爲殤曰陰童其甫者因其伯仲季以爲之字也不名神者以鬼神之道待之故不稱其名所謂周人以諱事神也

不名神下當有也字

〇凡異居始聞兄弟之喪唯以哭对可也其始麻散帶絰釋文散悉但反後散帶同

鄭氏曰唯以哭對惻怛之痛不以言辭爲礼也其始散麻帶絰與居家同也凡喪小斂而麻孔氏曰其始麻散帶絰謂大功以上兄弟其初聞喪始服麻之時散垂要帶若小功以下服麻則糾垂不散也愚謂其始麻散帶絰者謂始服麻之時其要絰散之而不糾而加首以絰也奔喪礼凡聞喪即奔喪者至家而襲絰絞帶三日而成服聞喪不得奔喪者聞喪即襲絰絞帶亦三日而成服此聞喪即服麻乃不得奔喪而成服於外者其始帶

十五

散麻至三日成服乃絞其帶也。○孔氏云案奔喪禮聞喪即襲絰絞帶不散者彼謂有事未得奔喪故不散麻此即奔喪故散麻其說非也凡聞喪即奔者其服皆深衣此聞喪即加麻散帶其為不得即奔喪者明矣又孔氏云奔喪禮聞喪則襲絰至即絞帶不散帶者彼謂喪來遲不見尸柩此奔喪來至猶散帶者以見尸柩故也則其說尤不可曉奔喪禮襲絰絞帶皆於一時為之初無聞喪襲絰至而絞帶之事此麻散帶絰特謂在外初聞喪之服疏乃謂至家猶麻不知於何見之

未服麻而奔喪及主人之未成絰也疏有與主人皆成之親者終其麻帶絰之日數

此謂聞喪即奔者也聞喪即奔故在外不服麻成絰謂成服而絞要絰也及主人之未成絰謂至在主人小斂加麻之後成服

按然必自祔之者以下仍從舊讀與上數語自相違戾也有辨誤細檢元本自妾祔於妾祖姑以下係先生添改於愚謂下

之前也。疏者小功以下，親者大功以上也。疏者與人皆成之，謂與主人同日成服也。親者終其麻帶絰之日數，謂以至家之日加麻散帶，至三日而後成服，不用主人三日成服之期也。○疏謂未成經為未小斂之前，非也。喪至小斂而加麻，若至在主人未小斂之前，則與主人同時加麻，即與主人同時成服矣，何得云終其麻帶經之日數乎？

○主妾之喪，則自祔至於練祥，皆使其子主之。其殯祭不於正室。釋文

舊祔字句絕，今以則自祔至於練祥為句。

孔氏曰：妾賤得自主之者，謂女君死攝女君也。雖攝女君，猶下正適，故殯與祭不在正室。愚謂凡主喪者皆為之祔，主妾之喪則祔及練祥之祭皆使其子主之者，妾祔於妾祖姑，其妾祔於妾祖姑，其祭不於廟而於寢，然必自祔之者，蓋祖姑非父之行

十六

蓋初以首祔字于練祥為句後仍改從舊讀而前說未於刪去耳今按凡主喪者至祖姑其三十三字俱衍又經文下舊祔字同绝之〻之當一併刪已

生即世叔父之所生故其祔不可以不親之至於練祥則祭妾而已小記曰婦之喪卒哭其夫若子主之祔則舅主之此主妾之喪其練祥既使子主之則虞與卒哭亦當使子主之也祭虞祔練祥之祭也正室夫之正寢也適妻死於正室則殯祭皆於正室妾雖攝女君其死猶在側室則殯祭皆於側室也此謂士禮妾子為其四十一月十三三月而祥若大夫妾子為母大功若練祥之祭也

○君不撫僕妾

鄭氏曰略於賤也愚謂撫撫其尸也僕謂宮中臣僕內小臣閽寺之屬也妾賤妾曲禮諸侯有大夫有世婦有妻有妾是也喪大記曰君撫大夫撫內命婦鄭曰云內命婦世婦也喪大記又曰君於大夫世婦大斂焉為之賜小斂焉於士既殯而往之賜

則字按綏文補

大斂焉君於世婦焉大夫同則於諸妻與士同先撫室君於大夫世婦或大斂或小斂而往則皆撫之於士及諸妻為之賜大斂而往則亦撫之惟僕妾賤君不撫其尸也

女君死則妾為女君之黨服攝女君則為先女君之黨服釋文為于偽反

鄭氏曰妾為女君之黨若其親然愚謂妾服女君之黨舊說以為從服然從服之服必視其所從者而有降焉妾為女君之黨其服乃與女君同則非從服也有非蓋妾有為女君之娣者不待從女君而其服固與焉女君同矣有為女君之姪者女君之所服妾亦服之而輕重有不同者女君之姪娣者女君之所服妾則皆無服者也今乃壹使與女君同服若於女君則欲其於妾皆職以同生之誼而不致生其妒忌而於妾則又示以統於女君而不敢以自外女君雖沒猶使妾為其黨服所以深嚴適

十七

庶之分以明女君之尊不替於身後則女君而在必無敢以賤妨貴少凌長者矣攝女君所以統內政也故不為女君之黨服又所以明攝女君之尊有以殊於衆妾而後內政出於一也

○聞兄弟之喪大功以上見喪者之鄉而哭

孔氏曰奔喪礼云齊衰望鄉而哭大功望門而哭此云大功以上見死者之鄉而哭者盧云謂降服大功也愚謂云見死者之鄉而哭以明其不待及門而哭不必專為降服大功也

適兄弟之送葬者弗及遇主人於道則遂之於墓

鄭氏曰言骨肉之恩不待主人也

凡主兄弟之喪雖疏亦虞之

鄭氏曰喪事虞祔乃畢孔氏曰小記云大功者主人之喪有三年者則必為之再祭鄭註云小功緦麻為之練可也今比疏者

亦虞謂無服者朋友相為亦虞祔也

○凡喪服未畢有弔者則為位而哭拜踊

鄭氏曰客始来主人不可以殺禮待之愚謂喪服未畢謂禫以前也禫而内無哭者雖有弔者不哭檀弓將軍文子之喪既除喪而后越人来弔主人深衣練冠待於廟垂涕洟是不哭也

大夫之哭大夫弁絰大夫與殯亦弁絰釋文與音預

鄭氏曰弁絰者大夫錫衰相弔之服也孔氏曰大夫之哭大夫弁絰者此謂成服以後大夫往哭大夫身著錫衰首加弁絰大夫與殯亦弁絰者此謂未成服之前與殯之時首加弁絰身著當時之服愚謂弁皮弁也諸侯大夫以皮弁錫衰為弔服不言弔而言哭者大夫相為有僚友之恩非徒弔之而已也大夫之哭大夫弁絰皮弁而加麻絰也大夫與殯亦弁絰皮弁而加

葛經也。服問曰：公為御大夫錫衰以居，出亦如之，黨事則弁經。大夫相為亦然。是大夫相為與朋友同矣。喪服記云：朋友麻。弔服葛經而朋友麻，則大夫相為亦經矣。朋友弔於未成服之前亦葛經，蓋弔於未成服者皆吉服，麻不加於采也。則大夫與殯亦葛經矣。大夫之哭大夫弁經，則其非相哭，雖錫衰以居而不弁經矣。大夫之哭大夫弁經，大夫與殯亦弁經，則大夫之為士若士為大夫，皆不弁經矣。不弁經則素冠加經矣。

大夫有私喪之葛，則於其兄弟之輕喪則弁經。

鄭氏曰：私喪，妻子之喪也。輕喪，緦麻也。大降易弔服而往，不以私喪之末臨兄弟。愚謂葛謂既葬変麻服葛也。大夫為父母兄弟之不為大夫者之服如士服，此為其兄弟弁經，謂尊同者也。大夫無緦服，故雖尊同不服，但於往哭而為之服弁經也。凡喪

服未除於兄弟之喪雖輕必服其服以哭之大夫哭兄弟之輕喪蓋亦為服其本服之比麻與

○為長子杖則其子不以杖即位

喪不貳主也

為妻父母在不杖不稽顙 釋文稽徐音啟顙桑黨反

下文別言母在不稽顙則此母衍字也為妻父在不杖不稽顙謂適子為妻也父主適婦之喪故其子避之而不杖又不得拜賓而稽顙也

母在不稽顙稽顙者其贈也拜

父沒母在則於主喪而得杖而亦不得稽顙也然此不稽顙與上節不同父在不稽顙謂父既拜賓則已不敢拜賓而稽顙也父沒母在則妻之喪已當為主而拜賓但不敢為稽顙之拜也

蓋妻之服與父在為母悉同，故母在則微殺其禮，以示其不敢盡同於母之意，與母在為妻不禫同意。上節專屬適子之禮，此礼則適庶之所同也。賵謂專遂之屬也。稽顙者，其贈也拜者，言母在而為妻或有稽顙者，惟於人之以物賵己，則為稽顙之拜，蓋於人之厚恩，不敢以輕礼待之，則此外弔者皆不稽顙也。

○違諸侯之大夫不反服，違大夫之諸侯不反服。

鄭氏曰：其君尊卑異也。愚謂二者之不服，皆為尊諸侯也。一則尊其舊君而不敢自援，一則尊其新君而不敢自貶。

○喪冠條屬，以別吉凶。三年之練冠亦條屬，右縫。小功以下左。緦冠繰纓。釋文：屬音燭。別，徐彼列反。縫音縫，又扶用反。繰依註音縿，所御反。○按：繰，鄭氏讀為澡，澡麻帶絰之澡，音當為早，而釋文乃云依註讀作縿，音所銜反，未詳其說，陸氏夲不同耶？然以義言之，作澡為是。

鄭氏曰：別吉凶者，吉冠不條也。屬，繰讀為澡麻帶絰之澡，聲之譌也謂有事其布以為纓敖氏繼公曰條屬者以一條繩為纓而又屬於武也右縫者以纓之上端縫屬於武之右邊也其屬之以下端向上而結於武之左邊以固冠也愚謂吾冠有武其纓左右各一而交結於頤下下文云委武元縞而後蕤則喪冠自大祥以前無武蓋別以布一條約冠而固之若緇布冠之缺項然其纓惟一條屬於固冠之布亦若緇布冠之青組纓屬於缺也緇布冠之纓屬於左而上結於右喪冠之纓則縫屬於右而上結於左所以反吉也小功以下服輕其纓雖條屬而左縫之稍用吉冠之制也繰當作澡喪冠之纓惟斬衰用麻繩自齊衰以下皆用其冠之布為之緦冠之纓其布亦與冠同而又澡治之緦冠既有事其縷其纓又有事其布布縷兼治則其布精矣以緦喪輕故也然則喪冠自小功以上纓皆不澡也

○大功以上散帶

孔氏曰小歛之後主人襲絰于序東小功以下帶皆絞之大功以上散帶垂至成服乃絞

朝服十五升去其半而緦加灰錫也釋文朝直遥反後朝服放此去起吕反

鄭氏曰緦精麤與朝服同去其半則六百縷而疏也又無事其縷不灰焉孔氏曰緦麻於朝服十五升之內抽去其半以七升半為取緦以為布又加灰治之則曰錫言錫然滑易也緦服衰不加灰不治布也愚謂周禮司服王為三公六卿錫衰為諸侯緦衰為士疑衰是錫衰重於緦衰也加灰謂用灰鍛名之也喪服記曰有事其縷無事其布曰緦有事其布無事其喪記言有事此云明灰一也蓋緦曰錫朝服用吉布十五升布縷皆有事者也緦衰用朝服故曰無事其縷無縷數之半而成布之澳不

復加灰鍛治故曰無事其布錫衰則成布之後加灰鍛治而其縷則不鍛治故曰無事其縷無事其縷者衰在内也無事其布者衰在外也此緦衰錫衰輕重之别也

九月廿六日鏘鳴校過

廿一

本注作三个

後字據本疏改

禮記卷

雜記上第二十之二

諸侯相襚以後路與冕服先路與衰衣不以襚釋文襚音遂

鄭氏曰不以己之正者施於人以彼不以為正也孔氏曰先路為上路之次次路也冕服謂上冕之後次冕也愚謂其次於先路者皆為後路鄭氏以為貳車非是褒衣亦冕服也以其為天子之所褒賜故曰褒衣冕服謂其次於褒者也先路與衣皆所受於天子者故不以襚人

諸侯各以路之上者為先路同姓則金路異姓則象路也

遺車視牢具疏布輤四面有章置于四隅釋文下遺車遣奠竝放此遣弃戰反卒本或作鄭音同

鄭氏曰言車多少各如所包遺尊牲體之數也遣奠天子大牢包九个諸侯亦大牢包七个大夫亦大牢包五个士少牢包二

介大夫以上乃有遣車精其蓋也四面皆有章蔽以隱翳牢内四隅椁中之四隅愚謂每牲體一段謂之一个周禮大司馬喪祭奉謂馬牲鄭氏云王喪之以馬祭者蓋遣奠也是天子遣奠大牢之外兼有馬牲也士喪禮包牲取下作鄭氏云前脛折取臂臑後脛折取體天子四牲每牲取全體三折分八十一个分為九包每包九个而遣車九乘諸侯遣奠大牢每牲各取全作三折分四十九个分為七包每包七个而遣車七乘大夫遣奠亦大牢每取全作三折分二十五个分為五包每包五个而遣車五乘是遣車之多寡各比視其牢具之多寡也以疏布為之蓋又四面設障蔽所以辟塵士之污也

載粻有子曰非礼也喪奠脯醢而已釋文粻陟良反

鄭氏曰粻米粮也愚謂當時有遣奠兼設黍稷而并載於遣車

者有子非之以爲喪奠自牲牢而外惟有脯醢而無黍稷不當載粮也案士喪礼喪奠皆無黍稷而黍稷之奠自設於下室月朔薦新有黍稷則下室之奠不設也既啓以後遷祖之奠及祖奠遣奠亦皆無黍稷蓋亦以有下室之奠故耳然遣奠雖無黍稷而黍稷麥別盛於筲則固有粮矣不當又載於遣車也鄭氏以爲死者不食粮故喪奠無黍稷果尒則牲牢脯醢死者豈嘗食之耶

○祭稱孝子孝孫喪稱哀子哀孫

鄭氏曰各以其義稱也孔氏曰祭吉祭也自卒哭以後之祭也吉則申孝子之心故祝辭云孝喪凶祭自虞以前之祭也喪則哀慕未申故稱哀愚謂士虞礼卒哭猶稱哀子至祔乃稱孝子蓋卒哭雖以吉祭易喪祭猶未忍遽稱孝至祔祭於廟始同於

於吉祭也。兼言孫者，容父先没而適孫主祖父母之喪者也。

○端衰喪車皆無等。

據本注改如之

鄭氏曰：喪車，惡車也。喪者衣衰及後所乘之車，貴賤同，孝子於親一也。衣衰言端者，元端，吉時常服，喪之衣衰當如之。孔氏曰：端衰，謂喪服上衣。端，正也。吉時元端服，身與袂同，以二尺二寸為正。喪衣亦如之，而綴六寸之衰於心前，故曰端衰也。喪車，孝子所乘之惡車也。等，等差也。喪之衣衰及惡車，天子至士制度同，無貴賤等差之别，以孝子於其親情如一也。愚謂禮服自元端以上，衣之長與幅廣相等，故謂之端。喪衰之制亦然，故謂之端衰。然吉時服皆端，而元端之袂圜殺，與朝服以上侈袂者不同。喪衰與元端同制者，惟士之喪衰為然。若大夫以上，其喪衰與朝服等同制，其侈亦侈，不與元端同也。端衰無等，謂其衣之升數及齊斬之制也為父皆斬衰三升為母皆齊衰四升是端衰無等也天子喪車五乘而士喪礼主人乘惡車白狗禖蒲蔽與天子始喪之車同是喪車無等也

○大白冠緇布之冠皆不蕤委武玄縞而後蕤釋文縞古老反又古折反鄭氏曰大白冠大古之布冠也不蕤質無飾委武冠卷也秦人曰委齊人曰武元元冠也縞縞冠也愚謂緌者冠纓之結於頤下而垂餘以為飾者也大白冠緇布冠皆無武而別為缺項以固冠其纓惟一條屬於武而上結之故皆無蕤水之下曰委足之下曰武卷在冠下故以名焉元冠吉冠縞冠大祥之冠也喪冠無武與古制同故其纓亦無蕤元冠縞冠皆有武與古冠異故其纓亦與古異而有垂餘之緌也

○大夫冕而祭於公弁而祭於己士弁而祭於公冠而祭於己士而

君字據注補

欲字據疏補

班序從疏

下特字當作祫

親迎，然則士弁而祭於己可也。釋文：迎，魚敬反。

鄭氏曰：弁，爵弁也。冠，玄冠也。祭於公，助祭也。大夫爵弁而祭於己，惟孤爾。可也者，緣類許之也。親迎雖亦己之事，攝盛服爾，非常也。孔氏曰：儀礼少牢，大夫自祭用玄冠。此云弁而祭於己，與少牢異，故知是孤。親迎一時之極，故許其攝盛。祭祀常所供養，故須依次序。愚謂特牲禮玄端，少牢礼朝服，皆特祭也。大夫弁而祭於己，其干祫之禮與？大夫干祫服爵弁，殷祭禮盛也。然則士之干祫蓋朝服與？服之差等，爵弁之下為皮弁，皮弁之下為朝服。皮弁純白，不用於祭祀。士以玄端特祭，以朝服祫祭；夫以朝服特祭，以爵弁特祭。進朝服而上，即為爵弁，故記者欲許士以爵弁也。若如鄭氏之說，則大夫尚不得服爵弁，而遽以許士，恐不然矣。

鄭氏謂至異之四十五字承注末

周礼作鬯

暢臼以椈杵以梧枇以桑長三尺或曰五尺畢用桑長三尺刋其柄與末釋文曰其究反椈弓六反杵昌呂反梧音吾枇音匕本亦作朼長直亮反刋苦干反柄兵命反

鄭氏曰臼杵所以擣暢也椈柏也枇所以載牲体者此謂吉祭也吉祭枇用棘畢所以助主人載老剔猶削也擣爵鬯用柏臼桐杵孔氏曰梧桐也擣爵鬯用柏臼桐杵為柏香桐潔白於神為宜從鑊以枇升入於鼎從鼎以枇載之於俎用桑喪祭也吉祭枇用棘特牲礼枇用棘心是也畢以助主人舉肉用桑者亦喪祭故也吉時亦用棘畢末頭亦刋削之枇亦宜然愚謂此言暢臼及杵亦謂喪事之所用者周礼肆師大潮以暢則築鬻鬯人大喪之大潮共其鬱鬯

率帶諸侯大夫皆五采士二采釋文率帶上音律下音帶本亦作帶

四

鄭氏曰謂此襲尸之大帶異於生非士襲變元端為稅衣以其

故於此言之下

在内也若其在外之服皆與生時無異何獨於帶而異之此謂大帶之飾也率讀如左傳藻率鞞琫之率以采飾物之名也凡飾三采者以朱白蒼此二采其朱白與生時大帶死則用以襲尸故於此言之

○醴者稻醴也甕甒筲衡實見閒而後折入釋文甕於貢反甒音無筲所交反衡依註作桁戶剛反徐戶庚反見音閒廁之閒棺衣也閒如字徐古莧反一解云鄭合見閒二字共為覵字音古辨反折之設反○按見字當音賢徧反

鄭氏曰此謂葬時藏物也衡當為桁所以庪甕甒之屬聲之誤也實見閒藏於見外椁内也孔氏曰醴者稻醴也者言此醴是稻米所為也甕醯醢醯醢營州為之盛醯醢甒盛醴酒筲盛黍稷衡者以大木為桁所以庪舉於甕甒之屬也見謂棺外之飾棺既夕禮註云折猶庪也方鑿連木為之蓋如牀而縮者三橫者五

入當依疏作实

孔氏曰三字衍

鬼器本疏作明器

無簀入此甕甒筲衡於見外槨内二者之間而後以折加於槨上以承抗席孔氏曰案既夕礼藏器于旁加見註云器用器役器也既夕礼又云藏苞筲于旁註云于旁在見外則見内是用器役器見外是明器也此是士礼畧實明器耳大夫以上兼有人器鬼器人器實鬼器虚愚謂此言葬時藏器之法醴即所盛於甕者醴有黍醴稻醴粱醴故言此醴是稻醴也实一瓮甒实五升筲畚屬以竹或甕管為之見謂莁飾帷荒之屬棺在帷荒之内而帷荒在外露見故因謂之見也藏器既畢乃可加折故曰而後折入

○重既虞而埋之 釋文重直龍反

鄭氏曰就所倚處埋之孔氏曰既夕礼廟重自禰廟随至祖廟庭厥明将出之時重出自道道左倚之此註就所倚處埋之謂

初啟朝禰廟止于門外之西不入明日

五

於祖廟門外之東也。愚謂鄭知就所倚處埋之者，士喪礼重出自道之後，無再入廟之文，故知埋重在祖廟門外也。

○凡婦人從其夫之爵位。

鄭氏曰：婦人無專制，生礼死事，以夫為尊卑。愚謂觀此，則謂婦人有受命之法者非矣。

○小斂、大斂、啓，皆辯拜。釋文：辯音遍。

鄭氏曰：嫌當事來者終不拜，故明之。孔氏曰：凡當大斂、小斂及啓殯之時，惟君來則止事而出拜之；若他賓客至，則不止事，事竟乃即堂下之位，悉徧拜之。

○朝夕哭不帷，無柩者不帷。

鄭氏曰：朝夕哭不帷，緣孝子之心欲見殯肂也。既事則施其屋，鬼神尚幽闇也。無柩者不帷，謂既葬也。柩(棺)已去，神在室堂，無事

焉遂去帷

○君若載而后弔之則主人東面而拜門右北面而踊出待反而后奠

鄭氏曰主人拜踊於賓位不敢迫君也君即位車東出待不必君留也君反之使奠孔氏曰謂君來弔臣之葬臣喪朝廟柩已下堂載在柩車而君弔之故云君若載而后弔之則主人東面而拜者君既弔位於車東故主人在車西東面而拜也門右北面而踊者門謂祖廟門也右西邊也若門外來則右在東若門內出右在西此據在車出家故右在西孝子拜君竟立近門內西邊北面而哭踊為禮也出待者孝子踊畢先出門待君君來則出門拜迎君去則出門拜送也君弔事畢便應去不敢必君之久留故孝子先出待君反謂君使人命孝子反還喪所也而後奠

者凡君來必設奠告柩知之也或云此在廟載柩車時奠謂設祖奠也愚謂此謂士之喪未啓之前君有故不得弔而至是始弔也曰若者明其爲非弔禮之常也檀弓君於大夫之喪將葬弔於宫將出命引之三步則正如是者三乃退彼謂大夫之喪君始死已來弔至葬又特弔故有引柩之禮此乃君始來弔弔非因葬故不云引車也知非弔大夫之喪者喪大既云大夫士既殯而君往大夫則奠可也士則出俟于門外命之反奠乃反奠此亦云出待反而後奠故知爲士禮也柩既在堂下則君既位于阼階下西面故主人在柩西中后東面而拜也門右門東也凡君弔主人即位于門右北面此以君在堂下受禮於阼階南中庭柩東迫狹故變位受禮柩西之中庭其即位於門右北面人之法耳此非有事於柩右不據柩言也奠或説以爲祖奠

受禮尚在上即位尚在下

是也檀弓君弔於葬命引之之乃退不云命奠此必命之奠者亦始弔之禮然也

○子羔之襲也繭衣裳與税衣纁袡為一素端一皮弁一爵弁一玄冕一曾子曰不襲婦服釋文繭古典反税他喚反纁許云反袡字又作袡而占反○鄭註元冕或為元冠或為元端

鄭氏曰繭衣裳者若今大襺也纊為繭緼為袍表之以税衣乃為一稱税衣若元端而速衣裳者也大夫而以纁為之袡非也惟婦人纁袡曾子譏競婦服而已元冕又大夫服未同子羔曷為襲之礼以冠名服此襲其服非襲其冠愚謂此襲衣凡五稱繭衣裳者衣裳相連而著以綿纊者也繭衣裳乃褻衣必衣礼服表之乃成一稱故喪大記曰袍必有表税衣纁袡所以表繭之也税衣色黑即元端也謂之税衣者以其衣裳相連若婦人

之稅衣也所以連衣裳者生時禮服内有中衣襲時内有袍繭外有皮弁服之屬而元端服在其間故如中衣之制為之衣裳相連以一服而兼二蓋士之襲礼然也纁絳色也衻猶緣也生時素端制若元端而用素為之蓋凶札祈禱致齊之服也周礼司服曰其齊服有元端素端此為第二稱也皮弁為第三稱爵弁為第四稱元冕為第五稱案士喪礼襲衣三稱爵弁服皮弁服褖衣此襲衣五稱而又有元冕則大夫之礼也子羔未嘗為大夫元冕其褒衣與襲衣不用偶數有褒衣則復加一衣以合奇數蓋礼然也不襲婦服者纁衻婦人嫁時之服也蓋大夫士中衣用纁緣子羔之襲其元端服連衣裳為之如中衣之制遂并用中衣之緣與婦人嫁時之服相似故曾子譏之以此推之則用衣以表袍者雖連衣裳為之而不當用緣也

為君使而死公館復私館不復公館者公宮與公所為也私館者自卿大夫以下之家也釋文使色吏反館釋文為于偽反又如字使色吏反復音伏本亦作觀音同說見曾子問

公七踊大夫五踊婦人居間士三踊婦人皆居間

鄭氏曰公君也始死及小斂大斂而踊君大夫士一也君五日而殯大夫三日而殯士二日而殯士小斂之朝不踊君大夫大斂之朝乃不踊婦人居間者踊必拾主人踊婦人踊賓乃踊孔氏曰居間謂婦人與大夫更踊居賓主之間也皆者皆於貴賤婦人也親始死及舉尸動柩哭踊無數今云三五七者謂為禮有節之踊每踊三者三為九而謂為一也愚謂諸侯五日而殯五日為五踊加以小斂大斂時又踊為七大夫三日而殯三日為三踊加以小斂大斂時又踊為五士亦三日而殯始死踊小

斂大斂之朝不踊至斂時皆踊為三也以此差而上之則天子七日而殯當九踊也觀此踊數則君大夫殯日皆數死日明矣

素積三句據疏補

○公襲卷衣一玄端一朝服一素積一纁裳一爵弁二玄冕一褒衣一朱綠帶申加大帶於上釋文卷音袞

鄭氏曰士襲三稱子羔襲五稱分今公襲九稱則尊卑畢襲數不同矣諸侯七稱天子十二稱與孔氏曰公襲以上服最在內者公身貴故以上服親身也元端一者燕居之服元端朱裳也朝服一者緇緇衣素裳公日視朝之服也素積一者皮弁之服公視朔之服也纁裳一者冕服之裳也鷩毳中間任取一服也爵弁二者此始命之服示之重本故二通也褒衣一者所加賜之衣最在上華君賜也愚謂公君也上文公七踊下文公大夫士一也公升皆通謂五等之君此不當獨為異義卷衣一據上公言之若侯伯則鷩冕子男則毳冕也此襲

有褻衣而九稱則公襲本七稱有褻衣故加二稱而為九也然則
襲之衣數士三稱大夫五諸侯七有褻衣者皆加焉天子盖十
二稱與喪大記大斂之衣君同以百稱則襲斂所用之衣數五
等之君亦同也朱緑帶者玉藻所謂雜帶燕居之所用也兼用
燕居之對者以襲有元端服也申重也申加大帶於上言重加
大帶於雜帶之上順其衣之在内外也○凡生人之衣最内為
明衣其外則冬有裘夏有葛春秋有袍褶之屬又其外有中衣
其外乃有礼衣若元端皮弁冕服之屬也襲衣衣之於身所用
與生時悉同但四時皆用袍褶而不用裘葛耳士喪礼襲衣内
有明衣裳外有緑衣皮弁爵弁三称而禄衣連衣裳為中衣之
制則不復用中衣上文言子羔之襲繭衣裳與褖衣纁袡為一
即此制也公襲衰衣最在内不為連衣裳之制則袍褶之外衮衣

之內又當有中衣矣蓋大夫以上之襲皆如此與○鄭氏曰朱綠帶者襲衣之帶飾之雜以朱綠異於生也此帶亦以素為之申重也重於革帶也革帶以繫韍必言重加大帶者明雖有變必備此二帶也孔氏曰朱綠帶者襲衣之帶既非革帶又非大帶祇是衣之小帶愚謂士惟有大帶君大夫有大帶又有雜帶玉藻天子素帶朱裏終辟而諸侯素帶終辟大夫素帶辟垂及此篇所言率帶君大夫五采士二采者大帶也玉藻雜帶君朱綠大夫元華及此所言朱綠帶者雜帶也鄭氏解玉藻謂君之大帶以朱綠為飾故至此篇言率帶君大夫五采士二采則君大帶以朱綠之說已不可通則云襲衣之大帶異於生至此節又言朱綠帶則謂襲衣別用此小帶異於生其說支離無據蓋率帶之帶即生時之大帶朱綠帶即生時之雜帶而襲尸皆用之初

未嘗異於生也士喪禮襲有韎韐韎韐必繫於革帶則襲固當有革帶矣然此朱綠言中帶大帶於上則所加者實朱綠帶而非革帶也且生時大帶雜帶不一時並施而其所繫則同處故襲時加大帶於雜帶之上若革帶則生時並用而繫於大帶之下故韠繫於革帶而其下與紳相齊則襲時亦不得加大帶於革帶之上矣

○小斂環絰公大夫士一也

環絰謂以絰環加於首也小斂環絰者小斂奉尸侇于堂畢乃降而東襲絰焉士喪禮苴絰大搹要絰小焉饌于東方卒斂主人即位拜賓襲絰于序東是也公大夫士一者蓋他服如哀杖屨之屬君大夫士變服之節有不盡同者而環絰則皆以小斂畢時也○鄭氏謂環絰為一股之纏絰非也一股之絰舊說所

環絰說見檀弓六字元本雙行分注用小字

謂弔服之環絰也環絰說見檀弓絰記初無言小斂時主人加弔服之環絰者小斂環絰謂環加直絰豈可以弔服之環絰混之

○公視大斂，公升，商祝鋪席，乃斂。

鄭氏曰：喪大記曰大夫之喪將大斂既鋪絞紟衾乃鋪席則君至為之改始新之也孔氏曰公升謂公來升堂商祝主斂事者也臣喪大斂雖已鋪席布絞紟衾聞君將至則徹去之比君升而商祝更鋪席榮君來為新之也亦示若事由君也愚謂席衾在下云商祝鋪席則知絞紟衾衣皆再布之矣為君欲視其衣衾之美惡也

○魯人之贈也，三玄三纁，廣尺，長終幅。釋文廣古曠反長直亮反

鄭氏曰：言失之也士喪禮下篇曰贈用制幣元纁束帛孔氏曰

記魯失也賵謂以物送亡人於椁中也賵用制幣元纁束今魯人雖三元二纁而用廣尺長幅不復丈八尺失則礼也愚謂內宰職註引天子巡守禮聘記註引朝覲礼皆云制幣丈八尺純四咫貫疏引趙商問純四咫之義鄭氏謂咫八寸四咫三尺二寸太廣四當為三三八二尺四寸幅廣也是制幣長丈八尺廣二尺四寸也今魯賵幣廣正一尺長僅終幅二尺四寸是長廣皆不如禮也

弔者即位于門西東面其介在其東南北面西上西於門主孤西面相者受命曰孤某使某請事客曰寡君使某如何不淑相者入告出曰孤某須矣弔入者主人升堂西面弔者升自西階東面致命曰寡君聞君之喪寡君使某如何不淑子拜稽顙弔者降反位

釋文相息亮反

子拜稽顙正孔氏曰文與下複當删去

鄭氏曰：賓立門外，不當門。主孤西面立于阼階下，受命，受主人命以出也。不言擯者，喪無接賓也。淑，善也。如何不淑，言君痛言正。使某，某弔，稱其君名者，君薨稱子某，使人知適嗣也。須矣，不出迎也。降反位者，出反門外位。無出字，脫。孔氏曰：子拜稽顙，不云孤而云子者，客既有事於殯，故稱子，對殯之辭也。下皆然。君對賓客則稱孤某。孔氏曰：自此以下終於篇末，明諸侯相弔遂贈賵之禮。此明弔礼也。門西，謂主國大門之西。其介在其東南，北面西上，以其凶事異於吉也。相者，謂主人傳命者也。喪無接賓，故不言擯而言相，此對文耳。若通而言之，吉事亦云相，故司儀云「每門正一相」，又大宗伯「朝覲會同則為上相」；凶事亦稱擯，故喪大記云「君弔，擯者進」，又案士喪禮「賓有遂，擯者入告，出請」是也。孤謂嗣子也，某為嗣子之名。必稱嗣子名者，欲使使者知適嗣之名云須矣者異於吉礼不出迎也主人升堂西面者從阼階升也知者以弔者升由西階故也又下文孤降自阼階拜之明升亦阼階也子拜稽顙不云孤某而稱子者今有事於殯故稱子對殯之辭也若對殯則稱孤某也愚謂弔者謂上客也凡門外子位以客礼者東面以臣礼者北面以燕禮賓北面大射賓北面觀之可見弔者即位于門西東面者客禮也介在其東南北面者下賓也西上者統於賓也西於門不敢當門也蓋凡諸侯聘弔之使主國門外之位皆如此鄭氏聘禮註謂聘賓北嚮介西面故孔疏以此為異於吉然鄭說実無所據也主孤西面在阼階下西面主人之位也如何不叙弔辭也孤某者諸侯在喪未葬自稱之辭也下文云以葬蒲孤某須矣肅賓之辭也也席知此本據未葬之禮也若已葬但稱孤也升堂而弔者諸

元本作已葬蒲席今據下文改既

十二

侯之禮然也兩君相弔則賓主皆升堂君弔其臣則弔者升堂主人受禮於中庭若大夫士相弔則賓主行禮於堂下也也弔者降不言子降者子不降待後事下含者襚者賵者皆言出則此脫出字明矣

含者執璧將命曰寡君使某含相者入告出曰孤某須矣含者入升堂致命子拜稽顙含者坐委於殯東南有葦席既葬蒲席降出反位宰夫服朝即喪屨升自西階西面坐取璧降自西階以東釋文含本又作唅說文作琀同胡闇反

鄭氏曰含玉為璧制其分寸大小未聞春秋有既葬婦含賵襚無譏焉即既也以東藏於內也孔氏曰此明含禮宰夫朝服者宰謂上卿也言夫行宰朝服者吉服也執玉不麻故著朝服以仍在喪不可純吉故即喪屨此弔者既是上客又賵者是上介

則此含者襚者當是副介末介以愚謂聘義上公七介侯伯五
介子男三介弔使亦然此上客弔上介賵又以次介二人為含
者襚者據上公侯伯之礼也若子男三介則賵含介以上介爲
諸侯五日而殯鄭國弔含之使鮮有以殯前至者其含與襚蓋
亦但致其礼而已含玉皆碎碎此致璧為含用耳非謂即用此
璧以含也此璧蓋亦五寸致命之辭亦曰寡君使某含凡奠
于殯東南者在殯東而稍南也凡含襚之物南上以柩南首也
有茅席者含襚之物不可委於地故設席以受之既葬蒲席凡
諸侯相於喪礼皆始死遣使來弔葬時又遣使會葬或國中有
事故始死未得即遣使故既葬而弔使乃至也既葬稍吉故用
蒲席蒲席精於茅席也葬大記大斂大夫蒲席士葦席但言既
葬葦席而不別言他禮之異則葬後含襚賵其委襚衣圭璧仍

十三

於殯之東南，以柩在此故也。朝服，元冠緇衣素裳也。案聘禮遭喪則使大夫練冠長衣受于廟，此宰為乃朝服者，彼代主國君受禮，故練冠長衣，此主孤自服衰絰受弔，故宰取璧朝服也。宰取璧朝服，則含者亦朝服與。屨為服末，凡喪中因事而宰小宰也。周禮小宰「喪荒受其含襚幣玉之事」。變服者惟其屨無變也。○孔氏云：此遭喪已久，故嗣子親受禮，若親遭喪則主人不親受，故聘禮遭喪入境則襚也，將命于大夫，主人練冠長衣以受。此謬說也。聘賓非為喪事而來，其所聘者乃薨君，故使大夫受於殯宮。若弔含之賓，本為喪事而來，未有為喪主而不接弔賓者，雖初喪，豈有使大夫受之之禮乎？

襚者曰：「寡君使某襚。」相者入告，出曰：「孤某須矣。」襚者執冕服，左執領，右執要，入，升堂致命曰：「寡君使某襚。」子拜稽顙。委衣于殯東。襚者降，

服字按注

受爵弁服於門内霤將命子拜稽顙如初受皮弁服於中庭自西階受朝服自堂受元端將命子拜稽顙皆如初襚者降出反位宰夫五人舉以東降自西階其舉亦西面釋文要一遥反霤力救反

鄭氏曰委衣于殯東亦於席上所委璧之北順其上下據襚者以衣者賈人舉者亦西面者亦襚者委以時孔氏曰此明襚禮也上文含者稱執璧下文襚者稱執圭則此襚者當稱執衣不云者文不備也以下文云襚者執冕服故於此畧之緟文先含而後襚則含重而襚輕所委殯東西面南頭為上故曰順其上下謂上者在前下者在後聘禮有賈人故知據襚者以衣者是賈人也襚者西面舉者亦西面也其服重者使人以執爵弁受於内霤皮弁受於中庭朝服受於西階元端受於堂既受處不同則陳於璧北亦重者在南凡諸侯相襚衣數無文據此其服

有五又大路褒衣不以襚此外無文愚謂含襚賵之辭同獨於襚言之以見上下也襚衣東西委之南領西上孔氏謂重者在南非也受服以次而近者欲於事敏也宰夫宰之屬也周禮宰夫下大夫四人上士八人中士十有六人不言其服者不變服也

上介賵執圭將命曰寡君使某賵相者入告反命曰孤某須矣陳乘黃大路於中庭北輈執圭將命客使自下由路西子拜稽顙坐委于殯東南隅宰舉以東釋文賵芳鳳反孤須矣從此盡篇末皆無其字有者非乘繩證反輈子由反○今按孤某當有某字陸本非是○鄭註使或為史今

鄭氏曰自率也下謂馬也馬在路之下覲禮曰路下四亞之客給使者入設乘黃於大路之西客入則致命矣孔氏曰乘黃謂馬也大路謂車也陳四黃之馬於大路之西在殯宮中庭喪禮

車馬以屬主人故路在東統於主人也若尋常吉禮車馬為賓而設則路在馬西故覲禮故覲禮路下四亞之註之亞之次車而東是車在西統於賓也既夕禮車以西為上者彼為死者而設於鬼神之位此輴者謂大路輴轅北嚮也愚謂賵以上介賵者賵礼重於含襚也賵在含襚之後者賵物以助葬先含次襚次賵以喪事之先後為次也執圭將命者小行人合六幣圭以馬犬馬不上於堂故執圭以將命也乘黃四馬黃色也周人貢馬蕃鬣故馬之為庭實者皆以黃康之誥曰皆布乘黃朱是也大路賵車也先路不以襚此路者尊其名也士喪禮公賵元纁束馬兩又賓賵者將命擯者出請入告出告須馬入設賓奉幣是士禮賓賵亦元纁而馬也此諸侯禮有乘貢大路執圭將命然則大夫之禮蓋元纁束四馬與北輴者向內也凡喪自未祖

以前陳車皆北向故此車亦然客使則統於柩而西上馬在路西者此時柩在堂上主孤在堂下堂上之物堂下之物則統於主人而東上也既夕禮東以東為上者尔時柩在堂下車在東榮統於柩也言执圭將命於車馬之間者客使先設車竟乃率馬設於路西言上介執圭將命與客使設馬之節相當也坐委于殯東南隅者圭尊於璧委於席上而在璧之南也宰不言具服者因前朝服可知也○孔氏曰隱元年公羊傳云車馬曰賵貨財曰賻衣被曰襚穀梁云乘馬曰賵衣衾曰襚貝玉曰含錢財曰賻散而言之車馬亦曰襚故前文云諸侯相襚以後路是也此無賵賵是加厚非常故也故宰夫註云其閒加恩厚則有賵雖有貨亦有馬故少儀云賵馬不入廟門既夕有贈贈施於死必乃葬節此未必一當葬時也既夕有奠此無奠者以尊主

於親者故既久禮云兄弟賻尊所知則賵而不尊此諸侯相與既䟽故無尊案釋廢疾云天子於諸侯含之賵賵諸侯於卿大夫如天子於諸侯諸侯於士如天子於諸侯臣天子於二王之後含為先襚則次賵為後諸侯相於如天子於二王後鄭知天子於二王含襚賵者為約此雜記兩諸侯相敵明天子於二王後亦相敵也知諸侯亦然者約雜記云鄭知天子於諸侯含賵者約文五年榮叔婦含且賵二傳但譏兼禮石識其數是也鄭知天子於諸侯臣襚之賵之者約士喪禮諸侯於士有襚有賵明天子於諸侯臣亦然鄭知諸侯於卿大夫如天子於諸侯者更無所尊明尊此卿大夫如諸侯也凡此於其妻亦如其夫知者約宰咺來婦惠公仲子之賵又約魯夫人成風之喪王使榮叔婦含且賵以外推此可知愚謂孔氏所言含襚賵賻贈曾數之

差皆是也有喪相弔遂舍賵者邦交之常禮也其有甥舅昏姻之好者則又有賻焉至贈則會葬時之禮非行於弔時其也蓋古者諸侯弔聘之所及者皆其同在方岳之下者也故左傳曰諸侯五月而葬同盟至先王之世非同方岳則皆同盟之事也以春秋考之隱桓莊閔之世所書者皆東諸侯之事也以晉之强大而自僖公以前其事無書於册者蓋晉在并魯在兗赴告聘弔之使原不相及蓋先王之舊制如此自霸者既興邦交日繁於是赴告交馳於四國而其禮或亦不能備故有如秦於魯成風之喪僅有遂徐於制宣公僅有含者蓋以舊制本不當相弔遂故其禮正於如此而已足也至諸侯之於天子必當備含遂賵賻之禮故春秋武氏子来求賻蓋以禮之石有者責之也若天子於諸侯則如惠公仲子僅有賵成風有含賵此或周衰

不能偹大約同姓異姓庶姓其恩禮當有厚薄但其祥不可耳諸侯於其臣則士喪禮有襚有賵卿大夫宣更有含天子於其卿大夫士亦當如此鄭釋廢所推亦大畧得之惟其言天王而天王於諸侯之臣不必不能一一而吊襚之也

凡將命鄉殯將命子拜稽顙西面而坐委之宰舉璧與圭宰夫舉襚升自西階西面坐取之降自西階 釋文鄉許亮反

鄭氏曰凡者説不見者也鄉殯將命則將命立于殯之西南此言宰舉璧與圭則上宰夫朝服衍夫字愚謂子拜稽顙西面而坐委之者言於子拜稽顙之時而西面委之也宰小宰也周禮小宰喪荒受其含襚幣玉之事又宰夫凡禮事亦君避子之拜然也襚衣輕故宰夫主之圭璧重故宰舉之凡臣之升降宜統於君此主自阼階宰與宰夫乃自西階者含襚之物皆在西由

元本凡禮事下文脱文義未完姑按周禮宰夫文補八字

十七

便也

賵者出反位于門外

鄭氏曰乃著言門外明礼畢將更有事愚謂鄭氏云禮畢者弔含襚賵奉君命而行者其禮畢於此也

上客臨曰寡君有宗廟之事不得承事使一介老某相執綍相者反命曰孤某須矣臨者入門右介者皆從之立于其左東上宗人納賓升受命于君降曰孤敢辭吾子之辱請吾子之復位客對曰寡君命某毋敢視賓客敢辭宗人反命曰孤敢固辭吾子之辱請吾子之復位客對曰寡君命某毋敢視賓客敢固辭宗人反命曰孤敢固辭吾子之辱請吾子之復位客對曰寡君命使臣某毋敢視賓客是以敢固辭固辭不獲命敢不敬從客立于門西介立于其左東上孤降自阼階拜之升哭與客拾踊三客出送于門外拜稽顙釋文臨如字徐力鴆反介音界

舊古賀反相息亮反綍音弗寡君命絶句下放此毋音無使色吏反拾其劫反○今案寡君命某毋敢視賓客為一句陸氏命字絶句非是

鄭氏曰上客弔者也臨視也言朝入視喪所不足而給助助識也其實為哭耳入門右不敢月內於賓客賓三辭而稱使臣為恭也為恭者將從其命拜客謝其厚意不迎而送喪無按賓之禮孔氏曰云一介老某者則若曲礼云七十使於四方稱老夫之數前四禮皆奉君命而行如聘禮之聘與享故在門西此臨是私禮若聘禮之私覿故在門東愚謂臨入哭也弔所以慰主人臨則使者自致其哀上四事皆奉君命而行臨則使者之私禮也一介猶一个也老所謂寡君之老則此客乃諸侯之卿也相执綍謂助執其喪事也門右門東也入門右者入闑東而右東上者統於主人也以非為其君行禮故不敢以賓客自居所

介立句西上當作東上

謂私事自闑東也按聘禮賓覿奉束飾總乘馬二人贊入門右北面尊幣再拜稽首擯者辭賓出擯者坐取幣出有司二人宰馬以臣出門西面于東塾南擯者請受擯禮辭聽命牽馬右之入設賓奉幣入門左介皆入門左西上此弔者既臣主人之辭亦當如私覿之禮出門而復臣闑西以入而立于門西此但客立于門西不言出而復入者文畧也聘禮介立于賓右而西上此介立于賓左而西上者变於吉也——此言孤降自阼階則自與客升之後未堂降矣弔為君行禮故客亦升堂致命主人亦升堂而拜之臨為臣禮其位在門西故主人必降階而拜之也孤降自阼階則升亦自阼階矣居喪之禮升降不由阼階此以客由西階故主人避之而由阼階有為為之也升堂哭踊者亦諸侯之弔禮然也若未葬則哭踊之後主人當降即阼階下位客當

卿攝大夫當作大夫攝卿

復門西之位而設朝奠既奠然後客出此於哭踊下即言客出者文畧也送于門外送于大門之外也凡喪禮不迎賓于其去則送之○孔氏曰案在傳昭三十年云君之喪士弔大夫會葬文襄之霸君喪大夫弔卿會葬此上客者若於古禮士也若於襄則大夫也愚謂此言一介老則諸侯之卿也然會葬之使例奠於弔成王風之喪王者諸侯相弔使卿則會葬亦必使卿然諸侯三卿若為一國之喪而頻使二卿於外則勢有所不能然則此弔者蓋攝卿以行者與然自稱一介老則其非士次矣而子大叔言先王之制士弔卿會葬者凡左傳中所言先王之制不必皆可據且諸侯國有大小則其相弔之禮容有隆殺哉中或弔於大國使卿攝大夫弔小國則使士也但子大叔對晉人特舉其殺者言之耳敵國使大夫

十九

○其國有君喪不敢受弔

鄭氏曰：辟其傷痛己之親如君。孔氏曰：國有君喪，而臣又有親喪，則不敢受他國賓来弔也。以義斷恩，哀痛主於君，不私於親也。愚謂國有君喪，其臣皆服斬，無弔人之法，故疏惟以他國来弔者言之。

○外宗房中南面，小臣鋪席，商祝鋪絞紟衾，士盥于盤北，舉遷尸于斂上。卒斂，宰告，子馮之踊，夫人東面坐，馮之興踊。釋文：盥音管。斂力劔反。馮皮氷反，本或作憑。

鄭氏曰：此喪大記脫字重著於此。愚謂此與喪大記小異，蓋上有脫文與。

○士喪有與天子同者三：其終夜燎，及乘人，專道而行。釋文：燎力召反，又力弔反。乘繩證反。

充本作柩未露未
當為已字之誤

而下當有行字

大夫五百人當作三百

鄭氏曰乘人謂使人引車也專道人避之孔氏曰終亱燎謂柩遷之亱須光明故竟亱燎也乘人謂人引車不用馬也專道而行喪在路不辟人也三事為重故與天子同愚謂終夜燎孔疏以啟後之然未殯之前設燎亦終亱也故士喪礼小斂之後宵為燎於中庭厥明滅燎是也蓋始死既柩未葳柩未露須備非當而治殯斂典喪具為事嚴急亦非窮日夜之力不可故必終亱設燎也柩車駕馬或有傾覆奔軼之患故必以人輓之也專避而行道路男子由右婦人由右車由中央今此柩中專一道而也柩車執紼者天子千人諸侯五百人大夫五百人以蓋次言士當用百人人既衆多非專道不可行也此三者皆無尊卑之異故雖士得與天子同也

二十

九月廿七八日錚鳴校過

禮記卷

雜記下第二十一之一　　孫希旦集解

有父之喪，如未沒喪而母死，其除母之喪也，服其除服，卒事，反喪服。

鄭氏曰：沒，竟也。除服，謂祥祭之服也。卒事，既祭，反喪服，反後死者之服。孔氏曰：未沒喪者，謂父喪小祥後，大祥前，未竟之時也。愚謂父喪小祥後遭母喪，則應服母之服，而為父祥禫，則必服父除喪之服，以明遭母喪以後，服雖主於新死者，而於舊喪急之亦未嘗不兼隆焉，故服其除服，以明急之至此而除也。若母喪未沒而有父喪，如之。

孔氏曰：若母喪未葬而值父二祥，則不得服其祥服也。所以尒者，二祥之祭為吉，未葬為凶，故不忍凶時行吉禮也。愚謂母喪未葬，則練祥之祭不行，既葬而祭，而亦服其服也。

雖諸父昆弟之喪如當父母之喪其除諸父昆弟之喪也皆其服除
喪之服卒事反喪服
鄭氏曰雖有親之大喪猶爲輕服者除骨肉之恩也唯君之喪
不除私服言當者期大功之喪或始終皆在三年之中小功緦
麻則不除殤長中乃除孔氏曰此言諸親自始死至除喪皆
在父母服内亦爲服除服也然但之喪也舉此輕足明前之重
而前文言母喪得爲而父變變除者庾庾氏云蓋以變除事大故也此愚謂
謂一時而並遭期與三之年喪者也一時而並有此二喪則當爲重喪
服則嘗輕喪之除則必服其服以明哀雖隆於重喪而亦未嘗
不兼有焉故以除喪之服表之也除謂卒哭變麻服葛及於主
人之練而釋服也若諸父昆弟無三年者則至期已爲之祭而
除服若父母之喪既葬而有期喪則變服期服於期喪卒哭而

此謂上當有愚謂字

反重服於親喪既練而反期服於期服除而反練服者既練而有期喪則為期喪服其除父母之喪也服父母之服此雖但言諸父昆弟然喪服大功以上為親則從父昆弟之服亦當然蓋三年之喪齊衰變既喪葬大功變既練既於三年之喪而並為之服則必於三年之喪而並為之除矣三年之喪雖既練不為小功緦變服故不除惟於哭之也則服其服而往

如三年之喪則既顈其練祥皆行釋文顈口迴反徐孔顈反沈苦頂二反

鄭氏曰言今之喪既服顈乃為前三年者變除而練祥祭也此主謂先有父母之喪今又喪長子者其先有長子之服今又喪父母疏云依禮父在不為長子三年今云先有長子之服今又喪父者誤也當云今又喪母不得并稱父也其礼亦然然則言未沒喪者已練祥矣顈草名無葛之鄉去麻則服顈孔氏曰既顈者謂後喪既虞卒哭合變麻服葛無葛之鄉則

顈也。後喪既顈之新，其前須練祭、祥祭皆舉行之。庾氏云：「後喪既顈，皆行。若後喪既殯，得為前喪虞祔。若先有父喪而後母死，練祥亦然。」以前文父死為母三年也，故喪服齊衰三年章云「父卒則為母」是也。若先有母喪而後父卒，母喪雖期，父喪既顈，母之練祥亦皆行也。

○王父死，未練祥而孫又死，猶是附於王父也。釋文附義作祔，出註。

鄭氏曰：未練祥，嫌未祫祭，序於昭穆尒。王父既祔，則孫可祔焉。猶當為由，由，用也。附皆當作祔。祔，祔於祖。孔氏曰：禮，孫死祔祖。今此明若祖喪雖未二祔而死，則孫亦得用是禮也。禮，祔在練前，若祔後未練則得祔，直云未練足矣，兼言祥者，案文二年穀果傳云：「作主壞廟有時日，於練焉壞廟，壞廟之道，易檐可也，改塗可也。」則練時壞祖與高之廟，改塗改檐，以高祖入於太祖廟，其祖傳入高祖廟新死者入祖廟是練時遷廟又三年喪畢祫於太祖之祖是祥後祫也故云未練祥嫌未祫祭序於昭穆爾焉言祥者恐未祫故也然王父未練孫得祔於祖其孫就王父右祔祔廟之中而祔祭王父焉愚謂喪既卒哭而祔祔畢還祭於寢至練而後壞廟天子諸侯則於練後祫繁之時以須遷其廟大夫士雖無祫亦於練後將大祥時遷毀其廟至除喪乃新死者入廟而吉祭焉今祖未練而孫死則高祖之廟當未遷未祥而孫死則高祖雖或已遷而祖當未入廟皆疑於孫之無可祔而祔於高祖之禮故言猶是祔於王父猶如字言猶祔於王父而不祔於高祖也祔於王父者王父嫌當如王父在練祥祭於寢蓋於寢祭王父而祔其孫與

○有殯聞外喪哭之他室入奠卒奠出改服即位如始即位之禮鄭氏曰哭他室明所哭者異也哭之為位後日之哭朝入奠於其殯既乃更即位就他室如死哭之時孔氏曰外喪謂兄弟

三

喪在遠者也。他室，別室也。若哭於殯宮，嫌是哭殯，故於別室哭之。明所哭者爲新喪也。入奠者，謂明日之朝，著已重喪之服，入奠殯宮及下室。卒奠出者，卒終已奠而出。改服即位者，改已重喪服，著新死未成服之服，而即昨日他室之位，如始即位之禮，謂今日即哭位之時，如昨日始聞喪即位之時。愚謂外喪，謂兄弟不同國者之喪也。他室，側室也。哭同姓有服之喪，宜於阼階下西面。今乃哭於別室者，殯宮朝夕哭之位在阼階下，若哭外喪於此，則有哭殯之嫌也。入奠卒奠出以下，謂聞喪之明日又哭之禮也。凡哭者三日而畢。檀弓曰：有殯，聞遠兄弟之喪，哭於側室；無側室，哭於門內之右；同國則往哭之。

○大夫士將與祭於公，既視濯而父母死，則猶是與祭也，次於異宮。既祭，釋服出公門外，哭而歸。其它如奔喪之禮。如未視濯，則使人

告告者反而后哭釋文與音預下同
濯大角反它音他

鄭氏曰猶亦當作由次於異宮不可以吉與凶同處也使者反而後哭不敢專已於君命也愚謂既視濯謂祭之前夕既視滌濯祭器及甑甗之屬也於視濯既視濯則不可以中輟故雖父母死而猶與祭也猶亦當如字祭事始然朝將與君祭而父母疾病將死則國當以情告於君而使人攝之矣今乃猶與於視濯者蓋謂猝然遇疾若魯叔弓涖事而卒者也

如諸父昆弟姑姊妹之喪則既宿則與祭卒事出公門釋服而后歸

其它如奔喪之禮如同宮則次於異宮

鄭氏曰宿則與祭出門乃釋服皆為差緩也孔氏曰宿謂祭前三日將致齊之時既受宿戒也

曾子問曰卿大夫將為尸於公受宿矣而有齊衰內喪則如之何

孔子曰：出舍乎公宮以待事，禮也。孔子曰：尸弁冕而出，卿大夫士皆下之，尸必式，必有前驅。

説見曾子問。

○父母之喪，將祭而昆弟死，既殯而祭；如同宮，則雖臣妾，葬而后祭。祭，主人之升降散等，執事者亦散等，雖附亦然。

昆接本注

鄭氏曰：將祭，謂練祥也。言若同宮，則是兄弟異宮也。古者昆弟異居同財，有東宮，有西宮，有南宮，有北宮。有父母之喪，當在殯宮，而在異宮者，疾病或歸者。主人，適子。散等，栗階，為新喪畧威儀。孔氏曰：若同宮，雖臣妾，葬而後祭者，吉凶不相干，故喪服傳云：有死於宮中，則為之三月不舉祭。虞氏云：小祥之祭，已淡於吉；尸柩至凶，故不可以相干，其虞祔則得為之矣。若喪柩即去者，則亦祭，不待三月也。祭，猶謂二祥祭。散，栗也。等，階也。吉祭則

連步据疏及依礼注改

雖當作如

妾葬且然當作臣妾

異下當有宮

士下則字似可删

涉級聚足喪祭則栗階燕禮記云栗階不過二等註云其始升猶涉級聚足越二等左右足各一發而升堂散等栗階是一也

愚謂同宮謂新死者在殯宮也雖同宮則雖臣妾葬而後祭舉輕以眞也妾葬且然兄弟不知凡命士以上父子皆異則不命之士則兄弟固有在父母之殯宮而死者矣若本非同宮雖在喪次而死自當還殯於其寢亦說殯而祭非徒疾病而歸者為異宮也祭主人之升降散等謂兄弟既殯既葬而為父母二祥其禮皆然也二祥吉祭不當栗階為新有兄弟兄之喪故也雖虞祔亦然者謂父母將虞祔而有兄弟死亦如此既殯而祭既祭而祭也殯宮有死者則輟虞祔之祭故小記有既葬不迟虞之事庾氏謂祔行為非也若既葬而祭則葬畢當先為父母練祥然為兄弟虞祔孔氏云雖虞祔亦然者謂主人至昆弟虞祔

而行父母二祥祭執事亦散苛亦非也

○自諸侯達諸士小祥之祭主人之酢也嚌之衆賓兄弟則皆啐之大祥主人啐之衆賓兄弟皆飲之可也釋文酢音昨嚌才細反啐七內反徐蒼快反

鄭氏曰嚌啐皆嘗也嚌至齒啐至口孔氏曰主人之酢也嚌之衆賓者謂主人獻賓長賓長酢主人主人受賓長酢則嚌之也衆賓兄弟祭末受獻之時則啐之以其差輕故也鄭註曾子問云虞不致爵小祥不旅酬大祥無無算爵知小祥之祭旅酬之前皆為之也士虞礼主人主婦獻尸受酢皆卒爵神惠為重雖在喪亦卒爵呈氏云主人之酢為受尸酢其義非也

凡侍祭喪者告賓祭薦而不食

鄭氏曰薦脯醢也吉祭告賓祭薦賓既祭而食之喪祭賓不食

孔氏曰侍喪祭謂相喪祭之禮也薦謂脯醢也吉祭相者告賓

祭薦賓祭竟而食之喪禮不主飲食主人献賓之時賓受献主人謂薦相者告賓但祭其薦而不食謂練祥祭也其虞祔不献賓也

○子貢問喪子曰敬為上哀次之瘠為下顔色稱其情戚容稱其服

釋文瘠徐在益反稱尺證反

鄭氏曰問喪問居父母之喪也愚謂敬者哀禮之兼盡而附身附棺一無所悔者也哀則慼有餘而禮或有未盡者也哀者無不瘠瘠則勉為瘠而情有所未至者也極乎情之哀而見於顔色者足以稱乎其情備乎服之重而見於戚容者足以稱乎其服此能哀之實也方氏慤曰顔色在於面目顔色稱其情以外稱内也戚容兼乎四体戚容稱其服以本称末也外不稱其内則色為偽本不稱其末則服為應

六

本疏哭作哀

請問兄弟之喪子曰兄弟之喪則存乎書策矣

鄭氏曰輕者如此行之未有加也齊斬之服哀容之體經不能載矣

○君子不奪人之喪亦不可奪喪也

孔氏曰不奪人喪恕也不奪己喪孝也愚謂此上有闕文

○孔子曰少連大連善居喪三日不怠三月不解期悲哀三年憂東夷之子也 釋文少詩照反解佳買反期音基

鄭氏曰言其生於夷狄而知禮也怠惰也解倦也孔氏曰三日視之視死不怠謂水漿不入口之屬三月不解者未葬之前朝奠夕奠哀至則哭之屬期悲息者謂練以前常悲哭朝哭夕哭之屬三年憂者以服未除顦顇憂戚也

○三年之喪言而不語對而不問廬堊室之中不與人坐焉在堊室

祭薦賓祭竟而食之喪禮不主飲食主人獻賓之時賓受獻主人謂薦相者告賓但祭其薦而不食謂練祥祭也其虞祔不獻賓也

○子貢問喪子曰敬為上哀次之瘠為下顏色稱其情戚容稱其服

釋文瘠徐在益

篇名頂格寫

注低經文一格

夜間切須收好防鼠傷

附身

者無

不瘠瘠則勉為瘠而情有所未至者也於顏色者足以稱乎其情脩乎服之重而見於戚容者足以稱乎其服此能哀之實也方氏慤曰顏色在於面目顏色稱其情以外稱內也戚容兼乎四体戚容稱其服以本稱末也外不稱其內則色為偽本不稱其末則服為應

大夫士授踈改

之中非時見乎母也不入門釋文堊鳥各反字亦作惡同見賢遍反

鄭氏曰言己事也為人說為語在堊室之中以時事見乎母乃入門則居廬時不入門孔氏曰言而不語謂士大夫言而後行事者故得自言己事而不得為人講說也對而不問謂有同者得對而不得自問於人此謂與有服之親行事之時若與賓客疏遠者言則間傳云立不羣行不旅坐不與人俱皆為其狎褻忘哀也

斬衰唯而不對齊衰對而不言是也惡謂三年之喪

疏衰皆居堊室不廬廬嚴者也

鄭氏曰言廬衰敬之處非有其實則不居

○妻視叔父母姑姊妹視兄弟長中下殤視成人釋文長丁丈反

鄭氏曰視猶比也所比者哀容居處也孔氏曰此等之親服雖有異其哀戚輕重各視所正之親妻居廬而杖抑之視叔父母

姑姊妹出適降服進之視兄弟長中下殤服輕上從本服視其成人也

親喪外除兄弟之喪内除

兄弟之喪自期以下之喪也黄氏幹曰内除外除皆謂日月已竟服重者則外雖除而未内除服輕者則不惟外除而内亦除也

汲本及衛集説無君之字此從毛本

視君之母與君之妻比之兄弟發諸顔色者亦不飲食也與君之妻石經無君之字

鄭氏曰小君服輕亦内除也發諸顔色謂醲美酒食使人醉飽

免喪之外行於道路見似目瞿聞名心瞿弔死而問疾顔色戚容必有以異於人也如此而后可以服三年之喪其餘則直道而行之是也釋文瞿九遇反

宋本作至憂之人阮本作無喪之人衛集說同今改從阮本

冠當作裳

鄭氏曰惻隱之心能如是則其齊衰以下直道而行重自得也似謂容貌似親者名與親同孔氏曰見似云目瞿聞名應云耳瞿而忘瞿者但耳狀雖明恩至重惻隱之慘本瞿於心故直云心瞿顏色戚容必有以殊異於無憂之心餘行皆應如是獨云弔死問疾者以弔死問疾是哀痛之處身又除喪戚容應甚也愚謂瞿者瞿瞿然驚貌蓋親喪外除故雖免喪而餘哀未忘若此其餘期喪以下則直道而行之服既除而哀與之俱除可也

祥主人之除也於夕為期朝服祥因其故服　釋文朝直遙反

鄭氏曰為期為祭期也朝服為期至明日而祥祥大祥也夕祭之前夕也為期為祭期也亦朝服及下戒叔朝皆同愚謂凡祭皆前夕為期特牲禮請期曰羹飪吉時是也朝服元冠緇布衣素裳大祥朝服回朝服之衣冠其冠則縞冠也士祭服元端而

麻當作祥

祥禫之祭乃服朝服者元端純吉服也朝服素裳與喪服之色相似故祥祭服之既祭則服麻衣以居其冠無變也間傳曰大祥素縞麻衣禫而綅祥祭縞冠朝服則禫祭綅冠元端與大夫以上之祥祭其服蓋與此同其首服則用縞而如弁之制爲之與鄭氏曰釋禫之禮云元衣黃裳則是禫祭元冠矣黃裳者未大吉也既祭乃服禫服朝服綅冠踰月吉祭乃元冠朝服既祭元端以居復平常也孔氏曰從祥至吉其服有六祥祭朝服縞冠一也祥訖素縞麻衣二也禫祭元冠黃裳三也禫訖朝服綅冠四也踰月吉祭元冠朝服五也既祭元端而居六也愚謂注疏所言大祥後變除之服皆本間傳變除禮而變除禮實未足據也大祥素縞麻衣此自祥祭服之以至於禫而除者也禫而元端綅冠此自禫祭服之以至於吉祭而除者也說祥玉藻既禫則纖

得當作將

冠深衣以居以既祥縞冠麻衣推之可知也深衣者燕居之所常服也麻衣卬深衣但其緑異耳至吉祭元冠元端特牲禮主人元端除喪吉祭當用平時吉祭之服也（既祭則朝元端夕深衣復其常也）

子游曰既祥雖不當縞者必縞然後反服

陸氏佃曰此言親喪既祥有他喪未除今以祥故縞既祭然後反他喪之服愚謂此謂親喪既練而有大功以上之喪者也前言有父之喪未而喪而母死則其除父之喪也服其除服義與此同但前專言父喪將没而遭母喪此廣言親喪得没而遭他喪耳蓋三年之葛大功以上之麻皆得變之至大祥之祭則必還服重喪之縞所謂服其除服也

當祖大夫至雖當涌絶涌而拜之反改成踊乃襲於士既事成踊襲而后拜之不改成踊

鄭氏曰：尊大夫，来至則拜之，不待訖已也。更成踊者，新其事也。於士，士至也。事，謂大小斂之屬。孔氏曰：當袒，謂斂竟時也。絶踊，止踊也。檀弓云大夫弔，當事而至，則辭焉。此云絶踊而拜之，故口是斂已竟袒踊時也。乃襲者，謂踊竟襲初袒之衣也。此云乃襲，則知鄉者止踊拜大夫時未襲。愚謂：此謂大夫士於主人於斂畢既即位而後至者。大夫尊，不待成禮而拜之。反，反阼階下之位也。改成踊者，為初當未成乎踊也。踊以三者三為成。士旦成礼而後拜之，不改成踊，為已成乎踊也。若至在主人即位之先，則於降即位時皆先拜之，乃即位而踊也。

上大夫之虞也少牢，卒哭成事附皆大牢。下大夫之虞也犆牲，卒哭成事附皆少牢。釋文：犆音特，同。

鄭氏曰：卒哭成事附言皆，則卒哭成事附與虞異矣。下大夫虞以犆牲與士虞禮同與孔氏曰上大夫平常吉祭少牢虞依常禮用少牢也卒哭謂之成事言成吉事也附附廟也此二祭皆大並加一等故皆大牢也下大夫吉祭用少牢今虞祭降一等用犆牲也卒哭成事附皆少牢依平時吉祭禮也不云遣尊加者略可知也士虞禮云三虞卒哭他用剛日先儒以三虞卒哭同是一事鄭曰此經云上大夫虞用少牢卒哭用大牢明虞與卒哭不同微破先儒之義愚謂卒哭之祝辭曰哀薦成事故卒哭謂之成事士虞用特牲與平常吉祭同士虞記不言卒哭祔用牲之異則與虞祭同特牲也下大夫虞用犆牲與士同而卒哭與祔皆少牢則隆於士也上大夫虞用少牢卒哭與祔用大牢則隆於下大夫也上大夫之虞下大夫卒哭與祔其牲皆平時吉祭之牲也上大夫之卒哭祔加於吉祭一等而用大牢下

大夫之虞降於吉祭一等而用牲或隆或殺亦視其宜以為之等而已士遣奠進用少牢檀弓曰大夫五个遣車五乘則上下大夫遣奠皆大牢矣練祥之牲蓋各與其卒哭與祔同與

祝稱卜葬虞子孫曰哀夫曰乃兄弟曰某卜葬其兄弟曰伯子某

釋文祝之六反徐之又反稱昌升反徐尺證反

鄭氏曰祝稱卜葬虞者卜葬卜虞祝稱主人之辭也孫謂為祖後者稱曰哀孫某卜葬其祖某甫夫曰乃某卜葬其妻某氏兄弟古為卜稱名而已孔氏此謂卜葬擇日而卜人祝龜所稱主人之辭也云葬虞者虞用葬日故并言葬虞也愚謂此謂卜葬日命龜之辭告神謂之祝非謂大祝小祝之屬也士喪禮卜葬祝無事焉子孫曰哀三句謂所稱主喪者之辭也子孫曰哀子某哀孫某夫曰乃某兄弟相為直稱名而已卜葬其兄弟曰伯

子某謂所稱死者之辭也伯子謂某居長者也其辭曰弟某来曰某伯卜葬某伯子某甫若仲叔亦各因而稱之卜葬某弟則曰季子某上言兄弟下但言伯子某舉一端以發其凡也

○古者貴賤皆杖叔孫武叔朝見輪人以其杖関轂而輠輪者於是有爵而后杖也釋文轂工木反輠胡罪反又胡瓦反又胡管反

鄭氏曰記庶人失禮所由始也叔孫武叔魯大夫叔孫州仇也輪人作車輪之官孔氏曰関穿也輠回也謂作輪之人以杖関穿車轂中而回轉其輪愚謂喪服傳曰杖者何爵也無爵而杖者何擔主也蓋哀深故病病故資杖以扶之此惟修飾之君子能之而非可槩諸愚不肖之人也故杖本為有爵者設而其後乃推而用之庶人蓋亦予之服以責其情而使之企而及也有哀不以邊生大功不以服勤杖所以服至尊乃以之関轂而輠輪

十一

則其鄙褻甚矣。故自是有爵者始杖，而庶人不復杖也。

○鑿巾以飯，公羊賈為之也。釋文：鑿，在各反。飯，扶晚反。

飯，以米貝實死者口中也。士喪礼布巾環幅不鑿，言不鑿，則當鑿者蓋大夫以上之禮也。士飯不鑿巾者，士覆面之巾短，不逮於口，不必鑿穴可以飯也。大夫以上巾長，逮於口下，故必鑿之乃可飯。公羊賈鑿巾以飯，以士而僭大夫之礼也。○鄭氏謂士親飯必發其巾，大夫以上賓為飯則有鑿巾，非也。大宰職大喪贊含玉，贊謂助王也。王親含而大宰助之，猶士含親而宰洗柶建于米以從也。然則王猶親含矣。飯含之事，豈有主人不親而直使他人執其事者乎？

○冒者何也？所以揜形也。自襲以至小斂，不設冒則形，是以襲而后設冒也。釋文：冒，莫報反。

鄭氏曰言設冒者爲其形人將惡之也襲而設冒言后衍字耳孔氏曰冒所以掩蓋尸形未襲之前事須沐浴自以後以至既小斂雖已著衣若不設冒則尸象形見爲人所惡是以襲而設冒也至小斂斂時則以衣總覆於冒上皇氏云大斂脫冒未之問也愚謂未襲以前沐浴衣尸形而未可設冒故言襲而后設冒后非衍字也

○或問於曾子曰夫既遣而包其餘猶既食而裹其餘與君子既食則裹其餘乎曾子曰吾子不見大饗乎夫大饗既饗卷三牲之俎歸於賓館父母而賓客之所以爲哀也子不見大饗乎釋文遣弃戰反裹音果與音餘見如字夫音扶卷紀轉反又頣挽反歸如字徐音遺

鄭氏曰言遣既奠而又包之是與食於人已而裹其餘將去何異與君子寧爲是乎言傷廉也既饗歸賓俎所以厚之也言父

十二

毋家之主今賓客之是孝子哀親之去也孔氏曰或人言喪礼既設遣尊事畢包裹遣奠之餘以去猶如生人食於人家食畢而裹其餘相似裹君子食於他家不應裹其餘食以去既設遣莫不應包餘而去愚謂或人謂既食而裹其餘則傷於廉非君子之道今既遣而包其餘是不以君子之道處其親也大饗諸侯相饗也大饗卷三牲之俎歸於賓館乃主人之所以待賓而非賓之所自取則初無廟於廉也父母家家主今長往不送其餘奠餘之物乃使主人而送之正與待賓客同是乃人之所以致其哀也再言子不見大饗乎所以深曉或人也

○非為人喪問與賜與釋文為于偽反與音餘

鄭氏曰此上滅脫未聞其首云何言非是為人喪而問之與人喪而眴之與問遣也久無事回問孔氏曰此語接上之辭故鄭

若君接喪大記文

云滅脱與語助也豈非為人人有喪而問遺之與人之有喪而賜與之與平敵問則畀下則賜

三年之喪以其喪拜非三年之喪以吉拜

鄭氏曰謂受問受賜者也孔氏曰此謂身有喪拜謝之禮三年之喪謂父母長子也其實杖期以上皆為喪拜愚謂喪拜有二法稽顙而後拜拜而後稽顙也吉拜頓首之拜也其異者尚右手耳説祥檀弓上

三年之喪如或遺之酒肉則受之必三辭主人衰絰而受之如君命則不敢辭受而薦之釋文遺于季反下文同三如字又息暫反

鄭氏曰受之必正服明不苟於滋味薦於廟貴君之禮孔氏曰衰絰而受之雖受之而不得食也尊者食之乃得食肉猶不得飲酒故喪大記云既葬君若食之則食之大夫父之友食·則

十三

食之矣不辟肉未食若有酒醴則辭愚謂喪不食酒飲酒古遺之酒肉必三辭至其不可辭而後受之也於受之特言主人者明雖在喪不使人代受也在喪哀經不離身特言衰經以受之又明不為受賜變喪服也薦謂薦於死者受而薦之榮君賜也

喪者不遺人人遺之雖酒肉受也從父昆弟以下既卒哭遺人可也

鄭氏曰言齊斬之喪重志不在施惠於人愚謂從父兄弟大功之服也言此則期喪以上既卒哭不遺人可知矣然可也者畧許之辭則不若不遺人之為尤得○自非為人喪至此明在喪受問遺之法

○縣子曰三年之喪如斬期之喪如剡釋文縣音玄期音基下同剡徐以剡反

鄭氏曰言其痛之惻怛有淺深也愚謂剡削也斬之痛深剡之痛深

上正服正字當作降
不字下元本似有脱文
然引皇氏説盡往彼哭
也正亦可諸侯絶期以
下乃孔疏明注内謂所不
臣之義外注別引於下
此處似可不必重列矣

○三年之喪雖功衰不弔自諸侯達諸士如有服而將往哭之則服其服而往

鄭氏曰功衰既練之服也孔氏曰重喪小祥後衰與大功同故曰功衰衰雖外輕而痛猶内重故不得弔人也自諸侯遠諸士貴賤同然也如有服謂有五服之親喪功衰雖不弔人若自有五服之親喪而往哭之則不著己功衰而依彼親之服以服之申骨肉之情也賀瑒云新死者服輕不爲制服往哭之則變服其服得畢反服故服也庾氏云此謂小功以下之親始聞喪不爲制服至于往弔哭乃服其服皇氏云此文雖在功衰之下而實通初喪假令初喪而有五屬之親死則亦變服五服之服而往彼哭也然諸侯絶期不愚謂三年爲父既練衰七升與正服大功同爲母既練衰八升與正服大功同故曰功衰曾子問曰

十四

此六字元本偶未刪去也

三年之喪弔乎孔子曰三年之喪練不羣立不旅行君子禮以飾情三年之喪而弔哭亦不虛乎功衰雖不弔人若有五服之親喪則服新死者之服而往哭之此雖承功衰而言其實未練亦然檀弓曰有殯聞遠兄弟之喪雖緦必往是也皇氏謂實通初喪是也大功之麻變三年既練之葛此僅服其服而哭之賀氏庾氏謂惟謂據小功以下輕喪亦是也服問曰小功不變喪之練冠如免則經其緦小功之經因其故葛帶○鄭氏曰諸侯服新死者之服而往哭之謂所不臣也孔氏曰所不臣者謂始封君不臣諸父昆弟愚謂諸侯絕旁期惟尊同乃服非尊同雖所不臣不服也若遂哭諸侯則不得云往哭此自諸侯達諸士惟據功衰不弔而言如有服以下特謂大夫士之礼耳

朞之喪十一月而練十三月而祥十五月而禫練則弔釋文禫大感反○自十五

月而禫以上十八字舊在三年之喪上　惟功衰不弔上鄭云當在練則弔上

鄭氏曰此謂父在為母也父在為母功衰可以弔人者以父在故輕於出也然則凡有衰十一月皆可以出矣此謂父在為母及為妻之服也為母本三年以父在而降周王有后與大子之喪而叔向謂其有三年之喪是妻之喪雖非三年亦本有三年之義以不同於母而降凡期之喪至十三月於主人之練而除若無三年者則亦於十三月而除惟父在母及為妻則有練有祥有禫與三年之喪同以其本由三年而降也既有練有祥有禫則其變除之服亦悉與齊衰三年同矣十一月而練者以期喪皆十三月而除此練後尚有祥禫故親三年練祭減其二月也十三月而祥者凡期喪以十三月而除此亦於大祥而除衰枝也十五月而禫者三年之喪祥練中間一月故此亦祥後

祥練練當是禫

十五

二月而禫倣三年之禫而制之也練不弔此練則弔者為其去除喪之期近也

既喪大功弔哭而退不聽事焉釋文石經無而字

鄭氏曰聽猶待也事謂襲斂執紼之屬愚謂既葬大功弔者謂大功既葬可以弔人也哭而退不聽事者言大功既葬弔人哭畢即退不待主人襲歛之事為其忌己哀也孔氏曰期喪練弔亦然

忌疑忌哀疑哀

期之喪未葬弔於鄉人哭而退不聽事焉功衰弔待事不執事釋文功衰弔本又作大功衰弔疏云有大字非

鄭氏曰謂為姑姊妹無主殯不在己族者孔氏曰期喪既葬受以大功衰執事擯相也愚謂大功既葬乃弔此期喪未葬即弔者蓋以殯不在己族故也然則凡姑姊妹之大功皆如此而大

功既葬而弔專為本族之服矣

小功緦執事不與於礼（釋文與音預）

鄭氏曰礼續奠也孔氏曰緦小功服輕故未葬便可弔人不論鄉人之問異也亦為彼擯相但不得助彼饋奠耳曾子問云說衰與奠非礼以擯相可也是殯相輕而饋奠重也

相趨也出宮而退相揖也衰次而退相問也既封而退相見也反哭而退朋友虞祔而退（釋文封彼驗反又如字）

鄭氏曰此弔者恩厚溥去遲速之節也相趨謂相問姓名来會喪事也相揖謂常會於他也相問常相恵遺也相見常執摯相見也祔皆常作祔孔氏曰相趨謂與孝子本不相識但相聞姓名而来會趨喪也情既輕故柩出廟之宮門而退去相揖謂經會他處相揖者也恩微深故柩出至哀次而退相問恩轉深故

至窆竟而退，相見恩轉厚，故至葬竟孝子反哭至家而退。朋友情重，生死同般，故至主人虞祔而退也。然與死者相識，其禮亦當有弔禮，知生者弔，知死者傷。今注云弔，則知是弔生人也。愚謂知生者弔，知死者傷，若通而言之，皆謂之弔也。此所言相趨之等，蓋皆與死者恩誼淺深之異也。相趨，謂嘗相聚會而趨就，若檀弓趨而就子服伯子於門右是也。相揖，謂嘗相聚會而相與為禮，若陳司敗揖巫馬期是也。

弔非從主人也。四十者抱綍，鄉人五十者從反哭，四十者待盈坎。釋文：坎，口敢反。○鄭注云：坎或為壙。

鄭氏曰：言弔者必助主人之事。從，猶隨也。成人二十以上至四十，丁壯時。非鄉人則少長皆反，優遠也。孔氏曰：鄉人，同鄉之人也。盈坎者，謂窆竟以土盈滿其坎。五十始衰，故窆竟孝子反哭，老

者亦臣孝子反也四十强壯故待士滿坎而反也若非鄉人則無少長皆呂主人反優饒遠者臣三年之喪至此明弔喪之節

○喪食雖惡必充飢飢而廢事非礼也飽而忘哀亦非礼也視不明聽不聰行不正不知哀君子病之故有疾飲酒食肉五十不致毀六十不毀七十飲酒食肉皆為疑死釋文視如字徐市者反為于偽反

鄭氏曰毀猶恐也愚謂目昏則不視明耳聽不聰肢本憊則行不正心志瞀則不知哀四者皆哀毀之過也病謂病其不知礼也

有服人召之食不往大功以下既葬適人人食之其黨也食之非其黨弗食也釋文人食之食音嗣

鄭氏曰往而食之則可食也為食而往則不可黨猶親也非親而食之則是食於人無数也孔氏曰親族不多若非親而輙食則

無復限數必至忘哀愚謂期三年之喪既葬適人雖其黨不食也喪大記曰既葬若君食之則食之大夫父之友食之則外此皆不食矣

功衰食菜果飲水漿無鹽酪不能食食鹽酪可也釋文酪音洛食食上如字下音嗣

鄭氏曰功衰齊斬之末也酪酢胾呂氏大臨曰不能食食鹽酪可也喪大記曰不能食粥羹之以菜可也蓋人有所不能亦不可强也

孔氏曰身有瘍則浴首有創則沐病則飲酒食肉毁瘠為病君子弗為也毁而死君子謂之無子釋文瘍音羊創初良反

鄭氏曰毁而死是不重親○自喪食雖惡必充飢至此明居喪毁瘠節制之事

○非從柩與反哭無免於堩釋文免音問堩古鄧反

免及哭當依諸作及著免

按上卷大夫附於士節釋文附本祔下並同例此節不必再出

鄭氏曰言喪服出入非此二事皆冠也免所以代冠人於道路不可以無飾㡱道路孔氏曰從柩謂送葬從柩去時也反哭葬竟還時也道路不可無飾故孝子送柩反哭於道得免非此則不得免於道路也此謂葬近而反哭者若葬遠反哭在路著冠及郊而後免反哭

○凡喪小功以上非虞附練祥無沐浴釋文附當作祔

鄭氏曰言不有飾事則不沐浴接神宜自潔也非是則否哀不在於飾也不言緦麻者恩輕雖沐浴可也孔氏曰言小功以上各在其服限如此練祥不主大功小功也士虞礼沐浴不櫛鄭註云唯三年之喪不櫛期以下櫛可也又士虞礼云明日以其班祔沐浴櫛註云弥彌自飾此雖士礼大夫以上亦然愚謂虞祔練祥必沐浴接神宜自潔也非是則否哀不在於飾也緦麻恩

十八

輕雖沐浴可也

○疏衰之喪既葬人請見之則見不請見人小功請見人可也大功不以執摯唯父母之喪不辟涕泣而見人釋文辟音避

鄭氏曰言重喪不行求見人爾人来求見已亦可以見之也不辟涕泣至哀無飾也孔氏曰小功請見人可也則大功不可也此小功文承疏衰既葬之下則小功亦謂既葬也凡言見者謂與人尋常相見不論執摯之事而皇氏謂見人為執贄相見若然父母之喪豈謂執贄相見乎愚謂凡相見之禮賓主以摯相授此執摯謂受賓摯而執之也大功之喪若尋常人来見已則可見若人執贄見已則已不可見之而執執也摯大功如此則疏衰可知

○三年之喪祥而從政期之喪卒哭而從政九月之喪既葬而從政

小功緦之喪既殯而從政釋文朞音基

從政謂出而從國家之政也禮運曰三年之喪朞不使蓋三年之喪祥而從政者正也朞而從政者權也

○曾申問於曾子曰哭父母有常聲乎曰中路嬰兒失其母焉何常聲之有

鄭氏曰安猶鷟弥也言其若小兒亡母啼號安得常聲乎所謂哭不偯

○卒哭而諱王父母兄弟世父叔父姑姉妹子與父同諱

鄭氏曰卒哭而諱自此而鬼神事之尊而諱其名父為其親諱則子不敢不呂諱也為王父母以下之親諱謂士也天子諸侯諱羣祖孔氏曰父之王父母於己為曽祖父母正服小功不合諱以為之諱故子亦同於父而諱之父之兄弟於己為伯叔正

十九

服期父亦為之期是父與子同有諱也父之世父叔父於已是臣祖正服小功不合諱父之姑於已為臣祖姑在家正服小功出嫁緦麻皆不合諱以父為之諱故已臣父而諱父之姊妹於已為姑在家正服期出嫁大功是已與父同為之諱也愚謂曲礼逮事父母則諱王父母不逮事父母則不諱王父母此又諱及曾祖者蓋父逮事其父故為其祖諱已又逮事其父故又為父之祖諱也不言父之母母者王父母與父同諱則父母可知父之王父母世父叔父及姑若不逮事父者皆不諱也

上母字當作父

母之諱宮中諱妻之諱不舉諸其側與從祖昆弟同名則諱

鄭氏曰母為其親諱子孫於宮中不言妻為其親諱夫於其側亦不舉也孝子聞名心瞿凡不言人諱者亦為其相感動也子與父同諱則子可盡曾祖之親也從祖昆弟在其中於父輕不

此父字當作祖

為諱與母妻之親同名重則諱之孔氏曰從祖昆弟父服小功不
為之諱已又不得從父而諱若母妻諱與從祖昆弟名相重累
則諱之不但宮中旁側其餘處皆為之諱也愚謂母之諱於已
小功親也妻之諱於已緦親也皆不在應諱之限故母之諱在
宮則諱之妻之諱在其側則諱之出宮則不諱矣上文子與父
同諱雖盡曾祖之親然皆父之尊長與其兄弟也從父昆弟父
報服期然早屬也父不為之諱於已為大功亦不諱若從祖昆
弟視從父昆弟又疎乃反諱之何耶且親之有諱不諱為恩之
有淺深也從祖昆弟一乃小功之親雖與母妻之諱同其恩非
因而加隆也何以遂當為之諱耶疑此文有誤脫耳註疏之説
蓋未必然

○以喪冠者雖三年之喪可也既冠於次入哭踊三者三乃出釋文冠古

二十

亂反下同三息暫反

○鄭註雖或為雅

鄭氏曰言雖者明齊衰以下皆可以喪冠也始遭喪以其冠月則喪服因冠矣非其冠月待變除卒哭而冠次廬也孔氏曰冠於次者謂加冠於廬次之中若齊衰以下加冠於次舍之處愚謂以喪冠者謂既及冠年而遭喪則於成服之日就喪次而冠之雖三年之喪可也者冠為素禮而三年之服尤重疑非用士冠禮之時故曰雖三年之喪可也然則齊衰大功得因喪而冠可知矣入者入於殯宮也入哭踊三者三乃出蓋若見之然此三年之喪以喪冠者之禮也若冠年在遭喪之明年則因變除而冠其礼亦如此其非三年之喪則冠畢至明日朝夕哭及即位也○孔氏云夏小正二月綏多士女是冠用二月假令正月遭喪則二月不得因喪而冠必待變除受服乃可冠矣愚謂因

喪而冠者國當以成服之日或變除之節然士冠記云屨夏用葛冬皮屨則冬夏皆可冠初無限以二月之法因變除而冠喪在隔年至明年受服乃及冠年者則然然亦惟斬之服有此若大功小功則喪末可用吉禮而冠矣

大功之末可以冠子可以嫁子父小功之末可以冠子可以嫁子可以取婦己雖小功既卒哭可以冠取妻下殤之小功則不可 釋文取七住反又如字

鄭氏曰此皆謂可用吉礼之時父大功卒哭而可以冠子嫁子小功卒哭而可以取婦己大功卒哭而可以冠子小功卒哭乃可以取妻下殤小功齊衰之親除喪而後可為昏礼孔氏曰大功之末云身不云父小功之末云父不云身互而相通是於身大功之末可以冠子嫁子小功之末非但得冠子嫁子復可取

婦也下殤之小功不可冠取若長中殤之大功理不得冠取矣

愚謂大功九月小功五月皆以卒哭後為末蓋喪以卒哭練祥為變除之大節期功之喪自卒哭以至除喪其間别無變除以止為一節而皆謂之末也昏礼攝盛視冠為重而嫁子則礼成於壻家取婦則礼成於己家故大功之末可以冠子嫁子而未可取婦也下殤小功之末非但不可取妻且不可冠以其本齊衰之親也則齊衰之末不可冠取明矣然上言以喪冠者雖三年之喪可也則齊衰以下得因喪冠明矣此又言大功小功之喪至喪末乃用吉禮冠者蓋因喪冠為不欲以未成人之服服其親也然喪有輕重而應冠之人亦有當室不當室之異故或因冠服而冠或待喪末用吉禮而冠也説詳曾子問

冠服當作喪服

十月三日銅鳴校過

禮記卷

雜記上第二十一之二

○凡弁經其衰侈袂釋文侈昌氏反袂彌世反

弁經大夫以上之吊服也侈大也士之吊衰袂二尺二寸圜殺之至袪而為一尺二寸與元端同大夫以上之吊衰其袂不圜殺故曰侈袂○鄭氏曰侈猶大也決之小者二尺二寸大者半而益之則袂侈三寸三寸孔氏曰士則其衰不侈故周礼司服有元端素端註云変素服言素端者明異制大夫以上侈之明士不侈故稱端愚謂註疏之説非也少牢禮主人朝服主婦祿錫衣侈袂主人之朝服與錫衣相當錫衣可知朝服侈袂則冕之服亦侈袂可知左傳晏子端委立於虎門則朝服亦名端魏文侯端冕聽古樂大戴礼武王端冕而受丹書大戴禮哀公

問端衣元裳冕而乘輅韓非曰築社者攜擷而置之端冕而祀之是冕服亦名端朝服與冕服皆侈袂而其制皆端則謂侈袂為然益其袂為三尺三寸者必不然矣喪哀名為端哀喪服記言喪哀之制曰衣帶下尺袵二尺有五寸袂屬幅衣二尺有二寸袪尺二寸此士之喪哀也士以元端祭服其喪哀與元端同制是元端服衣與袂皆二尺二寸而其袪則圜殺之為一寸二尺蓋元端服自天子以下皆用為燕居故殺其袂者所以便事也自朝服以下皆用於於朝祭故其袂二尺二寸而不圜殺不殺則袂侈矣雖士之朝服爵弁服亦然士之喪哀及弔哀皆用元端服之制大夫則喪哀弔服其首皆以弁其衣皆侈袂與士異也

○父有服宮中子不與於樂母有服聲聞焉不舉樂妻有服不舉樂

哀當作喪或哀字

於其側大功將至辟琴瑟小功至不絶樂 釋文與音預闢音闢又如字辟音避一音婢亦反

鄭氏曰宮中子與父同宮者也礼由命士以上父子異宮不與於樂謂出行見之不得觀也大功將至辟琴瑟亦所以助哀（哀）也

崔氏靈恩曰父有服齊哀以下亠一服也若重服則期後猶有子姓之冠自當不得與於樂愚謂大功將至謂他人有大功之喪者也已於其將至而為之辟琴瑟君子不奪人之哀（喪）忠恕之道也大功且然則重者可知小功至不絶樂者服輕也

○姑姊妹其夫死而夫黨無兄弟使夫之族（族）人主喪妻之黨雖親弗主夫若無族矣則前後家東西家無有則里尹主之或曰主之而附於夫之黨 釋文鄭註里或為士

鄭氏曰此謂姑姊妹無子寡而死者（也）夫黨無兄弟無（緦）之之親也其主喪不使妻之黨而使夫之族（族）人婦人外戚（戚）主必宜得夫之

二

（異）國之三字據添　恩字上當有用　家當作窮

姓類里以主之喪無無主也里尹閭胥里宰之屬王度記曰百戶為里里一尹其祿如庶人在官者諸侯弔於其臣則其君為主里尹主之亦斯義也或曰主之者謂妻之黨自主之非也夫之黨其祖姑也孔氏曰周礼六鄉之內二十五家為閭閭置一胥中士也六遂之內二十五家為黑里置一宰下士也愚謂四民辟萃州處而乃有死而無前後東西家者謂其所與居者皆妻之黨而無可以以主其喪者也里尹於民為親故無主則為之主蓋哀其顛連無告而為之治其殯葬虞祔之事古者吏之於民其所以恩者如此其至也或曰主之者記者又引或人之說以為夫若無族而又無前後家東西家則妻之黨可以主之而還祔於夫之黨蓋不得已而通礼之家也

麻者不紳執玉不麻麻不加於采 釋文紳音申

似字服字據本注改

鄭氏曰吉凶不相干也麻謂絰也紳大帶也喪以要絰代大帶
也麻不加於采者采者不麻謂弁絰者必服弔服是也采元纁
之衣孔氏曰麻者不紳言著要絰老不得著大帶也執玉不麻
者謂平常手执玉行禮不得服哀麻也案聘礼已國君薨至于
主國哀而出註云於是可以凶服將事彼行聘享之事执玉得
服哀絰者彼謂受主君小禮得以凶禮若行聘享大事則吉服
故鄭云其聘享之時自若吉也麻不加於采者謂弁絰之屬不
得加於元衣纁裳之上也愚謂麻者不紳此麻謂首絰也謂首
著麻絰則身著麻帶不得以大帶配之也執玉不麻麻不加於
来此麻兼謂絰帶也执玉不麻謂喪中执玉則不得服首絰麻
帶也故聘禮連喪大夫練冠長衣以受上篇致舍宰朝服取璧
皆不服絰帶也麻不加於采謂首服元冠則不加麻絰身麻不

服元纁則不加麻帶也

三

杖字从疏補

加於采弔者小斂加武帶絰其時主人未成服弔者猶元冠緇衣也以是知弔絰皆葛絰也惟朋友則至成服而易以麻

○國禁哭則止朝夕之奠即位自因也

鄭氏曰禁哭謂大祭祀時雖不哭猶朝夕奠自因自用故事

○童子哭不偯不踊不杖不菲不廬釋文偯於豈反說文作悠屝本又作菲扶味反

鄭氏曰未成人者不能備禮也當室則杖孔氏曰案問喪云童子當室則免而杖矣戴德云童子當室謂十五以上若世子生則杖故曾子問云子衰成子禮是也皇氏云童子當室則備此經中五事特云杖者舉童言也愚謂偯哭之餘聲也童子則傳曰大功之哭三折而偯則父母之喪雖成人哭亦不偯矣而此云童子哭不偯者彼謂始死之時雖成人哭父母亦不偯所謂嬰兒中失其母是也若既葬後則成人哭有曲折餘聲惟童子

喪服文作擔

不依也童子當室則杖以其為喪主也喪服傳曰杖者所以儋主也喪大記曰喪有無遠無無主主約則使人抱之既使人抱之則必當為之執杖是為喪主始生即杖不獨世子也至於踊與居廬則非挾提所能雖世子亦必待稍長矣皇氏謂杖則倫此五事者亦未必然大約十五以上則五者倫有而天性淳至者或亦非年之所能限也

孔氏曰伯母叔母疏衰踊不絕地姑姊妹之大功踊絕於地如知此者由文矣哉由文矣哉

鄭氏曰伯母叔母義也姑姊妹骨肉也陸氏佃曰疏衰大功文也踊絕不絕情也伯叔母之喪文至而情不至姑姊妹之大功文不至而情至知此者則凡於礼知由於内矣故曰由文矣哉若夫徒文具而無至誠惻恒之實失是矣

詔辭上當有是謂

○洩柳之母死相者由左洩柳死其徒由右相由右相洩柳之徒為之也釋文柳息九反相息亮反

鄭氏曰亦記失礼所由也洩柳魯穆公時賢人詔辭也相相目主人之禮右以代尊者出命也相禮與詔辭別當由左由右非也案檀弓有若之喪悼公弔焉及子游擯由左是子游之先擯者先禮由右而子游正之也洩柳之母死擯者尚知由左至洩柳中死其徒可復先禮也

○天子飯九貝諸侯七大夫五士三釋文飯扶晚反

鄭氏曰此謂夏時禮也周禮天子飯用含玉孔氏曰典瑞云大喪共飯玉含玉是周禮天子飯含用玉案礼戴說天子飯以珠含以玉諸侯飯以珠大夫士飯以珠含以貝此等皆非周禮並夏殷之法左傳成十七年子叔聲伯夢食瓊瑰十一年齊陳子

行命其徒具含玉此等皆是大行而以珠玉為含者以珠玉是所含之物故言之非謂當時実含用玉也愚謂飯含也對文則米曰飯貝曰玉含通而言之含亦謂之飯也周禮玉府共含玉典瑞大喪共飯玉含玉上篇諸侯致含以璧左傳陳子行命其徒具含玉士喪礼實貝三不用玉則大夫以上含用貝玉士惟用貝也此但言貝者據上下之所通用者言其差尔鄭氏以為夏禮無所據也

○士三月而葬是月也卒哭大夫三月而葬五月而卒哭諸侯五月而葬七月而卒哭士三虞大夫五諸侯七

鄭氏曰尊卑恩之差也天子至士葬即反虞孔氏曰大夫以上葬與卒哭異月者以其位尊念親情深於時長遠士賤卑位下礼数未申故三月而葬葬罷即卒哭天子至士葬即反虞者以

其不忍一日未有所歸尊卑皆然、

○諸侯使人弔其次含襚賵臨皆同日而畢事者也其次如此也（釋文）（臨如字徐力鴆反）

諸侯於鄰國之喪行弔礼事其次致璧以飯含其次致襚以襲斂其次致賵物以助葬皆以喪事之所用爲先後末則弔使自臨故曰其次如此也案士喪礼始死有致襚葬時有致贈此含襚賵同日畢事者蓋同國之禮襚賵異時各致異國之礼則襚賵一時並施故春秋文五年成風之喪天王使榮叔歸含且賵而子高之喪孔氏之使者未至冉子攝束帛乘馬以將之亦始死即致賵皆異國之禮也雖賵襚並施至葬時別遣人會葬故文五年王使召伯来會葬會葬則當致贈也、

○卿大夫疾君問之無算士壹問之君於卿大夫比葬不食肉比卒

哭不卒樂為士比殯不卒樂釋文筭悉乱反比必利反為于偽反
孔氏曰喪大記君於大夫疾三問之此云無筭謂有師保恩舊
之親故問之無筭或喪大記云三問者君自行此云無筭者遣
使也謂問之者或親往或使人〻〻無筭謂無一定之數也喪大
記君於大夫疾三問之此云無筭者疾有久暫劇易之不同不
可為一定之數故曰無筭要其多者不過三問也於士但一問
之而已大司樂諸侯薨令去樂大臣死令弛縣此君為大夫比
卒哭不舉樂當弛縣為士比殯不氣樂則但去樂也
升正柩諸侯執綍五百人四綍皆銜枚司馬執鐸左八人右八人
匠人執羽葆御柩大夫之喪其升正柩也執引者三百人執鐸者
左右各四人御柩以茅釋文枚音梅鐸大洛反葆音保引以慎反茅亡交反
鄭氏曰升正柩者謂將葬朝于祖正柩於廟也廟中曰綍在塗

本作道止衛集說
本均作正元本從
兩按改

役按周禮文

一引亙言之御柩者居前道道之大夫士皆二綍孔氏曰亦正柩者謂將葬朝於祖廟柩升廟之西階於西楹之間其時柩比首故既夕禮云遷于祖用軸升自西階正柩于兩楹間是也皆銜枚者謂執綍之人口皆銜枚正讙囂也司馬下官主武故執金鐸率衆左右各八人夾柩以號令於衆也匠人工人羽葆者以鳥羽註於柄頭如蓋謂之羽葆葆謂蓋也執蓋物即柩謂執羽葆居柩前御行於道示指鐸於路為進止之節也愚謂周礼鄉師大喪用役則帥其民而至遂治之遂師大喪帥六遂之衆而致之及葬帥而屬六綍天子執綍之人出於六鄉六遂則諸侯執綍之人出於三鄉三遂也諸侯三鄉三遂而執綍五百人則天子六鄉六遂而執綍者千人矣執綍者天子千人諸侯五百人大夫三百人則士百人與周礼大司馬註云枚如箸銜之有繣

結項中軍法止語為相疑惑也司馬謂兩司馬也周礼大司馬
教大閱兩司馬振鐸兩司馬即鄉遂之閭胥里宰平時則屬於
地官而掌閭里之政教有事則屬於司馬而主徒役之政令也
匠人匠師蓋冬官之考也注執以蓑於柩前以指揮為柩行抑
揚左右之節也周礼喪祝及朝御匶及葬御匶出宮乃代又鄉
師大喪執纛以與匠師御匶而治役是王喪朝廟以喪祝御匶
及出宮而代以鄉師與匠師也士喪記云遂匠納車于階間是
柩東者匠師之所戒而鄉師統領六鄉徒後是其所主故此比
二人御匶諸侯之礼蓋亦然此還代祝及鄉師官者文畧也朝
廟屬於輴軸謂之綍在塗屬於柩車謂之引於諸侯言執綍於
大夫言執引互相備以其所用之人数及執鐸御柩之法朝廟
與在塗時並同也大夫二綍不言者從上差之可知也不言銜

枚者大夫執引之人或出於朋友鄉黨之助不可以徒役之法治之也茅編縎白茅爲之左傳亦所以指麾也楚軍前茅蓋此類也士御柩以功布

○孔氏曰管仲鏤簋而朱紘旅樹而反坫山節而藻棁賢大夫也而難爲上也晏平仲祀其先人豚肩不揜豆賢大夫也而難爲下也君子上不僭上下不偪下釋文鏤音陋簋音軌紘音宏坫丁念反藻音早棁章悦反揜於檢反本亦作弇偪音逼本又作損說見礼器及郊特牲鄭氏曰難爲上言其僭天子諸侯難爲下言其偪士庶人

○婦人非三年之喪不踰封而弔如三年之喪則君夫人歸釋文鄭注踰封或爲越疆

婦人無竟外之事故非三年之喪不踰封而弔則雖兄弟之喪

不奔也如三年之喪則君夫人尚歸又以明父母之喪無不奔者也孔氏曰女子出適為父母期而云三年者據本親言之也夫人其歸也以諸侯之弔礼其待之也若待諸侯然夫人至入自闈門升自側階君在阼其他如奔喪礼然釋文闈音韋劉昌曰宗音暉鄭注闈門或為帷門

鄭氏曰以諸侯之弔礼謂其行道車服待之若諸侯然謂主國所致禮入自闈門升自側階女子子不自同於女賓也宮中之門曰闈門為相通者也側階旁階也謂哭踊髽麻愚謂闈門宮旁小門也左傳齊子我屬徒功闈與大門考工記曰闈門容小扃参个側階北階也側特也堂南東西有階其北惟東方有之故曰側階升自側階自東房而出於堂也入自闈門則不入大門也升自側階則不升路寢前之兩階皆変於吉時也君在阼謂在阼階下之位明不為変位以其非賓客也

●嫂不撫叔，叔不撫嫂。釋文：嫂，悉早反。

鄭氏曰：遠別也。

愚謂似當直接上文，不必用圈別出。

○君子有三患：未之聞，患弗得聞也；既聞之，患弗得學也；既學之，患弗能行也。君子有五恥：居其位，無其言，君子恥之；有其言，無其行，君子恥之；既得之而又失之，君子恥之；地有餘而民不足，君子恥之；衆寡均而倍焉，君子恥之。釋文：行，下孟反。

孔氏曰：地邑民居必參相得，今不能撫養，使民逃散，故土地有餘而民不足。役用民衆，彼此均等，而他人功績倍多於己，由己不能勸課督率也。○愚謂三患皆為學之事，弗得聞則無以知其理，弗得學則無以習其事，弗能行則無以體其實也。五恥皆從政之事，居其位無其言，則謀謨不足以稱其位；有其言無其行，則猷為不足以副其言；既得之而又失之，則才德不足以保其録地有餘而民不足則恩惠不足以懷其民衆寡君而倍馬則才力不足以立其事也。陸氏佃曰孔子堂謂鄙夫事君其未得之患不得之既得之患失此乃言既得之又失之盖鄙夫之之心在乎固其位君子之心在得其位勢不足以固其位而失之者鄙夫所患也德不足以稱其位而失之者君子所恥也此所以謂異愚謂君子之所恥者謂己之職業不脩而見褫奪也若不當失而失之君子固未堂以為恥而當失而不失君子尤不能以一日安也

○孔子曰凶年則乘駑馬祀以下牲 釋文駑音奴

鄭氏曰自貶損亦取易供也駑馬六種㝡下者下牲少牢若特豕特豚也孔氏曰校人馬六種種馬戎馬斉馬道馬田馬此五路所乘駑馬負重致遠所乘凶年人君自貶損乘駑馬也天子

諸侯及天子大夫常祭用大牢，凶年降用少牢。諸侯大夫常祭少牢，降用特豕。士常祭特豕，降用特豚。如此之類，皆爲下牲也。

恤由之喪，哀公使孺悲之孔子學士喪礼，士喪礼於是乎書。釋文：孺，而樹反，本又作孺。

鄭氏曰：時人轉而僭上，士之喪礼久廢，孔子以教孺悲，國人乃復書而存之。

子貢觀於蜡，孔子曰：「賜也樂乎？」對曰：「一國之人皆若狂，賜未知其樂也。」子曰：「百日之蜡，一日之澤，非爾所知也。張而不弛，文武弗能也；弛而不張，文武弗爲也。一張一弛，文武之道也。」釋文：樂音洛。弛，尸是反。

鄭氏曰：蜡也者，索也。歲十二月，合聚萬物而索饗之也。國索鬼神而祭，則黨正以礼屬民而飯酒于序，以正齒位，於是時民無不醉者如狂矣。曰未知其樂，怪之。蜡之祭，主先嗇而祭司嗇，勞使以休息之言民皆勤稼穡有百日之勞喻久也今一日使之飲酒燕樂是君之恩澤非如所知勤苦而休息言其義大孔氏曰蜡祭飲初正齒位及飲未醉無不如狂者也子貢以禮儀有序乃是可樂今酣飲號呶人皆若狂則非觀樂故曰未知其樂也孔子言蜡而飲是報民一年之勞苦故云百日之蜡也言百日者舉其金數喻久其實是一年之勞苦也今日觀休恣其醉如狂是由於君之恩澤四一日之澤也其義深遠故曰非尔所知也張謂張弦弛謂落弦孔子以弓喻民弓張而不落弦則絶其弓力喻民人勞而不息則亦損民之力縱今文武之治亦不能使人之得所也弓久落弦而不張設則失其往來之體喻民久息而不勞苦則民有驕逸之去民若如此文武不能為治也弓一張一弛喻民勞逸相参調之以道化之以理則文武治民

之道也○愚謂鄉飲酒之礼，安燕而不亂；而蜡祭飲酒，至於一國之人皆若狂，何也？蓋賓賢能之礼專於士，故節之以礼而不過；蜡祭飲酒逮乎民，故恩惠浹洽，而醉飽有所不禁也。

○孟獻子曰：正月日至，可以有事於上帝；七月日至，可以有事於祖。七月而禘，獻子為之也。

左傳襄公七年：夏四月，四卜郊，不從。孟獻子曰：郊祀后稷以祈農事也，故啓蟄而郊，郊而卜耕。今既耕而卜郊，宜其不從也。疏曰：據献子此言，郊天用周之三月，而礼記云正月日至可以有事於上帝，七月日至可以有事於祖，七月而禘，献子為之也。此與礼記俱稱献子，二文不同，必有一謬。礼記後人所録，左傳當得其真。若七月而禘獻子為之，則當獻子之時，應有七月禘者。烝嘗過則書，禘過亦宜書，何以獻子之時不書七月禘也？愚謂

魯無夏至禘亦無冬至魯郊皆以孟春正月此記以言其誤無
疑

○夫人之不命於天子自魯昭公始也

鄭氏敬曰魯昭公之世王命不行於天下久矣諸侯繼世自立
且不由天子況其夫人乎諸侯之不娶同姓者未必皆有王命也
因昭公娶吳女附會之耳愚謂鄭氏之說似矣而未盡也婦人
從其夫之爵位夫崇於朝則妻貴於室矣其夫又命其妻者也
春秋於魯適故曰蔡曰惟婦命於奠繭其他則皆臣男子未有
既命夫人之喪皆書夫人某氏薨獨昭公夫人書孟子卒定公
夫人書姒氏卒蓋當時不以夫人之禮治其喪故春秋不稱夫
人不書薨以見當時臣子怠慢之罪讀者不察遂以二夫人不
命於天子故其書之如此又以昭在定先而所娶者乃吳女遂

據服問云君為天子三年猶作如

戶據特牲文

為照公取同姓故不請命於天子而夫人之不命自此始而不知夫人本無受命之法也

○外宗為君夫人猶內宗也釋文：為，于偽反，下為夫為之服同。

外宗宗婦也以其自他族來嫁於宗內故曰外宗周禮外宗宗廟之祭佐王后薦玉豆眂豆籩王后以樂羞齍則贊凡王后之獻亦如此祭統云宗婦執盎從特牲禮宗婦執兩籩戶外坐主婦致爵于主人宗婦贊豆皆與周禮外宗之所職者相合則外宗即宗婦明矣內宗宗女也服問曰諸侯為天子服斬夫人猶外宗之為君也此言外宗為君猶內宗臣為君服斬其妻從服齊衰是諸侯夫人之於天子與內外宗之於君皆服齊衰期也然諸侯夫人之為天子乃從服也從服不累從故但為天子服而不服王后內外宗於君夫人本有服者也故不但為君服而

并為夫人服其為君皆齊衰期其為夫人則各依本服之月數而服則皆以齊衰也。鄭氏曰外宗内宗皆謂嫁於國中者也為君服斬夫人齊衰不敢以其親服服至尊也外宗謂姑姊妹之女舅之女及從母皆是也内宗五屬之女也其無服而嫁於諸臣者從為夫之君嫁於庶人從為國君孔氏曰古者大夫不外娶故君之姑姊妹嫁於國内大夫為妻是其正也舅之女及從母在國中者非正也以諸侯不内娶諸侯曰外取舅之女及從母元在他國不得來嫁與己國卿大夫為妻以大夫不外娶愚謂鄭氏以内宗為五屬之女以言内宗無服而嫁者之服皆是也至其以外宗為姑姊妹之女之屬及謂内外宗皆為君服斬則非是婦人不貳斬故女子女子適人者為其父母降服齊衰不杖期雖諸侯之女女子適人者亦然也豈有内外宗乃為

十二

君服斬乎為諸侯為兄弟者服斬特主男子言之耳至大夫不外娶雖公羊之說然士昏禮有饗他邦送者之禮則卿大夫亦非不可外娶矣

○廐焚孔子拜鄉人為火来者拜之士壹大夫再亦相弔之道也釋文廐九又反

鄭氏曰言拜之者為其来弔已宗伯職曰以弔礼哀禍災

○孔子曰管仲遇盜取二人焉上以為公臣曰其所與遊辟也可人也管仲死桓公使為之服宦於大夫者之為之服也自管仲始也有君命焉爾也釋文上時掌反辟匹亦反

鄭氏曰管仲言此人可也但居惡人之中使之犯法自管仲始亦記失禮所由也善桓公不忌賢者之舉宦猶仕也此仕於大夫更升於公與違大夫之諸侯同義不反服愚謂上以為公臣者

蓋初以為己臣而其後薦之於公也辟邪辟也言二人才本可用特所與遊者非其人故至於為盜耳使為之服者使為服舊君齊衰三月之服也

○過而舉君之諱則起與君之諱同則稱字

鄭氏曰舉言也起立者失言而變自新與君之諱同謂諸臣之名也

○內亂不與焉外患弗辟也釋文與音預辟音避

鄭氏曰謂卿大夫也同僚將為亂己力不能討不與而已至於鄰國為寇則當死之也春秋魯公子友如陳葬原仲傳曰君子辟內難而不辟外難孔氏曰內亂不與謂力不能討也若力能討則討之愚謂內亂謂國內簒弒不與言不可從於為亂蓋雖威刦利誘而毅然不回若晏子之於崔慶蘧伯玉之於孫甯是

朱白蒼下，按今聘礼十字用小字分注。

也。外患謂國見圍滅，弗避謂見危授梗命。

○贊大行曰：圭，公九寸，侯伯七寸，子男五寸，博三寸，厚半寸，剡上左

右各半寸，玉也。藻三采六等。釋文：厚，户豆反。剡，以冉反。

鄭氏曰：贊大行，書說大行人之禮者名也。藻，薦玉者也。三采六

等，以珠白蒼畫之再行也。子男執璧，作此記者失之矣。孔氏曰：

贊明也。周禮有大行人篇，作此記之前，別有書論說大行人之

禮，其篇名謂之贊大行。剡，殺也。殺上左右角各寸也。五等諸

侯圭璧，俱以玉為之，故曰玉也。藻謂以韋衣木，以藉玉者。三采，

朱白蒼也。六等，六行也。畫上三色，每色為二行，是三采六等。案

聘禮記云：朝天子圭與繅皆九寸，繅三采六等，朱白蒼。朱白蒼既重

按今聘礼記無重朱白蒼字，蓋轉寫失去。

云朱白蒼，是一采為二等，相間而為六等也。五等諸侯皆一采

為一就，典瑞云：公侯皆三采三就，謂一采為一就，故三采三就

其實采別二就三采則六等也典瑞又云子男二采再就二采謂朱綠也二采故二就也其實采別二就二采則四就也典瑞又云瑑圭璋璧琮繅皆二采一就以頫聘此謂卿大夫每采惟一等是二采共一就也與諸侯不同其天子則典瑞云繅五采五就亦一采為一就五采故五就其實采別二就五采則十等也教氏繼公曰繅以帛為之表元裏纁所以藉玉而又揜其上者也圭與繅皆九寸其長同若其廣則玉三寸而繅蓋一尺許也愚謂公侯伯執圭子男執璧此乃俱蒙圭言之者文不具也博三寸以下明圭之制也剡上左右各寸寸半者距圭上端之一寸半斜鋤上削之各至上端之中央而止其殺之度從上端之中央至兩畔從上端至下皆一寸半也聘禮記云繅皆元纁則以帛為之明矣舊說謂以韋衣木者非典瑞言公侯伯繅皆三采

十四

三就，而此云三采六等，則凡藻皆以二等爲一就也。此三采者以朱白蒼，用五行相克之次，則五采者以朱白蒼黄元，而二采者以朱白也。

○哀公問子羔曰：「子之食奚當？」對曰：「文公之下執事也。」釋文：當如字，舊丁浪反。

鄭氏曰：子之食奚當者，問其先世始仕食禄以何君時。愚謂下執事，謂士也。記此者，以其對辭得礼。

○成廟則釁之。其礼：祝、宗人、宰夫、雍人皆爵弁純衣。雍人拭羊，宗人祝之，宰夫北面于碑南，東上。雍人舉羊升屋，自中，中屋南面，刲羊，血流于前，乃降。釋文：釁，許靳反。純，側其反。拭音式。碑，彼皮反。刲，苦圭反。夾，古洽反。

鄭氏曰：廟新成必釁之，尊而神之也。宗人先請於君曰：「請命以釁某廟。」君諾之，乃行。居上者，宰夫也。宰夫攝主也。拭，靜也。自，由也。孔氏曰：爵弁士服，純衣謂緇衣，則元衣纁裳也。大戴礼釁廟篇云

衣當作服

舉元本作抗此誤拭今依疏作舉

成廟則釁之以羊君元服立於寢門内南面祝宗人宰夫雍人皆元服宗人曰請命以釁某廟君曰諾遂入雍人拭羊乃入廟門既云拭羊乃行入廟門是拭羊在廟門之外元衣謂朝服緇衣素裳是祝宗人等入廟則爵弁緇衣雍人拭羊升屋自中者熊氏曰拭舉其羊升於屋由屋東西之中兩階之間而升也中屋南面者謂當屋棟之上東西之中而南面刲割其羊使血流於前雍人乃降皇氏云舉羊謂縣羊升屋謂掛羊於屋自中謂在屋之中中屋謂羊在屋棟之下縣之上下空處今謂屋者謂室之在上之覆也前云升屋下云乃降與喪大記復者升屋其文正同何得以升為縣又中屋為棟去地上下為中此正得云屋中不得云中屋若室裏縣羊血則當羊而下何得云血流于前又下文其衈皆於屋下明知其釁則在屋上檢勘上下皇氏

之說非也。愚謂此宰皆大戴禮諸侯釁廟又成廟則釁之者謂祖廟新遷改塗易檐既成則釁之也。故大戴禮宗人諸於君曰請命以釁某廟，謂高祖廟遷則釁高祖廟，祖廟遷則釁祖廟也。釁，磔攘之祭名。毛牲謂之幾，羽牲謂之衈，釁其大名也。周礼幾又作刉，又作訢，衈或作珥。祀者礼福祥，珥者弭禍灾，釁者欲其消釁咎也。下文門夾室用雞曰弭，此不曰幾而曰釁者，下文用羽牲曰衈，明此用毛牲是幾，此用毛牲曰釁，明下用雞亦是釁，互相備。祝，小祝也。小祝掌侯禳禱祠之祝號。宗人掌礼，宗伯之屬也。宰夫於諸侯，司徒之屬也。雍人，内饔也。周礼内饔凡宗廟之祭祀掌割亨之事。大戴禮云君元服立于寢門内南向，祝宰宗人雍人皆元服。元服即純衣也。爵弁純衣，士之祭服，則此四官皆諸侯之士也。君亦元衣者，敬其事也。不服冕者，釁廟禮

禮無謂三字疑衍朝下當有服字元本初作礼者謂元服為元衣者也後改從兩禮本謂字失粘刪然服字与為字相連誤刪之耳

輕也據大戴禮請命時已元服則亦已爵弁孔氏謂廟門外朝服緇衣入廟乃爵弁純衣非也凡言元衣元服皆祭服禮無謂朝色緇不子謂之元衣且此言爵弁純衣於拭羊之上可謂入廟乃爵弁乎祝之以辭告神也碑以為之在庭之中所以識陰陽引日景也北面于碑南蓋參分庭在南也東上者宰夫攝主寂在東宗人掌礼事次之祝掌告神又次之雍人掌割牲又次之也自中自兩階間東西之中中屋當屋極上東西之中也門夾室皆用雞先門而後夾室其衈皆於屋下割雞門當門夾室中室有司皆鄉室而立門則有司當門北面既事宗人告事畢乃退釋文衈如者（志）反　夾古洽反　鄉許亮反

廟堂疏作廟室

雞既本衛集說並作三雞

夾室東西邊一并門當用三雞

孔氏曰門廟門也夾室東西箱也減於廟堂故釁不同羊也門與夾室各一雞凡用二雞故曰皆也先門而後夾室夾室又卑

於門也愚謂東西箱夾室室而旁故曰夾室門當門謂在門内南面而當門之中也夾室中室謂在夾室之中亦南面也衈不於屋上者衈之禮畧也有司宗人與祝也有司鄉室門皆北面東上告事畢告于宰夫也○鄭氏曰衈謂將刲割牲以釁先滅耳旁毛薦之孔氏曰其衈皆於屋下者謂未刲割羊與雞之時先滅耳旁毛以薦神廟則在廟之屋下門於夾室則在門夾室之屋下衈訖然後升屋而釁門當門夾室中室者謂衈訖爲釁之時門則當門屋之上中夾室則當夾室之中割雞使血流愚謂據記文則廟用羊升屋而封之而謂之釁門夾室用雞於屋下割之門當門夾室中室而謂衈跡乃謂羊亦召屋下之衈雞亦有屋上之釁以朝以補記之所未及然此記所言實出於大戴禮釁廟篇彼云門以雞有司當門北面雍人割雞屋下當門

郑室割雞於室中可見門夾室即在屋下割雞别無屋上之釁而廟亦未必有屋下之衈矣蓋釁衈自為二禮釁之禮重故在屋上衈之禮輕故於屋下周禮司約云若有訟者則珥而辟藏此亦於屋下為之未必升屋也鄭氏曰云衈謂將封割牲以釁先滅耳旁毛薦之則何先衈後釁故疏家申其說如此然衈滅耳旁毛之說本無所據而先衈後釁記中實無此又也盧辯大戴禮記云小戴亦割雞屋上然小戴記實無此禮蓋南北朝講師相傳之說耳

反命于君曰釁其廟事畢反命于寢君南鄉于内内朝服既反命乃退釋文朝直遥反

鄭氏曰君朝服者不至廟也愚謂門内路寢門内也反命時君南于門内則請命時亦然始請命君亦元衣此反命君朝服者

十七

不字疑误

元本諸作衆

事畢禮殺也。鄭氏謂不朝服者不至廟，故疏謂大戴禮之元衣為朝服，非也。

路寢成則文之而不釁。釁屋者，交神明之道也。凡宗廟之器，其名者成，則釁之以豭豚。釋文：豭音加。

鄭氏曰：路寢，生人所君，不釁者，不神之也。考之者，設盛食落之尔。檀弓曰：晋獻文子室，臬太夫發以焉，是十也。宗廟名器，謂尊彝之屬。孔氏曰：落，謂與賓客燕會，以酒食澆落之，即觀樂之義也。器之名者，成則釁之，殺豭豚血塗之也。不及廟，故不用羊。君細者，成則不釁也。愚謂：宗廟之器名者，成則釁之以豭豚，而齊室王以牛釁鍾者，戰國人君奢侈耳。

○諸侯出夫人，夫人比比于其國，以夫人之禮行。至，以夫人入。使者將命曰：寡君不敏，不能從而事社稷宗廟，使使臣某敢告於執事。

主人對曰寡君固前辞不教矣寡君敢不敬須以俟命有司官陳器皿主人有司亦官受之釋文比必利反使者色吏反下使臣使者同皿武景反字林又作猛鄭氏曰行道以夫人之禮者棄妻致命其家乃義絶不用此為始前辞不教謂納采時也此辭実在門外擯者傳焉賓入致命如初主人卒辭曰敢不聽命器皿其本所齎物也律弃妻畀所齎孔氏曰云官者明付受悉如法也愚謂前辞不教者士昏礼納采主人曰某子之惷愚又弗能教是也敬須以俟命者謂不敢嫁以俟後命冀其反之也左傳齊桓公歸蔡姫未絶之也蔡人嫁之斉後伐蔡寡君固前辭不敎矣不敬須以俟命此即主人之卒辭鄭氏謂別有敢不聽命之語非也官陳器物者夫人之器物各有典主之官今其官各以所典者陳之主人亦使有司各以其官受之也

妻出，夫使人致之曰：「某不敏，不能從而共粢盛，使某也敢告於侍者。」主人對曰：「某之子不肖，不敢辟誅，敢不敬須以俟命。」使者退，主人拜送之。如舅在，則稱舅；舅沒，則稱兄；無兄，則稱夫。主人之辭曰：「某之子不肖。」如姑姊妹，亦皆稱之。釋文：共音恭。粢音咨。盛音成。肖音笑。辟音避。

鄭氏曰：肖，似也。言不如人。誅，猶罰也。弃妻者，父兄在則稱之，命當由尊者出也。惟國君不稱兄。姑姊妹見弃，亦曰某之姑、某之姊若妹不肖。愚謂舅之辭則曰某之子不敏，兄則曰某之弟不敏，餘與夫之辭同。

○孔子曰：「吾食於少施氏而飽，少施氏食我以禮。吾祭，作而辭曰：『疏食不足祭也。』吾飧，作而辭曰：『疏食也，不敢以傷吾子。』」釋文：少，詩召反。食我，音嗣。飧，音孫。

鄭氏曰：貴其以禮待已而為之飽也。時人倨慢，若季氏則不以礼矣少施氏魯恵公子施父之後愚謂玉藻曰客祭主人辭曰不足祭也客飧主人辭以䟽則少施氏之所以待孔子者乃礼之所當然而非有所過也但時人知礼者少故孔子於少施氏而善之

納幣一束束五兩兩五尋

鄭氏曰納幣謂昏礼納徵也十箇為束貴成數兩兩者合其卷是謂五兩八尺曰尋五兩五尋則每卷二丈也合之四十丈今納幣一束謂之匹猶五耦之云與愚謂用帛以五兩君而束之故束五兩五兩即五匹也謂之兩者指其卷数言之也帛長四十丈㠯兩頭各卷至中央每卷二丈則每匹為兩卷矣凡用命為禮者皆以束納幣庶人用緇士以上用元纁而其為一束則同也

○婦見舅姑，兄弟、姑姊妹皆立于堂下，西面北上，是見已。見諸父，各就其寢。釋文：婦見，賢徧反。○今按：三見皆當爲賢徧反。

鄭氏曰：婦來主供養也，見主於尊者，兄弟以下在位，是爲已見，不復特見。諸父，旁尊也，亦爲見時不來。孔氏曰：弟、姑姊妹皆立於堂下，皆立舅姑之堂下東邊，面鄉以北爲上，近堂爲尊也。舅在堂上，婦自南門入，臣兄弟、姑姊妹前度，即爲相見，不復更就其室見之。諸父，夫之叔伯也，既是旁尊，故婦明日各往其寢而見之。愚謂：姑亦旁尊也，其尊與舅姑敵，不當立於舅姑之堂下，此不當有姑字，蓋經中多連言姊妹者，遂誤衍耳。兄弟、姊妹立於舅姑之堂下，蓋兄弟爲可，姊妹爲一行，而兄弟在姊妹之前也。其諸父，蓋在明日舅姑醴婦之後與？

○女雖未許嫁，年二十而笄，礼之，婦人執其礼。燕則鬈首。釋文：鬈，音權。

鄭氏曰雖未許嫁年二十亦為成人矣醴之酌以成之言婦人執其禮明非許嫁之笄燕則鬈首既笄後去之猶若女有鬌紒也孔氏曰十五許嫁而笄則主婦及女賓為笄禮主婦為之著笄女賓以醴禮之未許嫁而笄則婦人執其礼無主婦女賓不備儀也既笄之後尋常在家燕居則去其笄而鬈首謂分髮為鬌紒也此既未許嫁雖已笄猶為少者處之愚謂女子十五而許嫁許嫁則笄矣未許嫁則二十而笄以二十乃成人之年故雖未許嫁亦笄也禮之謂既笄而以醴禮之也婦人謂在家之婦人若兄弟之妻及世父母之屬也男子之冠使賓為之加冠又為之酌醴以禮之女子許嫁而笄其加笄及醴之之礼亦使女賓執之若未許嫁之笄則使家之婦人執其礼而不以女賓蓋婦人以得所從為榮女行著聞然後采擇加焉故未許嫁者

於其笄既其礼亦所以媿勵之也。鬠首謂分髮為髻紒，未笄者之法也。許嫁者笄後恒笄，未許嫁者雖行笄礼，而在家燕居則去其笄而鬠首，仍為少者處之，亦所以貶於許嫁者也。

○韠長三尺，下廣二尺，上廣一尺，會去上五寸，紕以爵韋六寸，不至下五寸，純以素，紃以五采。釋文：韠音必。長，直諒反。廣，古曠反。會，古外反。紕，婢支反，又方移反。純，之閏反，又支允反。紃音巡，徐辭均反。

鄭氏曰：會謂領上縫也。領之所用，蓋與紕同。在旁曰紕，在下曰純。素，生帛也。紕六寸者，中屈之，表裏各三寸也。純，紕之所不至。五寸與會去上同。紃施諸縫中，若今時絛也。孔氏曰：韠長三尺，與紳齊也。下廣上狭，象天地數也。會去上五寸者，會謂韠之領縫也。此縫去韠上畔廣五寸，謂會上下廣五寸也。紕以爵韋六寸者，謂會縫之下，韠之兩邊紕以爵韋，倒襵之，而兩廂各三寸也。

不至下五寸者謂紕韠之兩邊不至韠之下畔濶五寸也紕以素者謂紕所不至之處横純之以生帛此帛上下各濶五寸也紃以五采者紃絛也謂以五采之絛置於諸縫之中也愚謂帛今之白色綾也紃以五采謂上之會兩畔之紕下之純且縫中皆以紃飾之其紃皆用五采絲織之也此為韠之制蓋君大夫士同也其異者天子前直公侯前後方大夫前方後挫角士前後正

十月初三夜錫鳴校完

廿一

禮記集解卷　　孫希旦集解

仲尼燕居第二十八　別錄屬通論

仲尼燕居子張子貢言游侍縱言至於禮子曰居女三人者吾語女
禮使女以禮周流無不徧也釋文女音汝後同本亦作汝語魚據反下同
鄭氏曰退朝而處曰燕居縱言汎說事居使之坐凡與尊者言更
端則起愚謂禮經緯萬端故明於禮則可以此周旋流轉而無所
不徧也

子貢越席而對曰敢問何如子曰敬而不中禮謂之野恭而不中禮
謂之給勇而不中禮謂之逆子曰給奪慈仁釋文中丁仲反
三子侍坐以齒為序子貢居子張之次越子張之席而先對也敬
以主於中者言恭以見於貌者言敬而不中禮則質勝其文故失
於鄙野恭而不中禮則文過其質故失於便給勇而不中禮則不

度於義理而妄動故失於逆亂然野與亂猶為徑情直行之失給則有務外悅人之意故足以奪其本心慈仁之德張釋之所謂徒具文具而無惻怛之意也就三子言之則子張之辟於給為近與

子曰師爾過而商也不及子產猶衆人之母也能食之不能教也子貢越席而對曰敢問將何以為此中者也子曰禮乎禮夫禮所以制中也

過不及之義朱子於論語訓之至矣子產於其民能食而不能教猶母之於子親而不尊蓋於仁為過而於義為不及者也始言禮乎者設為疑辭以問之也繼又曰禮者又為決辭以荅之也禮者天禮之節文所以裁制人事之宜而使歸於中者也

子貢退言游進曰敢問禮也者領惡而全好者與子曰然然則何如子曰郊社之義所以仁鬼神也嘗禘之禮所以仁昭穆也饋奠之

禮所以仁死喪也，射鄉之禮所以仁鄉黨也，食饗之禮所以仁賓客也。釋文穆亦作繆，食音嗣。

領猶治也。惡者氣質之偏，好者德性之美。領惡全好，猶禮器之言釋回增美也。仁者，謂行之以至誠惻怛之意，而不徒以其文也。射謂鄉射，鄉謂鄉飲酒。吳氏澄曰：上言以禮制中，損其過，蓋其不及，蓋因其氣質之偏而除治之，所謂領惡也。此言仁鬼神至仁賓客，因其德性之美而充周之，所謂全好也。

子曰：明乎郊社之義、嘗禘之禮，治國其如指諸掌而已乎！是故以之居處有禮，故長幼辨也；以之閨門之內有禮，故三族和也；以之朝廷有禮，故官爵序也；以之田獵有禮，故戎事閑也；以之軍旅有禮，故武功成也。是故宮室得其度，量鼎得其象，味得其時，樂得其節，車得其式，鬼神得其饗，喪紀得其哀，辨說得其黨，官得其體，政事得其施，加

二

於身而錯於前凡衆之動得其宜釋文長竹丈反後皆同量音諒錯七故反本又作措

鄭氏曰三族父子孫也量豆區斗斛也味酸苦之屬四時有所多及獻所宜也黨類也方氏慤曰戎事閑於無事之日故於田獵言之武功成於尚功之時故於軍旅言之量爲器之大鼎爲器之重大者重者得其宜則小者輕者可知車有六等之數作車之得其式也辨五路之用乘車之得其式也鬼神得其饗若天神皆降地示皆出是矣喪紀得其哀者發於容體聲音言語飲食居處衣服而各得其宜也辨説得其黨若在官言官在府言府在庫言庫之類官得其體若天官掌邦治地官掌邦教之類

子曰禮者何也即事之治也君子有其事必有其治治國而無禮譬猶瞽之無相與倀倀乎其何之譬如終夜有求於幽室之中非燭何見若無禮則手足無所錯耳目無所加進退揖讓無所制是故以之

居處長幼失其別閨門三族失其和朝廷官爵失其序田獵戎事失其策軍旅武功失其制宮室失其度量鼎失其象味失其時樂失其節車失其式鬼神失其饗喪紀失其哀辯說失其黨官失其體政事失其施加於身而錯於前凡衆之動失其宜如此則無以祖洽於衆也釋文治並直吏反相息亮反倀敕良反倀倀狂行不知所如也鄭氏曰祖始也洽合也言失禮無以為衆倡始而合和之

子曰慎聽之女三人者吾語女禮猶有九焉大饗有四焉苟知此矣雖在畎畝之中事之聖人已兩君相見揖讓而入門入門而縣興揖讓而升堂升堂而樂闋下管象武夏籥序興陳其薦俎序其禮樂備其百官如此而后君子知仁焉行中規還中矩和鸞中采齊客出以雍徹以振羽是故君子無物而不在禮矣入門而金作示情也升

三

歌清廟示德也下而管象示事也是故古之君子不必親與相與言也以禮樂相示而已釋文：歆，古犬反。縣音元。闋，古穴反。中，竹仲反。還音旋。齊，本又作薺，在細、在然二反。大饗謂諸侯相饗也。大饗有四者，金作示情一也，升歌清廟示德二也，下管象示事三也，武夏籥序興四也。禮有九而大饗有四，則其餘五事不在大饗也。事，行也。識禮樂之文者能述，知禮樂之情者能作。述者之謂明，作者之謂聖。知此者，知禮樂之情者也。故雖在畎畝之中，體此禮於身而行之，而可以為聖人也。縣，鍾鼓之縣也。興，作也。入門縣興，謂大饗納賓，金奏肆夏之三也。凡九夏之詩皆以鍾鼓奏之，下文獨言金作者，以金為重也。闋，止也。升堂而樂闋者，升堂之時，主人獻賓，賓飲卒爵而酢主人，主人又飲卒爵而樂止，郊特牲云「賓入大門而奏肆夏，卒爵而樂闋」是也。升堂而樂闋下當有升歌清廟一句，文脱也。象，周頌維清之篇也。序云：「維清

奏象舞也維清以奏象舞故因謂維青為象下管象謂堂下之樂
以管播維清之詩也武大武之舞也夏籥言大夏之舞執籥以舞
也序興者言文武之舞次第而起也入門金奏納賓之樂也升歌
下管合舞正樂之三節也正樂有歌管間合四節而維惟舉其三
者以間歌非樂之所重而畧之也知仁者知主人以恩意相接上
文云食饗之禮所以仁賓客是也和鸞中采薺謂車出迎賓之時
奏采薺之詩以為車行之節而車之和鸞其聲與樂相應也周禮
樂師教樂儀行以肆夏趨以采齊車出亦如之此獨言和鸞中采
齊者凡車及行步之節門内行門外趨迎賓之時車行宜疾蓋雖
門内亦趨故惟言其趨之節也物事也雍振羽皆周頌篇名振羽
即振鷺也王饗諸侯徹時歌雍賓出奏肆夏大司樂大享不入牲
其他皆如祭祀是也兩君相見客出奏雍徹時歌振羽降於天子

四

也示事者取金聲之和以示其情之和也示德者清廟以騤發文王之德也示事者維清以奏象舞所以象文王征伐之事也金奏以下覆明四者之禮不言武夏籥興者文王世子曰下管象舞大合樂以事蓋管象合舞皆所以示事故舉其一以該之也大饔饗之禮如此故不必親相與言而賓主情意之洽然王功德之盛皆可得而見也〇鄭氏曰春秋傳曰肆夏繁遏渠天子所以享元侯也文王大明綿兩君相見之樂也然則諸侯相與燕升歌大雅合小雅天子與次國小國君燕亦如之與大國君燕升歌頌合小雅其笙閒之未聞賈氏公彥曰天子享元侯升歌頌合大雅享五等諸侯升歌大雅合小雅享臣子歌小雅合鄉樂若兩元侯自相享及五等諸侯自相享皆與天子同愚謂春秋傳三夏天子所以享元侯謂納賓之樂也文王兩君相見之樂謂升歌之樂也周禮大

司樂王入出奏王夏尸出入奏肆夏牲出入奏昭夏大饗不入牲其他皆如祭祀則是天子享諸侯其納賓皆奏肆夏之三不擇元侯而穆叔獨言元侯者蓋主舉其尤尊者以明其樂之重也此及郊特牲皆言升歌清廟則大饗皆升歌頌也春秋傳謂文王為兩君相見之樂不云饗則兩君相見者燕也天子饗諸侯及兩君相饗皆升歌頌天子燕諸侯及諸侯自相燕皆升歌大雅天子及諸侯燕諸侯之臣子皆升歌小雅此燕饗尊卑用樂之差也鄭賈以三夏為升歌之樂又謂燕大國君升歌頌享元侯等諸侯升歌大雅其說皆非是又鄉飲酒禮燕禮樂有工歌笙入間歌合樂凡四節而無舞益稷謨言笙鏞以間即繼之以簫韶九成而不言合樂則是樂之輕者間歌之後合樂樂之重者間歌之後合舞合舞即合樂也大饗舞大武諸侯燕臣子舞勺以此差之則天子燕諸侯

及諸侯自相燕皆舞象與舞大武則歌周頌桓賚篇等七篇以奏之舞象則歌周頌維清之篇以奏之句即籥也籥謂之南籥則歌二南之詩以奏之也然燕禮有不用武者則升歌大雅者合小雅升歌小雅者合鄉樂蓋合樂所用例降於升歌一等也

子曰禮也者理也樂也者節也君子無理不動無節不作不能詩於禮繆不能樂於禮素薄於德於禮虛釋文繆音謬

鄭氏曰繆誤也素猶質也歌詩所以通禮意也作樂所以同成禮文也崇德所以實禮行也愚謂禮之文至繁然各有其理故不煩樂之情至和然各有其節故不流古人行禮之每歌詩以見志不能詩將有賦相鼠茅鴟而不知者能不繆於理乎禮主其減樂主其盈不能樂則有撙節退讓之意而無欣喜歡愛之情其於禮不亦樸素乎忠信之人可以學禮薄於德而無忠信之實其於禮

不為虛偽乎

子曰制度在禮文為在禮行之其在人乎

馬氏晞孟曰制度者文為之體文為者制度之用簠簋俎豆所謂制度也升降上下所謂文為也制度文為皆禮之法也徒法不能以自行故行之在人輔氏廣曰所謂人者必興於詩成於樂厚於德然後可不然非所謂其人也

子貢越席而對曰敢問夔其窮與子曰古之人與古之人也達於禮而不達於樂謂之素達於樂而不達於偏禮謂之偏夫夔達於樂而不達於理是以傳於此名也古之人也

輔氏廣曰達謂窮盡其義而無不至也愚謂子貢以夔達於樂而不達於禮故疑其窮然夔之於理非全不達特不如其於樂深耳可謂之偏未可謂之窮也再言古之人者所以深明其未可以輕

議也

子張問政子曰師乎前吾語女乎君子明於禮樂舉而錯之而已子張復問子曰師爾以為必鋪几筵升降酌獻酬酢然後謂之禮乎爾以為必行綴兆興羽籥作鐘鼓然後謂之樂乎言而履之禮也行而樂之樂也君子力此二者以南面而立夫是以天下太平也諸侯朝萬物服體而百官莫不承事矣釋文復扶又反鋪普胡反徐音孚樂之音洛治直吏反

言而履之曲禮所謂修身踐言也行而樂之孟子所謂樂則生而至於手舞足蹈也如此則內和外理而以之平治天下不難矣物事也服猶順也萬物服體言萬事莫不順其理也

禮之所興衆之所治也禮之所廢衆之所亂也目巧之室則有奧阼席則有上下車則有左右行則有隨立則有序古之義也室而無奧阼則亂於堂室也席而無上下則亂於席上也車而無左右則亂於

於車也，行而無隨則亂於塗也，立而無序則亂於位也。昔聖帝明王諸侯，辯貴賤、長幼、遠近、男女、內外，莫敢相踰越，皆由此塗出也。奧，又作隩，烏報反。

鄭氏曰：衆之所治，衆之所以治也；衆之所亂，衆之所以亂也。目巧，謂但用巧目善意作室，不由法度。陳氏澔曰：衆之治亂，由禮之興廢，此所以爲政先禮也。目巧，謂不用規矩準繩，但據目力相視之巧也。言雖苟簡爲之，亦必有奧阼之處。室之有奧，以爲尊者所處；堂之有阼，以爲主人之位也。愚謂遠近以地言，內外以位言，此塗謂禮也。

三子者既得聞此言也於夫子，昭然若發矇矣。

若發矇者，謂若目不明，爲人所發而有所見也。鄭氏曰：乃知禮樂不可廢改之意也。

孔子閒居第二十九　別錄屬通論

孔子閒居，子夏侍。子夏曰：「敢問詩云『凱弟君子，民之父母』，何如斯可謂民之父母矣？」孔子曰：「夫民之父母乎，必達於禮樂之原，以致五至而行三無，以横於天下。四方有敗，必先知之。此之謂民之父母矣。」釋文：凱本又作愷，又作豈，卯在反。弟本作悌，徒禮反。横，古曠反。

鄭氏曰：退燕避人曰閒居。凱弟，樂易也。横，充也。愚謂禮樂之原，卽下文謂無聲之樂、無體之禮、無服之喪也。由此而推於彼謂之致，由心而達於事謂之行。横於天下，卽下文所謂「志氣塞乎天地」也。四方有敗必先知之者，惟其有憂民之實心，而其識又足以察乎幾微也。蓋聖人之於天下，明於其利，達於其患，所以維持而安全之者，無所不用其極，使四海之内無一物不得其所，故可以為民之父母。

子夏曰民之父母既得而聞之矣敢問何謂五至孔子曰志之所至詩亦至焉詩之所至禮亦至焉禮之所至樂亦至焉樂之所至哀亦至焉哀樂所生是故正明目而視之不可得而見也傾耳而聽之不可得而聞也志氣塞乎天地此之謂五至釋文哀樂音洛

鄭氏曰至者至於民也志謂恩義也言君恩意至於民者則詩亦至也詩謂好惡之情也自此以下皆謂民之父母者善推其所有以與民共之人耳不能聞目不能見行之在心胷也愚謂在心為志發言為詩既有愛民之心存於內則必有憂民之言形於外故詩亦至焉既有憂民之言則必有以踐之而有治民之禮故禮亦至焉既有禮以節之則必有樂以和之故樂亦至焉樂者樂也既與民同其樂則必與民同其哀故哀亦至焉五者本乎一心初非見聞之所能及而其志氣之發充滿乎天地而無所不至故謂之

八

五至

子夏曰五至既得而聞之矣敢問何謂三無孔子曰無聲之樂無體之禮無服之喪此之謂三無子夏曰三無既得略而聞之矣敢問何詩近之孔子曰夙夜其命宥密無聲之樂也威儀逮逮不可選也無體之禮也凡民有喪匍匐救之無服之喪也釋文近附近之近其依注音基宥又音人逮大計反選宣面反匍音扶又音蒲匐音服又蒲北反

無聲之樂謂心之和而無待於聲也無體之禮謂心之敬而無待於事也無服之喪謂心之至誠惻怛而無待於服也三者存乎心由是而之焉則為志發焉則為詩行之則為禮為樂為哀而無所不至蓋五至者禮樂之實而三無者禮樂之原也宥密深也密靜謐也其詩作基基積(者)累於下以承藉乎上者也此詩周頌昊天有成命之篇言成王夙夜積德以承藉乎天命者甚密深而靜謐無

聲之樂之意也逮逮詩作棣棣閑習之意此詩邶風柏舟之篇言
仁人之威儀無不閑習而不可選擇無體之禮之意也匍匐手足
並行之貌此詩邶風谷風之篇言凡民非於己有親屬然聞其喪
則匍匐而往救無服之喪之意也

子夏曰言則大矣美矣盛矣言盡於此而已乎孔子曰何為其然也
君子之服之也猶有五起焉

服猶行也言行此三無也起猶發也言君子行此三無由内以發
於外由近以及於遠其次第有五也

子夏曰何如孔子曰無聲之樂氣志不違無體之禮威儀遲遲無服
之喪内恕孔悲無聲之樂氣志既得無體之禮威儀翼翼無服之喪
施及四國無聲之樂氣志既從無體之禮上下和同無服之喪以畜
萬邦無聲之樂日聞四方無體之禮日就月將無服之喪純德孔明

九

無聲之樂，氣志既起；無體之禮，施及四國；無服之喪，施于子孫。釋文：施，豉以致反。畜，許六反。聞，音問。

氣志不違者，言其發之中節而無所乖戾也。既無乖戾，則合於理矣，故曰既得。得，謂得於理也。既得於理，則順於民矣，故曰既從。從，順也。既順於民，則著聞於四方矣。既著聞乎四方，則從之氣志皆起而應之矣。威儀遲遲，行禮以和而從容不迫也。和而有節，則又見其翼翼。翼翼，而嚴正矣。禮達而分定，則上下和睦而齊同矣。上下既一於禮，則日有所就，月有所將，而行之不倦矣。人皆行禮不倦，則道德一，風俗同，而施及四方矣。內恕孔悲者，以己度人而實致其惻怛慈愛之意也。既有愛人之心，則必有及物之恩，而施及於四國矣。既有及物之恩，則民有被恩之實，而可以養畜萬邦矣。恩足以畜萬邦，則其德純一而顯明矣。德既甚顯明，則不惟及於當時而又施及孫子，使後世亦蒙其澤矣。蓋禮樂之原於一心而橫乎天下者如此。

子夏曰：三王之德參於天地，敢問何如斯可謂參天地矣？孔子曰：奉三無私以勞天下。子夏曰：敢問何謂三無私？孔子曰：天無私覆，地無私載，日月無私照，奉斯三者以勞天下，此之謂三無私。其在詩曰：帝命不違，至于湯齊，湯降不遲，聖敬日齊，昭假遲遲，上帝是祗，帝命式于九圍。湯之德也。釋文：昭音照，本亦作照。湯齊，依注音躋，亦作躋，子兮反。詩如字，齊側皆反，詩作躋。假音格。祗，諸夷反。

勞，勞來也。詩商頌長發之篇。日齊，詩作日躋。躋，升也。禾寸曰：商之先祖既有明德，天命未嘗去之，以至於湯。湯之生也，應期而降，適當其時，其聖敬又日躋升，以至昭假於天，久而不息，惟上帝是敬，故帝命之使為法於九州也。愚謂引詩以證湯有無私之德，故帝命之使為法於天下也。

十

天有四時春秋冬夏風雨霜露無非教也地載神氣神氣風霆風霆流形庶物露生無非教也吕氏大臨曰此衍神氣風霆四字

鄭氏曰天之施化收殺地之載生萬物此非有所私也愚謂此言天之無私也神氣五行之精氣也露生謂露見而發生也天以四時運於上地以神氣運於下播五行於四時也雨及霜露降於天雷霆出乎地而風則鼓盪於天地之間故於天地皆言之乾資始故言風雨霜露舉其所以施之者而已坤資生故言品物露生而究其功用之著焉無非教者天何言哉四時行焉百物生焉莫非天地無私之政教也

清明在躬志氣如神耆欲將至有開必先天降時雨山川出雲其在詩曰嵩高爲嶽峻極于天維嶽降神生甫及申維申及甫維周之翰四國于蕃四方于宣此文武之德也釋文耆市志反嵩悉忠反峻私俊反翰胡旦反徐音寒蕃

方袁反耆欲謂所願欲之事也聖人之所願欲者德澤之及於民也人之德本清明惟其有物欲之累也故不能無所蔽聖人無私故其德之在躬者極其清明合於神明而能上格乎天焉其於所願欲之事但為之開其端而天必先為生賢臣以輔佐之猶天之將降雨澤而山川先為之出雲也詩大雅嵩高之篇甫侯穆王時賢臣申申伯宣王時賢臣此詩宣王時尹吉甫送申伯所作而記者引之以證文[武]王之事斷章之義也

三代之王也必先其令聞詩云明明天子令聞不已三代之德也弛其文德協此四國大王之德也子夏蹶然而起負牆而立曰弟子敢不承乎釋文聞音問弛徐氏式反一音式支反皇本作施大音泰蹶居衛反

鄭氏曰弛施也協和也大王文王之祖也適將興始有令聞承之

十一

承不失墜也負墻所問竟辟後來者孔子曰三代所以王天下者

必文祖末王之前先有令問也以其無私故令聞不已詩本作矢

其文德矢陳也言宣王陳其文德和協此四方之國此云弛其文

德弛施也言大王施其文德和此四方之國以夏承商後有天下

治水過門不入無私事明殷周以戰爭取天下

恐其有私故特舉之愚謂令聞者無私之德之著見而不可揜者

也先其令聞謂先有令聞爾非謂三代之王先以令聞為務也然

三王皆有令聞而周之積累尤久故又引詩以明大德以見

周之先有無私之德者不獨文武二也

禮記集解引用書目及諸家姓氏

孫氏希旦著

鄭氏元　師衆　朱氏熹　臣瓚　葉氏夢得　呂氏大臨　管子　賈誼新書　列女傳

韓詩外傳　孔氏穎達　安國　程氏　范氏祖禹　伯崇　吳氏澄　劉氏彝　黃氏炎　大戴禮

荀子　漢書　白虎通義　經典釋文　馬氏睎孟　方氏慤　戴氏溪　劉氏敞

熊氏安生　陳氏祥道　呂氏祖謙　黃氏榦　崔氏靈恩　皇氏侃　王氏安石　胡氏銓　陳

氏澔　吳氏華　史記　竹書紀年　孝經援神契　師曠禽經　穆天子傳

戰國策　國語　陸氏佃　賈氏公彥　由氏璦　張氏載　王氏肅　戴氏震　孫　盧氏植　楊

戰國策　國語　朱子語類　胡氏渭　徐氏師曾　元和郡國志　崇書
氏後　顧氏炎武　許氏慎　說文
序　金氏仁山　楊氏時　毛詩傳　詩集傳　公羊傳　應氏鏞　孔氏左傳疏　徐氏
邈穀梁注　林氏之奇　趙氏伯循　彭山李氏　桂海虞衡志　山海經　交州記　周氏諝　崔氏
萬氏斯大　胡氏安國　薛氏季宣　項氏安世　李氏格非　皇覽　孔叢子　家語　輔氏廣
敖氏繼公　張氏載　石渠議當是漢書　莊子　孫毓　趙氏彷　焦氏　賀瑒　陳氏大猷　漢三
統歷　高氏誘　沈氏括　蔡氏元定　逸周書　呂氏春秋　宋天文志　閻若璩　書
世本　譙周古史　蘇氏轍　淮南子　五禮通考　彭氏廣夫　考工記圖　獨斷　鄭氏
敘　孫公詒讓禮記注為從舅氏芝最禰相存正欲得上半部、原詒見告曲禮五卷檀
弓五卷　王制三卷　月令三卷而已　丙戌十月立冬後五日記
何氏楷　書傳考說　朱子職　小宗定　林氏頤　張逸　衛氏集說　石經　盧氏植條例　隱義
戴德喪服變除礼　謝氏枋得　徐氏師曾

送死之禮如此也然養生之禮後世聖人既變之矣以其過
於質野而且不足以養人也若送死之禮則雖其棺椁衣衾

現有二本送交共計有六萬餘字先付錢一千叁
百文交來手帶下餘則另日面算便是
格紙切付弍百張
四月十九日收二來你衣保翁等
付去稿可隨
半千三十
學生狄旭旦襲
項老先生雷

作曾同則登反樔本又作橧且[illegible]

鄭氏曰寒則累土暑則聚柴薪居其上未有火化食腥也此
上古之時也孔氏曰此論上古之時營窟者地高則穴於地
地下則營累其上而為窟橧巢者橧聚其木而為巢茹其毛

七

無射為羽、上生中呂為角、須則為第九宫、上生夾鍾為徵、下生無射為商、上生中呂為羽、上生黃鍾為角、夾鍾為第十宫、下生無射為徵、上生中呂為商、上生黃鍾為羽、下生林鍾為角

現送呈喪大記上下二卷、禮運上下二卷、禮器上一卷，共五卷，約有七萬零字，祈先錢八千有文，倘有多少，另日即府面算找呈可也。敝館還有禮器下卷、祭法一卷、射義一卷、文王世子一卷，共五卷，右細。還用（格紙）二百幅，切切付來手。第下

秋旭旦守拜

五月廿日下午付來手

項先生 電日

十二律相生至仲呂而窮，自仲呂復上生黃鍾，不及九寸于

尚書顧命解

此篇注疏及蔡氏集傳之說多所未安希旦少嘗讀而疑焉蓋二十年于兹矣近因亭林顧氏之說取經文反覆而推究焉乃若頗有以得其義于是徧考經解諸家之說則見其與注疏蔡傳初無以異惟薛氏吳氏于受同之說則希旦所自幸以為得之者而二家已先言之焉至於他文尚沿舊義爰以鄙見竊為疏解以俟後之君子其中文義易曉及蔡傳之所已得者則不復出云

食按周礼當作射下同

惟四月哉生魄王不懌甲子王乃洮頮水相被冕服憑玉几

冕服袞冕之服也覲禮曰天子袞冕負斧扆則此發顧命服袞必矣周禮司几筵凡大朝覲大饗食封國命諸侯王位設黼依依前南鄉設莞筵紛純加繅席畫純加次席黼純左右玉几此玉几即設於黼扆之前次席之上者但言玉几者文略也大朝覲饗食封國命諸侯設黼扆於廟中之牖間此則設於正寢之牖間蓋以天下傳子其事尤大於封國命諸侯而以

朝誤廟

疾病疾病不能至廟故於正寢牖間之前設黼扆而發命也

乃同名太保奭芮伯彤伯畢公衛侯毛公師氏虎臣百尹御事

名者自路門外治廟而名入於路寢也人君每日視朝於治朝退適路寢聽政羣臣亦就治朝左右而治事考工記所謂外有九室九卿朝焉者也是時成王寢疾不能視朝羣臣每日入寢門問疾畢退至治朝治事如常日王將發顧命則名之使入也御事侍御

三公北面下當有東上字卿字
當在大夫上並據周禮校

之臣大僕大右大僕從者之屬也周禮司士治朝之位三公北面孤卿東面北上大夫西面北上王族故士虎士在路寢門之右南面東上大僕大右大僕從者在路門之左南面西上此時王在扆前南面羣臣之位當與治朝同而其在路門之左右者則立於黼扆之左右與

王曰嗚呼疾大漸惟幾病日臻既彌留恐不獲誓言嗣茲予審訓命汝昔君文王武王宣重光奠麗陳教則肄肄不違用克達殷集大命在後之侗敬迓天威嗣守文武大訓

帷帳注疏集傳並作幄帳

無敢昏逾今天降疾殆弗興弗悟爾尚明時朕言用敬保
元子釗弘濟於艱難柔遠能邇安勸小大庶邦思夫人自
亂于威儀爾無以釗冒貢于非幾兹既受命還出綴衣于
庭越翼日乙丑王崩

還者復出而還治事之室也綴衣先儒以為帷帳蓋
設於黼扆之上者也周禮司几筵及幕人掌次皆不
言黼扆上設帷帳此特設之者蓋以王疾病故與

太保命仲桓南宮毛俾爰齊侯呂伋以二干戈虎賁百人
逆子釗於南門之外延入翼室恤宅宗

頃誤傾

二干戈謂執干戈者各二人也諸侯之禮以執戈者二人先天子則又有執干者二人也翼室正寢之室也翼敬也正寢之室尊嚴故曰翼室延入翼室恤宅宗者迎入正寢之室坐于尸東西面而為喪主也喪大記諸侯大夫士之喪既正尸子皆坐于東方此天子之禮亦必然孔傳訓翼為明雖于字義未甚的而以翼室為路寢則未有失也自蘇氏解翼室為左右夾室而後儒皆從之不知喪自未殯以前主人無傾刻離尸側也豈有成王始崩而康王乃遠處夾室者哉

其誤甚矣

丁卯命作冊度

丁卯者成王崩之第三日也始死哭不絕聲既三日小歛乃代哭然後命作冊度而以成王之命書之

越七日癸酉伯相命士須材

顧氏曰讀顧命之篇見成王初喪之時康王與羣臣皆吉服而無哀痛之辭以召公之賢反不及子產叔向誠為可疑再四讀之知其中有脫簡而狄設黼扆綴衣之下即當屬之康王之誥自此以上記成王登

日知録召公下有畢公字

日知録之下作以下登遐也有顧命字

遐之事自此以下記明年正月上日康王即位朝諸侯之事也古之人君於即位之禮重矣故即位於廟受命於先王祭畢而朝羣臣羣臣布幣而見然後成之為君春秋於魯公即位則書不即位則不書蓋有遭時之變而不行此禮如莊閔僖三公者矣康王繼體之君當太平之時而史錄其遺文訓告以為一代之大法此書之所以傳也愚謂顧氏以狄設黼扆以下為康王即位之事此雖聖人復起不能易者也越七日者丁卯後之七日殯後之三日也命士須材為

日知錄春秋下有之字

日知錄遺作儀

莖具也自命作冊度以上言召公受顧命至王崩而書之於冊自狄設黼扆以下言康王受顧命而即位獨此節在其間於上下文無所係屬蓋此下必有成王葬事以終此節之所言而狄設黼扆綴衣之上又必有康王即位之年月而今皆脫之矣周人殯于西序而下文西序有東鄉之席又有赤刀大訓宏璧琬琰之屬則西序無殯其為既葬之後明矣人君踰年西即位成王以四月崩十月葬又越二月為明年之正月而康王即位也先儒不知此書有脫簡但見狄

設黼扆綴衣之文上與伯相命士須材之文相屬遂謂名公以成王殯後傳顧命于康王而不知其爲踰年即位之禮賴顧氏發明之而其義始白其有功于此經大矣然以經考之即位之禮實行于朝而顧氏乃謂在廟又以受同謂祭先王則亦猶未免惑於舊說之誤也

狄設黼扆綴衣牖間南嚮敷重篾席黼純華玉仍几

狄蓋事官之屬掌張設之事者也孔疏據祭統以狄爲樂吏之賤者蔡傳因之然考喪大記及此篇則狄

之所掌者為設階出壺設黼扆綴衣之屬皆與樂吏無與未可以其名之偶同而合以為一也成王發顧命設黼扆綴衣於牖間今將傳顧命故復設此位若成王之親命者然扆狀如屏風以其為人所依故謂之依亦謂之扆爾雅戶牖之間謂之扆蓋戶牖之間乃設扆之所故謂之扆孔疏乃謂設於扆地故名為扆誤矣先儒皆謂此象平日見羣臣覲諸侯之位非也人君朝羣臣或在路門外治朝或在路寢阼階下不在牖間朝諸侯雖在牖間然在廟不在朝與此設于路寢之位無與也

西序東嚮敷重底席綴純文貝仍几東序西嚮敷重豐席

畫純雕玉仍几西夾南嚮敷重筍席玄紛純漆仍几

西序東嚮平時燕宗族之位東序西嚮者平時燕羣

臣之位也燕禮公在阼階上此東序西嚮之位也文王世子曰公與族燕

公与父兄齒然則公与

則異姓為賓者席于牖前父兄之位族燕不在阼階

上之位明矣其為賓者席于牖前父兄之位或在賓

東或在賓西公與之齒則宜在西序矣西夾南嚮之

位於經記無所見疑齊必居正寢齋必遷坐則其坐

在此與既設席于牖間南嚮以象成王發顧命之位

矣然不知神之所在故于平時在路寢所嘗有事之

鬼神祭統作神明

西南疑當作西嚮

位皆設之焉祭統曰詔祝于室而出于祊此交鬼神之道也此之謂也先儒以西序東嚮為朝夕聽事之位西夾南嚮為親屬私宴之位其說皆無所據士相見禮曰君在堂升見無方階辨君所在是人君在堂視事或南面或西南而不必皆東嚮矣公與族燕則以齒則與親屬私宴亦必不南面而以尊臨之矣

越玉五重陳寶赤刀大訓弘璧琬琰在序（西）序大玉夷玉天球河圖在東序胤之舞衣大貝鼖鼓在西房兌之戈和之弓垂之竹矢在東房大輅在賓階面綴輅在阼階面先輅

在左塾之前次輅在右塾之前二人雀弁執惠立于畢門之内四人綦弁執戈上刃夾兩階戺一人冕執劉立于東堂一人冕執鉞立于西堂一人冕執戣立于東垂一人冕執瞿立于西垂一人冕執鋭立于側階

此所陳寶玉器物皆以西為上者鬼神之位在西也

王麻冕黼裳由賓階隮卿士邦君麻冕蟻裳入即位太保太史太宗麻冕彤裳太保承介圭上宗奉同瑁由阼階隮太史秉書由賓階隮御王冊命

麻冕黼裳者三章之絺冕裳有黼黻者也　麻冕彤裳

弁葛絰檀弓作弁絰葛

者一章之元冕也毳裳者人君平時之齋服裳元色而無章者也彤裳降于黼裳毳裳又降于彤裳也曾子問曰君薨而世子生太祝裨冕以告三日見于太宰太宗太祝皆裨冕而商書伊尹亦以冕服祠于先王蓋大夫士之父父也其尊近人君之父父也君也其尊遠故雖在喪中而假吉服以接神所以抑哀而崇敬也檀弓曰弁葛絰而葬有敬心焉此之謂也此王與太保以下皆冕服然皆不用上服而但用絺冕以下又以在哀戚而不敢伸也蓋古者即位之禮皆

如此而蘇氏乃以為譏然則伊尹所以祠先王孔子所以答曾子者皆非禮耶

曰皇后憑玉几道揚末命命汝嗣訓臨君周邦率循大卞燮和天下用答揚文武之光訓王再拜興答曰眇眇予末小子其能而亂四方以敬忌天威乃受同瑁王三宿三祭三咤上宗曰饗

薛氏曰古者大禮冠昏之事皆有祭醮訓戒之辭以謹成人繼世之儀正始之道然也踐阼受之先王冠昏受之父母死生雖異其義一也吳氏曰天子之禮

無可攷証今以士禮推之父之命子必醮以酒醮者有獻無酬太保攝王事傳顧命命嗣王亦用酒者如成王之生存命其子也然大保臣也不敢純如父醮子之禮故略用臣獻君之禮有獻有酢也愚謂孔傳謂受同以祭於是後之說者皆以受同為祭先王夫喪中固無祭若以為告祭則亦必有祝以接神又必有告神之辭而此皆無之蓋為成王傳顧命於康王而非有所告于成王也何祭之有至蔡傳又以下文之王答拜為代尸拜此尤謬之甚者借如舊說為祭

亦告祭耳告祭無尸且特牲少牢祭禮尸皆自拜初無侯人代之者解經如此其疑誤後學不亦甚哉盖此節唯薛氏吴氏得之士昏禮父親醮子而命之盖醮之者所以禮之也父將以大事命其子必先有以禮之親迎且然況傳之以天下乎故大保之同所以為成王禮康王者也（大保為成王禮康王猶士昏禮奠菜老禮婦于房中之義也）下文云以異同秉璋以酢則知此同之所盛者乃鬱鬯王則自圭瓚注之大保則自璋瓚注之者也用酒謂之醮用醴謂之醴用鬱鬯謂之灌此所以行乃灌禮也同之為器他無所見而獨見

礼婦從礼作醴婦

以字似衍

于此盖圭瓚重大不可以祭以啐故注之于同而祭之啐之盖凡行灌禮者皆然也王再拜者拜受也王拜受而太保不拜送者以此禮特為成王致之王之再拜非為太保拜也宿進也灌必設席王既受同於大保則進至席前也三宿者三受同而進也周禮王于上公再灌而酢侯伯一灌而酢子男一灌不酢此王三受同而後大保自酢則三灌而酢矣三灌而酢者天子之禮也吳氏謂不敢純用父醮子之禮故有献有酢則非也祭祭酒於地也士冠禮以柶祭醴三

大宗當作上宗

此三宿則有九祭矣而曰三祭者據每宿而祭言之也咤者既啐（飲斗爵）而奠之也不言啐者啐乃受灌之常禮不言可知也大保自酢但嚌而不啐則著言之矣知（知）王必啐（飲斗爵）而奠之者以大宗曰饗則王饗此酒可知盖此酒乃成王之所以禮康王雖在喪亦不敢不啐（飲）士虞禮主人受尸酢亦卒爵也上宗贊王之禮者故告王以饗饗辭不以祝而以上宗又可以見此酒非所以告神也

大保受同降盥以異同秉璋以酢授宗人同拜王答拜六

保受同祭嚌宅授宗人同拜王答拜

大保之酢自酢於王也凡献於尊者不敢煩尊者酢之則自酢授宗人同拜王荅拜者太保拜受而王拜送也嚌飲至齒也太保之酢所以達康王之意然王與與太保俱在喪中哀戚所同受王故雖之酢但嚌之而不已啐也授宗人同拜王答拜者太保既嚌酒又拜而王又答之也

太保降收諸侯出應廟門俟王出在應門之內太保率西方諸侯入應門左畢公率東方諸侯入應門右皆布乘黄朱賓稱

奉圭兼幣曰一二臣衛敢執壤奠皆再拜稽首王義嗣德荅拜

王出在應門之内所謂即位也位者人君路門外日視朝之位遭喪踰年則就此位以爲臨涖羣臣之始也不云王出在畢門之外而曰王出在應門之内則治朝之位在畢門應門之間三分之而二在北一在南與古天子即位之禮見于此篇諸侯之禮雖不可考然由此篇所言推之亦畧可見矣

太保暨芮伯咸進相揖皆再拜稽首曰敢敬告天子皇天

改大邦殷之命惟周文武誕受羑若克恤西土惟新陟王
畢協賞罰戡定厥功用敷遺後人休今王敬之哉張皇六
師無壞我高祖寡命王若曰庶邦侯甸男衛惟予一人釗
報誥昔君文武丕平富不務咎底至齊信用昭明于天下
則亦有熊羆之士不二心之臣保乂王家用端命于上帝
皇天用訓厥道付畀四方乃命建侯樹屏在我後之人今
予一二伯父尚胥暨顧綏爾先公之臣服于先王雖爾身
在外乃心罔不在王室用奉恤厥若無遺鞠子羞羣公既
皆聽命相揖趨出王釋冕反喪服
喪大記曰 公之喪大夫俟練士卒哭而歸時成王之

喪未練羣臣尚當在王所而云羣臣公趨出然則天子之喪羣臣之廬堊室在應門之外與

乙卯十二月廿一日錫鴻校讀一過

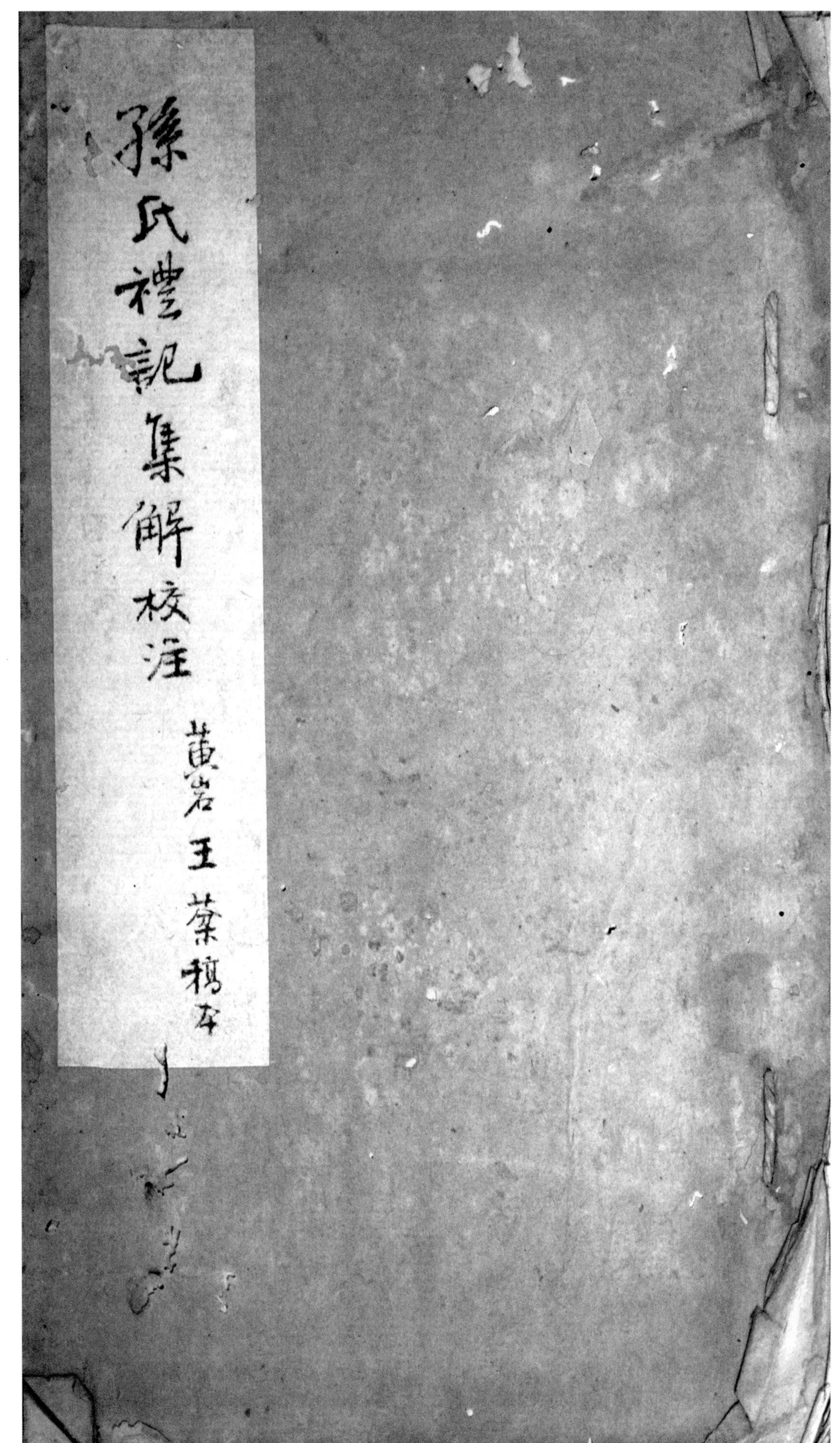
孫氏禮記集解校注
黄岩王棻稿本

孫氏禮記集解校注

補目錄

曲禮　六卷　制度一

檀弓　五卷　通論一

王制　三卷　制度二

月令　三卷　明堂陰陽記一　案當屬制度又一

曾子問　二卷　喪服一

文王世子　一卷　世子法一　案亦當屬制度又二

禮運　二卷　通論二

禮器　二卷制度三當屬通論又二

郊特牲　二卷祭祀一

內則　二卷子法一案亦當屬制度三

玉藻　二卷通論三當屬制度又三

明堂位　一卷明堂陰陽記二案亦當屬制度又三

喪服小記　二卷喪服二

大傳　一卷通論四

少儀　一卷制度四

學記　一卷通論五

樂記　二卷　樂記一　案亦當屬制度五

雜記　四卷　喪服三

喪大記　二卷　喪服四

祭法　一卷　祭祀二

祭義　一卷　祭祀三

祭統　一卷　祭祀四

經解哀公問共一卷通論六七

仲尼燕居孔子閒居共一卷通論八九

坊記中庸朱子章句共一卷通論十十一

表記　一卷通論十二

緇衣　一卷通論十三

奔喪　一卷喪服五

問喪服問共一卷喪服六七

間傳三年問共一卷喪服八九

深衣投壺共一卷制度五吉禮一當爲嘉禮

儒行大學朱子章句共一卷通論十四十五

冠義昏義共一卷吉事二三皆爲嘉禮

鄉飲酒義一卷吉禮四亦屬嘉禮

射義燕義共一卷吉事五六亦嘉禮

聘義吉事七此賓禮喪服四制十喪禮共一卷

附

尚書顧命解一卷

案禮有經有記有傳有論以禮記言之內則投壺奔喪經之類也曲禮少儀深衣喪服小記喪大記雜記記之類也祭義祭統聘義傳之類也檀弓曾子問論之類也以五禮叅之則祭祀者吉禮也喪服者凶禮也聘義者賓禮也冠昏

三七

飲燕者嘉禮也惟軍禮雜見諸篇而無專篇以四禮言之則吉禮四凶禮十三賓禮一嘉禮六制度九雜論十四以四體言之則經三記十四傳十論二十也

孫氏禮記集解校注

黄巖王棻注

敬軒先生行狀丁丑會試〔案丁當作己〕為集解五十卷〔今本六十一卷〕其時文太平門人黄河清刻之〔太平當作臨海〕先生之生在南宋六百年之後〔按先生生於乾隆元年丙辰距南宋初六百年餘距朱子之卒五百餘年耳則六當作五〕

○曲禮上第一之一　禮聞取於人不聞取人〔棻案取於人者修其天爵而人爵從之也取人者修其天爵以要人爵也上二句以仕言下二句以學言朱子合為一事恐非〕若不得謝〔謝辭也謂致事而歸也不得辭者君不聽其歸也鄭以聽訓謝疑非〕

○曲禮上第一之二　唯而起〔孔注唯㖇也廣韻㖇人者切今案㖇當音你即諾音之轉唯音近阿今人急應如此〕

○曲禮上第一之三　客若降等

執食興辭[塗]注賓左擁簠粱粱當作梁（旁批：引公食大夫禮）受弓劍者以袂案以袂順左右隈拭（旁批：進矛戟者前其鐓注戟今之戟也古作戟案古作戟从倝聲）之也非用袂承弓以授也孫氏以為授弓用袂疑非飲王爵者弗揮古詩飲酒用揮字本此

曲禮上第一之四

進退有度[塗]注前有水至此前字之上當有自字

凡祭於公者必自徹其俎案徹俎與歸俎異言凡則卿大夫士皆然但當祭畢自徹燔俎而君使人歸之也鄭謂不敢煩君使非也

逮事父母則諱王父母不逮事父母則不諱王父母案下云大功小功不諱孔氏曰期親則為諱祖是期親禮當諱也況官師一廟亦得祭祖及父適士二廟其一祭別子其一亦祭祖及父也鄭氏以為此謂庶人是也

假爾泰筮有常孔陸孝孫某來日丁亥下當重云云二字

故君子式黃髮下卿位孫氏引考工記應門路門皆取節於車者覲之案考工記匠人云路門不

疏謂

容乘車之五个應門二徹參个。曲禮下第二之一執玉其有藉者則裼孫注聘禮公側受宰玉受當作授君若迎拜則還辟不敢答拜鄭注引聘禮曰大夫入門再拜君拜其辱案當作大夫入門君再拜拜其辱傳寫者誤移君字於再拜下耳天子之五官曰司徒司馬司空司士司寇孔疏謂鄭注大傳夏書所謂六卿者后稷司徒秩宗司馬作士共工也而不說殷家六卿之名案左氏傳所載宋之六卿即殷之六卿也。曲禮下第二之二天子當依而立諸侯北面而見天子曰覲天子當宁而立諸公東面諸侯西面曰朝案士相見禮載士見大夫之禮甚畧鄉飲酒禮載大夫燕士之禮甚詳是燕享重於受摯也孫氏謂受摯之禮重於受享非矣當從鄭氏之說問天子之年對曰聞之始服衣若干尺矣干字篆文本从倒入从一下从十也陳氏之說非當以顏注訓爲是孔訓求亦非也問大夫之子長曰能御矣幼曰未能御也呂氏注幼子能御未能御子字當作則曰二字。

檀弓上第三之一

仲子舍其孫而立其子檀弓曰何居我未之前聞也趨而就子服伯子於門右曰仲子舍其孫而立其子何也檀弓聞仲子舍孫立子故行譏弔而主人未覺乃發問耳注疏之說可從也孫氏注方見仲子立孫而怪之孫字當作子子上之母死而不喪門人問諸子思曰昔者子之先君子喪出母乎曰然案孔子前母生孔女而無子被出孔子喪之伯魚之母未嘗出也孫氏謂伯魚之母出而在父室者非也吾何行如之案行如之三字同訓古人文法不避重複如易能研

諸侯之慮楚詞覽相觀於四極皆三字同訓且以重複見意也伯魚之母死期而猶哭夫子聞之曰誰與哭者門人曰鯉也夫子曰嘻其甚也案喪大記祥而外無哭者禫而內無哭者樂作矣故也皇氏以為鼓素琴樂作之文釋二處兩時無哭與鄭注異疏是鄭非皇今案內外當以男女言孝子於祥之日鼓素琴孔子既祥十日而成笙歌不宜復哭惟在室之女禫前尚可哭耳伯魚之母斷非出母也伯魚聞之遂除之除當以除服為是

檀弓上第三之二

遂趨而入夫子曰賜爾來何遲也陳注孔子其先朱人朱當作宋

曾子弔於負夏主人既祖填池小爾雅埋柩謂之肂肂坎謂之池陸佃曰池殯坎也既祖則填之胡銓曰池以竹為之衣以青布喪行之飾也填謂縣銅魚以實之謂將行也吳澄曰胡氏填當讀為陟刃切猶安頓也謂已安頓棺飾之池

而將行也但考之士禮填池在朝祖後階下載柩之時今二字在既祖之下則亦可疑棻案鄭注武斷當以陸注為是

檀弓上第三之三

是故竹不成用瓦不成味棻案味當如字瓦器盛物而無五味之和故曰瓦不成味蓋甕甒之屬既夕禮甕三醯醢屑甒二醴酒是也

孟獻子之喪司徒旅歸四布夫子曰可也棻案此即後世謝孝用帛之禮所自始孫注宰夫在天子為冢宰之考太宰職云建其正立其貳設其攷陳其殷置其輔攷佐成事

君即位而為椑歲一漆之藏焉方愨曰藏焉惡者考攷同人之見也孔注惟云漆杝則知不漆杝棺外屬等杝當作他

復楔齒綴足孫注綴足以燕凡綴死者之足凡當作几

檀弓下第四之一

銘明旌也孔氏引士喪禮云以緇長半幅長一尺赬末長終幅長二尺總長三尺棻案長一尺長二尺總長三尺十字當分注

卒哭

曰成事棻案大夫以上虞與卒哭閒一月則士之卒哭當與虞閒一日仍用柔日也士虞記所謂三虞卒哭蒙上始虞用柔日言所謂他用剛日者謂祔祭也下文所謂比至於祔必於是日也接是也蓋內事雖當用柔日而祔祭必與卒哭之祭接故必用剛日耳孫氏之説非下文鄭注是也其變而之吉祭也比至於祔必於是日也接孔注謂於是三虞卒哭之閒閒當作後有子與子游立見孺子慕者有子謂子游曰予壹不知夫喪之踴也鄭注喪之踴猶孺子之號慕棻案孺子慕親必哭且踴有子見此始悟先王制禮之意鄭氏是孫説非也人喜則斯陶陶斯咏咏斯猶猶斯舞舞斯慍慍斯戚戚斯歎歎斯辟辟斯踊矣舞斯慍句當衍

檀弓下第四之二

衞人以龜為有知也棻案非龜有知乃神

之靈也凡卜皆假龜以請命於神般爾以人之母嘗巧則豈不得以其母以嘗巧者乎則病者乎棨案其母與人之母對言則豈不得句言以人之母嘗巧則豈不得乎若以己母嘗巧則亦有疢於心乎得猶便也呂覽子豈不得哉病疢也一說則豈不得以其母以嘗巧者乎十二字為一句亦通顔柳曰天子龍輴而椁幬諸侯輴而設幬為褕沈故設撥陸氏吳氏沈平聲叔仲皮學子柳此句可疑當有脫誤

王制第五之二

夫圭田無征鄭注夫猶治也治圭田者不稅所以厚賢也案圭田五十畝非一夫之田也則夫當音扶語助詞

王制第五之

三司寇正刑明辟以聽獄訟必三刺有旨無簡不聽附從輕赦從重棨案三刺之刺當為刺探之義猶訪問也與春秋刺字不同附者律無正

條即後人所謂比例也故宜從輕赦者眚災也宥過無大故宜從重析言破律亂名改作執左道以亂政殺孫注左道謂楊墨申韓之類案楊墨異端申韓法家與儒道不同然未可謂之左道也戎器不粥於市孫注若將有軍旅會同田役之事事字當作戎布帛精麤不中數幅廣狹不中量孔注引鄭氏周禮幅廣四胑胑即咫八十齊喪之事弗及也鄭注是謂宗子不孤案宗子不孤謂代祭之子諸侯之大夫不世爵祿孫注天子之大夫不世爵而祿則有世者諸侯之大夫爵祿皆不世則案文王殷之諸侯其治岐也仕者世祿則諸侯之大夫其世祿當同於天子矣

月令第六之一陳祥道序以之授民時而無不順時當作事此堯典若昊天以授民事事作時

律中大蔟孫注引漢書律志云黃帝使泠綸取竹嶰谷案漢書作解谷孟康曰解脫也谷竹溝也一說谷名載

五

青旂案載當如字謂建其旂於車上也天子三推，三公五推，卿諸侯九推。孫注引考工記直庛則利推是也庛當作庛七賜反孟春行夏令，則風雨不時。風雨舊本作雨水據孔疏當為風雨案呂氏春秋亦作風雨律中夾鍾。周語夾鍾出四隙之細四隙謂黄鍾大呂夾鍾凡助出四隙之微氣令不滯伏於下桐始華，田鼠化為鴽。鄭注鴽牟無案牟無注疏本作母無又說文鴽牟母也或作鴽具曲植籧筐。孫注曲以萑葦為之所以籍蠶也籍當作藉后妃齊戒，親東鄉躬桑。鄭注是明其不留養蠶也不字下當有常字省婦使以勸蠶事。鄭注婦使織紝組紃之事織紝注疏作縫線

月令第六之二

天子親帥三公九卿大夫以迎夏於南郊，還反，行賞封諸侯，慶賜遂行。孫注皆行賞與慶賜遂行

皆謂孟春同謂當作與斷薄刑決小罪出輕繫蔡案後漢魯恭傳初和帝末下令麥秋得案驗薄刑恭上疏諫曰舊制至立秋乃行薄刑自永元十五年以來改用孟夏令月孟夏斷薄刑出輕繫謂其輕罪已正不欲令久繫故時斷之也其決獄案考皆以立秋為斷調竽笙篪孔注引郭璞云篪以竹為之長尺四寸圍三寸一孔上出寸三分名翹案翹上出之皃或言背或言距皆指吹孔上出者命澤人納材葦鄭注蒲葦之屬此時柔刃刃音韌黑黃倉赤莫不良質無敢詐偽孫註必以質良當作莫不質良律中黃鍾之宮孫注黃鍾之律位於十二月二當作一月令第六之三寒蟬鳴孫注寒蟬生於夏前此未鳴至是月感陰氣而鳴也蔡案蟬過寒則不鳴此時初寒而尚能鳴故曰寒蟬鳴其臭朽朽今俗所謂水荒氣也其祀行祭先腎鄭注行在廟門外之西為軷壤厚二

六

寸壞釋文如丈反齊召南校云當作壇案作壞則為軷句作壇則為軷壇三字句天子乃祈來年于天宗蔡案周以十一月為歲首故腊在十月今秦之臘亦在十月祈年而曰祈來年似皆沿周制也天子乃命將帥講武分注率作帥帥率互易命取冰冰以入以己通

曾子問第七之一

乃命國家五官而后行道而出孫注其禮以菩芻棘柏為神主菩音負一音倍香草房久切薄亥切自斬衰以下與祭禮也曾子曰不以輕喪而重祭乎孔子曰天子諸侯之喪祭也不斬衰者不與祭孫注天子之喪無不斬衰者諸侯則有之若寄公國賓是也案寄公為所寓庶人為國君皆齊衰三月曾子問曰相識有喪服可以與於祭乎孔子曰緦不祭又何助於人

孫注引雜記如三年之喪既穎穎口迴切既虞受服以葛經易要之麻經不得嗣爲兄弟孫注引喪服傳曰小功以下爲兄弟壻爲外舅小功舅報服緦故曰兄弟案喪服經皆稱昆弟記或稱兄弟故發此傳然上文言大夫之子于兄弟爲人後者于兄弟皆大功也又壻爲妻之父母甥爲舅皆緦也今律甥爲舅小功

曾子問曰女未廟見而死則如之何孔子曰不遷於祖不祔於皇姑壻不杖不菲不次菜案此謂舅姑皆殁者若舅姑猶存則已成婦矣適子父在爲妻不杖以舅爲喪主也此必其父既殁故以不杖爲不備禮耳

曾子問第七之二

攝主不厭祭不旅不假不綏祭不配孔注少牢祝與上佐食取黍以授尸案少牢禮云祝與二佐食皆出盥于洗入二佐食各取黍于一敦上佐食兼受摶之以授尸尸執以命祝卒命祝祝受以東北面于戶西以嘏于主人曰云云凡

七

殤與無後者祭於宗子之家鄭注然則今之死者然當作此無廟者為壇祭之壇當作墠孫注謂為壇作墠祔之壇祔作墠祭遂與機而往孔注取尸置於繩上取當作以文王世子第八不舞不授器孫注舞則授器司干案周禮春官司干文

凡三王教世子必以禮樂真氏注至二者薰醴涵暢醴當作醲適饌省醴養老之珍具遂發咏焉孫注發咏謂歌咏其饌具之豐美若封人職所謂歌舞牲及毛炮之豚也見地官達有神興有德也孫注又以見文武之討伐應天順人易革卦本作順天應人

禮運第九之一大道之行也天下為公選賢與能孫注天下為公天子之位傳賢而不傳子此與外國美利堅相似選賢與能諸侯國不傳世惟賢能者則選而用之此與後世郡縣相似故外戶而不閉外戶不閉鄭注禦風

氣而已孔疏扉從外闔也但爲風塵入寢故設扉耳今案外戶謂外門若寢室之門當無不閉之理范金合土鄭注合土謂瓦瓴甓及甒大禮器云君尊瓦甒明堂位云泰有虞氏之尊以爲醴酪鄭注酪酢截截才再反截作其祝號鄭注皆所以法於上古也上當作太然後退而合亨分注故公羊傳云周公白牡魯公騂犅犅詩作剛此在文公十三年鄭注則諸侯長十有二獻二當作再又子男五獻於朝獻饋獻又各殺其一蓁案然則子男無朝獻饋獻與禮運第九之二用水火金木飲食必時鄭注謂漁人以時漁至秋獻龜魚天官獻人鼈人文禮器第十之一物曲有利也孔注絲竹利爲琴瑟是也瑟當作笙方愨注火田必於昆蟲未蟄之時必當作不天子之席五重熊氏注祀先王胙席亦如之胙讀曰酢大路繁纓一就次路繁纓七就鄭注王路繁纓至木路翦

八

繁鵠纓，春官巾車文。諸侯視朝，大夫特，士旅之。據夏官司士，則王於士尚三揖，諸侯亦必三揖明矣。蓋工士一揖，中士一揖，下士一揖，亦猶天子之於大夫以其等旅揖也。賤者獻以散。孫注：然則散爵亦無飾者也。下又云以璧飾之，謂之璧散，則文自相矛盾矣。

禮器第十之二

孔子曰：「臧文仲安知禮！夏父弗綦逆祀而弗止也。」孫氏分注自魯公子考公以下遞叙昭穆，故惠公當為昭。案：魯周公為文之昭，其子魯公為穆，故魯公子考公為昭也。又孫注：閔公特立廟於祖廟之南。棻案：閔公特立廟是也，至文公而即毀，非也。竊意僖公祔於五廟之末，而閔公仍別廟如故，大祫則位在僖上。至襄公之世則祧莊公主，并祧閔公主。昭公之世乃祧僖主，使若閔僖為父子然，似於禮意為合。故凶事不詔，朝事以樂。朝，直遥反。棻案：當如字。朝事即朝踐焫蕭薦腥酌獻用樂，以報氣也。蓋氣為生人之始，而祖父者又為吾

身之始不認者親喪固所自盡也以樂者聲求諸陽與魂氣相感召也二者反本之事也祭之用樂不但
鞠事而以朝事言者以其在祭之初也 君親制祭 孫注制如量人制其從獻脯燔之制夏官
量人凡祭祀饗賓制其從獻脯燔之數量注從獻者肉殽從酒也數多少也量長短也 郊特牲
第十一之一 虎豹之皮示服猛也 孫注覲禮初享九馬卓上九當作匹
匹馬卓上九馬隨之注卓猶的也以的一馬為上必十匹者用成數敬也 素大夫強而君
殺之義也 孔注大夫強盛之下多一則字 喪者不哭不敢凶服 孔注禁刑
者任人秋官注任人司圜所收教罷民也 伊耆氏始為蜡 鄭注伊耆氏古天子號也釋文
或云即帝堯是也 郊特牲第十一之二 恒豆之菹 孫注全物若牒謂之
菹牒直葉切薄切肉也又縷切也 籩豆之蘪 毛本作蘪石經作薦 先王之薦 孫注

九

蒙謂籩豆也蒙亦當作薦天地合而后萬物興焉孔注天氣上騰天作地血腥爓祭鄭注爓或為腤腤直輒反生熟半也舉斝角孫注飲奠斝之卒飲以鬱人與量人者卒飲之飲當作爵

內則第十二之一脫別錄屬子法五字

左右佩用鄭注佩用自佩也案自當作事言事佩者非德佩也事字釋用字事佩德佩見玉藻君在不佩玉注婦事舅姑如事父母雞初鳴咸盥漱櫛縰笄總孔疏云婦人之笄異於上男子笄縰與士冠禮男子爵弁笄皮弁笄同故鄭注冠禮亦云笄今之簪也此處誤引由命士以上父子皆異宮程注異宮猶今逐位逐位未詳有冠帶垢和灰請漱衣裳垢和灰請澣孔疏冠帶尊以手漱之衣裳卑以足澣之子婦孝者敬者案子婦孝者敬者一句為此節之綱下乃信其孝敬之實也鄭孔朱孫之說皆非舅

姑使冢婦使任用也膳膷臐膮醢牛炙孫注此饌精設之案精側莖切音爭

醴也羞糗餌粉酏孔注故以粉糗摶之摶當作擣蝸醢而苽食孫注人君燕食

用得此諸物用得二字當互易魴鱮烝雛燒雉賀氏句是蓼案當六字句魴鱮或烝或燒

故冠於首鴇奧鹿胃鄭注奧脾肶也案肶昌私反又既夕禮釋文尺之反字當从此公侯

伯於房中五孫注諸侯朔食正少牢正當作止內則第十二之二凡

五十養於鄉王制無凡字九十者使人受王制無者字九十飲

食不違寢王制違作離凡自七十以上王制無此六字凡三王養

老皆引年八十者一子不從政九十者其家不從政

此三句王制在玄衣而養老下瞽亦如之凡父母在子雖老不坐王制

十

無此三句舉燋其背不蓼菜案此即今之燒肝也舉燋其背言其肝未燋也不蓼者凡濡物實蓼羹則或蓼或不蓼烝燒無蓼故炙亦肝亦不蓼也孫氏誤說不敢縣於夫之楎鄭注楎杙也杙椸當作杙音弋夫婦之禮唯及七十同藏無間唯與雖同妾則五十之後不復御夫婦雖及七十猶同藏也此俞氏樾之說甚確角拂髦分注拂髦或為繆髦繆居蚪反國君世子生告于君接以大牢宰掌具三日卜士負之据桓六年左傳似接子負子皆在三月命名之時而杜注引禮亦以三日負子三月命名分釋之似與傳文不合

玉藻第十三之一

玄端而朝日於東門之外孫注則天子聽朔亦當以一章之元冕矣不當作百皮弁以日視朝舊說為皮服之衣為當作謂諸侯玄端以祭裨冕以朝盧氏說見諸侯遷廟篇陰

爵者蓋以君為陽臣為陰也連用湯孔注言釋足垢而用湯闌也闌宋本作爛案闌與連音近遼力旦反則與爛音同則必引而去君之黨孫注引公羊傳曰往黨衛侯會公于沓在文十三年何注黨所也所猶時齊人語也

玉藻第十三之二

天子素帶朱裏終辟分注南灑陳氏南當作東凡君召以三節周禮曰鎮圭以徵守春官典瑞文在官不俟屨在外不俟車孫注必有執授之者執當作隨趨以采齊鄭注齊當為楚薺之薺毛詩作楚茨右徵角左宮羽孫注磬氏疏樂云磬前長三律案浦鏜云三禮圖作樂經云黃鍾磬前長三律童子之節也節禮節也鄭注引冠禮曰將冠者采衣紒也紒音計瓜祭上環食中棄所操鄭注上環頭忖也忖本又作刌寸本反菜案上環是脫華處下環是疐間即所操也其味苦故棄之君賜稽首據掌致

十一

諸地菜按據掌致諸地者捧所賜之物以拜也此賜即下酒肉之類故可手持以拜鄭注既誤孫氏亦不能辨也又上下俱言拜賜孫氏又言稽首之拜之法於經旨不合君入門介拂闑鄭注君若迎賓賓當作容聘徐趨皆用是孫注聘禮云禮下當有記聲容靜鄭注不噦欬也噦於厥反盛氣顛實揚休玉色鄭以揚休屬上句今按屬下為是又注其息若陽氣之體物·也體當作休養也毛本作體誤士曰傳遽之臣孫注周禮行夫掌邦國傳遽之事秋官行夫下士三十二人

明堂位第十四

越棘大弓鄭注引春秋傳曰子都拔棘在隱十一年殷楹鼓周縣鼓鄭注楹為之柱為當作謂又殷頌植我鞉鼓周頌曰應朄縣鼓[illegible]詩植作置朄作田女媧之笙簧鄭注女媧承三皇承密犧者密作宓音又世本作曰無句作磬句音勑夏后氏之龍簨虡殷之崇牙周之

璧翣周頌曰設業設虞崇牙樹羽有虞氏之綏夏后氏之綢練殷之崇牙周之璧翣鄭注諸侯六翣至士二翣皆戴綏喪大記文又孔子之喪公西赤為識識當作志禮樂刑法政俗未嘗相變也鄭注婦人髽而弔始於臺駘臺音胡

喪服小記第十五之一男子免而婦人髽孔氏引喪大記云婦人奔喪東髽案東髽言髽於東序不髽於房也庶子不為長子斬不繼祖與禰故也鄭注言不繼祖禰則長子不必五世蓋言別子之子可以為長子三年馬季長注喪服謂五世之適父乃為之服斬葉案用恩則禰重用義則祖重其為妻也與大夫之適子同鄭注據喪服之成文也謂喪服齊衰不杖章大夫之適子為妻本所以本謂喪服本文故期而祭禮也鄭注禮正月存親公羊莊元年傳正月以存君念母以首事注禮練祭取

十二

法存君

生不及祖父母諸父昆弟而父稅喪鄭注：稅讀如無禮則稅之稅，此在僖三十三年，今作脫。為君之父母妻長子君已除喪而后聞喪則不稅人臣從君而服，君已除喪而稅，非禮也。孫氏之說非。

大傳第十六

易服色孫注：色謂祭牲所用之牲色。祭牲當作祭祀。

謂弟之妻婦者是嫂亦可謂之母乎孫注：弟幼於我而非有子道，則其妻不可謂之婦也。棻案：妻亦稱婦，夫婦是也。是己之妻可稱為婦，弟之妻亦可稱為婦也。今俗謂弟妻為弟婦，最合禮意。

公子有宗道孫注：至公子之適子，則各自主其父之祭，以為後世之大宗，而不復相宗矣。棻案：魯為宗國，兄弟皆宗之，三桓亦以季氏為宗，孫氏此說似未確也。

少儀第十七

不疑在躬孫注引左傳曰「衣服附在我身」，我作吾，在襄公三十一年。不貳問鄭注：當正己之心，以問吉凶於著龜。

不得於正凶則卜筮其權也孔疏若二心不正必凶
則卜筮權時妄告菜案貳問者所謂再三瀆瀆則不
也問卜筮鄭注太卜問來卜筮者也不角不擢馬鄭注於尊者與客案者當作長
執君之乘車則坐鄭注君不在中据師役曰罷案鄭疏在中當作在車罷注罷
亦如字罷勞之罷音皮此猶齊之為言齊也上齊字音齊下齊字如字孔氏誤解釋文誤音不道舊
故鄭注故舊字當互易二毋拔來毋報往毋瀆神毋循枉毋測
未至菜案拔引取也報復也神伸也枉屈也未至未來之事也拔來者來而不往也報往者往而不
來也瀆神者急於求伸枉尺直尋也循枉者甘於受屈恥過作非也測未至者好言未來之事以為智也
循枉猶言護前測未至猶言知來所謂道之華而愚之首也工依於法游於說鳧氏
文言為鍾凡祭於室中堂上無跣鄭注有事尸於堂之禮事當作坐孔注凡祭自

十三

天子至士悉然也自當作謂祭左右軌范乃飲鄭注軌與軹於車同謂轊頭也為當作謂牛羊之肺離而不提心鄭注使易絕以祭耳易當作提未步爵不嘗羞孫注然設羞本為案酒毛詩疏荇菜引陸璣疏云鬻其白莖以苦酒浸之肥美可案酒其有折俎者取祭反之祭下脫肺字其末有燭而後至者而下脫一有字

學記第十八

求善鄭注求謂招來也菉案据此則求當作來多其訊言及于數進而不顧其安菉案多其訊言句及于數進句數色角反〇及逮也猶汲汲數進蹴等也以數為法象度數皆與上下文未貫鄭注不惟其未曉惟思也則扞格而不勝鄭注格讀如凍洛之洛胡客反說文作垎又扞堅不可入之貌扞下脫格字則勤苦而難成孔注終無成也無當作難記曰三王四代唯其師此之謂

乎分注石經此上有其字棻案孔疏陳澔集說俱有其字石經無其字善學者師逸而功倍又從而庸之鄭注庸功也功之受其道有功於己今注疏本作受其道誤良冶之子必學為裘鄭注仍見其家錮補金鐵之器也金鐵當作穿鑿始駕馬者反之車在馬前鄭注以言仍見前事則即事易前事當作則貫貫古患反下句無則字比物醜類孫注此句與下文義不相屬棻案此物醜類四字承上起下之詞上節以弓冶始駕為比此節以鼓水為比皆比物醜類也三王之祭川也皆先河而後海或源也或委也鄭注委流所聚也之下又有始出一勺卒成不測二句此乃見道之言故補之

樂記第十九之一

商亂則陂其官壞分注石經官作臣棻案石經亦作官惟陳氏集說誤作臣耳徵亂則哀其事勤孔注其事當久流亡此句

十四

有脫誤又動聲儀云若宮唱而商應應當作和鄭衛之音亂世之音也孔注引異義云論語說鄭國之為俗論語疏作今論著不息者天也著不動者地也著訓明白當如字即訓處亦同

樂記第十九之二

君子樂得其道小人樂得其欲鄭注欲邪僻也僻當作淫毛本作辟樂終而德尊孫注樂成而德尊者成當作終樂統同禮辨異鄭注統同同合和也合和當作和合又管猶包裹裹當作也樂者非謂黃鍾大呂弦歌干揚也鄭注言禮樂之本在人君也在當作由

右樂化篇第七化當作情分注史記樂書始奏以第四菜案史記次第五

文復亂以武鄭注引周禮大師職令奏擊拊令奏鼓朄朄二令字据疏皆當作合又拊者以韋為之之當作表周禮注作之下裝字作著詩云莫其德音其德克明克明

克類克長克君鄭注德正應和曰莫下脫二十八年左傳文所以教諸侯之弟也孫註韓詩外傳止言四教者以不及耕藉也菜案韓詩四教孝臣敬悌也脫耕藉句耳此處亦當言四者作五誤上六句當屬上節皆偃武之事下四者修文之事樂盈而不反則放鄭注放淫於聲樂不能止也疏本淫下無於字使其曲直繁瘠廉肉節奏鄭注曲直聲之曲折也聲當作歌性術之變盡於此矣鄭注言此出於性盡於此盡今疏本作益誤故歌者上如抗下如隊鄭注動人心之審下如有此事四字不宜刑去又感動人意數句意俱當作心音聲邪曲句邪當作雅

雜記第二十之一

葦席以為屋注屋以葦蓆蓆當作席使某實分注實讀為告菜案當如字傳聞之詞猶恐不實今特使人訃所以實其事也大夫為其父母兄弟之未為大

十五

夫者之喪服如士服鄭注引春秋傳齊晏桓子卒在襄十七年其位與未為大夫者齒篆案未為大夫者專指大夫之適子言若庶子為士者則固當在後矣有三年之練冠孫注因其故葛帶絰期之葛絰見喪服問則練冠附於殤陳氏則練冠附句今從孔疏

雜記第二十之二

子羔之襲也孫注子羔未嘗為大夫篆案左哀十五年傳季子將入遇子羔將出杜注子羔衞大夫高柴孔子弟子是子羔為大夫之明證古史言子羔為衞士師士師在周禮為下大夫在諸侯當為士但杜氏必有所据

為客使自下由路西覲禮曰路下四亞之謂馬四匹亞次路車凡將命鄉殯將命鄭注鄉殯將命則將命立於殯之西南立上當有時字其國有君喪不敢受弔鄭注辟其傷痛己之親君傷痛當作痛傷如外宗房中南面此節說見喪大記

雜記

第二十一之一兄弟之喪則存乎書策矣鄭注輕者如禮行之輕當作疏齊斬之斬當作斬非為人喪問與賜與鄭注言非是為人喪而問之與是當在言字上相趨也出宮而退鄭注此弔者恩厚薄當作薄厚附皆當作祔作作為妻之諱不舉諸其側鄭注夫於其側亦不舉也舉當作言孝子聞名心瞿聞誤作問

雜記下第二十一之二由文矣哉由文矣哉鄭氏注由用也能用禮文美之也卿大夫疾君問之無算孫注要其多者不過三問也蓁案三問要其至少者亦須三問也孫氏之說非升正柩鄭注正柩於廟也柩當作棺下御柩者居前道正之正誤作止匠人執羽葆御柩孔注示指揮於路為進止之節也指揮下當有柩字子貢觀於蜡鄭注蜡之祭主先嗇而祭司嗇當作蜡之祭主先嗇也大飲烝此疑孫氏所改

十六

外宗為君夫人猶內宗也案周禮春官內宗凡內女之有爵者外宗凡外女之有爵者鄭注內女王同姓之女有爵其嫁於大夫及士者外女王諸姑姊妹之女孫氏謂外宗即宗婦勝於鄭氏外患弗辟也鄭注引傳曰君子辟內難而不辟外患莊二十七年公羊傳哀

公問子羔曰子之食奚當鄭注問其先世始仕食祿世當作人雍人拭羊宗人視之視閩監毛本俱誤作祝○案集解云祝之以辭告神也是孫氏以作祝為是但告神當用祝今用宗人仍當以作視為是納幣一束鄭注十个為束毛本作箇

喪大記第二十二之二

君之喪大胥是斂眾胥佐之大夫之喪大胥侍之眾胥是斂案周禮春官大祝下大夫二人上士四人小祝中士八人下士十六人胥四人喪祝上士二人中士四人下士八人胥四人疑此所謂大胥眾胥者即小祝

之胥四人喪祝之胥四人也　卿大夫即位於堂廉楹西　孫注則天斂之處蓋
在阼階上直西楹之南矣西當作東　夫人視世子而踊　孫注世子蓋女祝之誤也案鄭
注視世子而踊世子從夫人以為節也世子之從夫人位如祝從君也　君大棺八寸屬
六寸　孫注天子之大棺蓋九寸孫氏注檀弓天子之大棺宜一尺厚二尺三寸　熬君四種
八筐　鄭注加以梁梁梁之誤賈氏注六種十筐種種之誤　皆戴圭　分注戴下代反下當作丁
纁披六　孔注車轂左則引右則上多一則字　君葬用輴　鄭注輇字或作團是以文誤為
國文當作又　凡封用綍去碑負引　鄭注記者同之耳者當作時　君松椁
大夫柏椁士雜木椁　孫氏注檀弓柏椁以端長六尺天子大棺一尺椁尺有一寸案
案鄭注以端題湊也其方蓋一尺孔疏知方一尺者椁厚於棺一寸案喪大記君大棺八寸則天子或當

十七

九寸據此則檀弓注非此從鄭孔說

祭法第二十三

有虞氏禘黃帝而郊嚳，祖顓頊而宗堯。孫注其所祭者即堯之宗廟案案虞書言祖考來格虞賓在位以丹朱為賓則所祭者非堯之祖考可知

瘞埋於泰折，祭地也。鄭注折炤晢也晢當作晢音晢又音制字从日从折

禘郊宗祖案石經宋本注疏衛氏集說並作宗祖閩監毛本陳氏集說本俱誤倒

王為羣姓立七祀。鄭注祭生肺生先之誤下民家或春秋祀司命數祀字俱當作祠又春秋傳曰鬼有所歸工句昭七年文

祭義第二十四

夫人繅三盆手孔注每淹〻以手振出其絲絲當作緒

而慢易之心入之矣慢易樂記作易慢

而不與爭也不樂記作弗

而眾不生慢易焉眾作民慢易亦作易慢

故德煇動乎內乎作於，理發乎外乎作諸，而眾莫不

承順衆亦作民而天下塞焉樂記無此句舉而錯之無難矣無難上有天下二字其下能養孫注其次能養次下之誤祭統第二十五即宮于宗周鄭注後反得國當作後得反國注疏不誤公曰叔舅予女銘釋文予羊許反當從鄭注音與孫氏如字非施于烝彝鼎鄭注彝尊也即宗彝其說是也經解第二十六屬辭比事而不亂則深於春秋者也此上二節為第一段有治民之意而無其器則不成此上二節為第二段差若豪釐繆以千里此之謂也此上五節為第三段愛為敬其政之本與為當作與仲尼燕居第二十八子曰禮乎禮案禮乎禮猶言時乎時孝乎惟孝皆鄭重指示之詞非設為問答也禮之所興衆之所治也陳氏

十八

注衆之治亂曲禮之興廢曲曲之誤夙夜其命宥密注以承籍乎上者籍籍之誤下同上帝是祇祇祗之誤峻極於天於作于坊記第三十大夫不稱君孫注大夫之家臣稱大夫曰君菜案家臣稱主非但稱君亦稱為公左襄三十年傳朝者曰公焉在其人曰吾公在壑谷也伯有之家臣稱伯有為公也履無咎言鄭注履禮也菜案履踐行也言行事必踐卜筮而後無咎即善則稱人之意大誓曰予克紂非予武鄭注君陳蓋周公之子伯禽弟也名篇在尚書今亡大誓尚書篇名也今大誓無此章則其篇散亡高宗殷王武丁也名篇在尚書孔疏鄭覓古文尚書有高宗之訓婦猶有不至者鄭注不至不親夫以孝舅姑也春秋傳成公九年伯姬歸于宋季孫行父如宋致女是時宋共公不親迎恐其有違而致之也表記第三十二鄭云以其記君子之德見於儀表者也菜案記君子之道德以為人

之儀表故曰表記蓋坊記所以懲惡表記所以勸善緇衣所以遏惡而揚善也是故君子貌
足畏也子誤作君敬忌罔有擇言在躬猶詩言威儀棣棣不可選也論語言
博學而無所成名蕩蕩乎民無能名焉子曰狎侮死焉而不畏也左傳多陵
人者皆不在是狎侮人者有死道而好狎侮者不畏也中道而廢孫注若所謂既竭我才我
當作吾子曰事君不下達鄭注不下達不以私事自通於君也唯天子受
命于天鄭注唯當為雖字之誤也緇衣第三十三苗民匪用命鄭注
匪非也命謂政令也其治民不用政令專制御之以嚴刑菜寀匪用命言不服王命也一說苗於民之不
用命者制之以刑也成王之孚下土之式鄭注皆言化君也孚信也式法也孔疏大
雅下武之篇言武王成就王道之信者故為下土法詩云有梏德行鄭注梏大也直也

十九

詩云：「淑慎爾止，不諐于儀。」孔疏：詩大雅抑之篇。詩云：「慎爾出話，敬爾威儀。」詩大雅抑之篇。話，善言也。大雅曰：「穆穆文王，於緝熙敬止。」大雅文王之篇。言敬其容止也。詩云：「彼都人士，狐裘黃黃。」詩小雅都人士之篇。鄭注：此詩毛氏有之，三家則亡。尹吉曰：「惟尹躬及湯咸有一德。」鄭注：吉當作告，告，古文誥字之誤也。尹告，伊尹之誥也。書序以為咸有壹德，今亡。下詩孔疏：曹風鳲鳩之篇。

子曰：「有國家者章善癉惡，以示民厚，石經、宋本無家字，善作義。詩云：『靖共爾位，好是正直。』」詩小雅小明篇。臣儀行，鄭注：儀當為義，言臣義事君則行。菜案：注行如字。今訓君之所行，則當去聲。上帝板板，上帝喻君。板板，辟也。匪其止共，惟王之邛。邛，勞也。共，謂恭敬其職。葉公之顧命曰：「毋以小謀敗大作毋以嬖御人疾莊后 孫注葉當作祭之誤也鄭注葉公楚縣公葉公子高也釋文葉公楚大夫沈諸梁也皆未見逸周書故不知葉為祭之誤耳孔晁注莊正也陸氏德明注穢而得幸曰嬖穢當作賤 君陳曰 分注釋文陳本亦作古敶字敶敶之誤 亦 不克由聖 鄭注由用也 尹吉曰惟尹躬天見于西邑夏 鄭注尹吉亦尹誥也天當為先字之誤 子曰民以君為心君以民為體 葉案此禮運所謂聖人以中國為一人也 詩云淑人君子其儀一也 詩鳲鳩篇 子曰唯君子能好其正 鄭注正當為匹謂知識朋友仇匹也案鄭以引詩好仇故破正為匹其實正當為先正之正謂同時賢人長者也 詩云朋友攸攝攝以威儀 詩大雅既醉篇攝正也佐也 詩云人之好我示我周行 詩小雅鹿鳴篇 故

二十

君子寡言而行鄭注：寡當爲顧，聲之誤也。詩云：「白圭之玷，詩大雅抑篇。

小雅曰：「允光也君子，展也太成。」小雅車攻篇。鄭注：允，信也。展，誠也。君

奭曰：「在昔上帝周田觀文王之德，其集大命于厥躬。」昔在，毛本倒。古文「周田觀文王之德」爲「割申勸寧王之德」，今博士讀爲「厥亂勸寧王之德」，古文似近之。割之言蓋也。言文王有誠信之德，天蓋申勸之，集大命於其身，謂命之使王天下也。民立而正

事鄭注：民將立以爲正言，放傚之事。「事」字屬下讀。

奔喪第三十四鄭注：聞喪赴赴之禮。赴當作歸，孔注。其投壺篇，篇當作禮。

於又哭括髮成踊逸奔喪禮說不及殯日，岳本作日，是也。又孫氏疑「不祖」之文，乃鄭氏自以意足成之。榮案：鄭氏明引逸奔喪禮說，斷無自以意成足成之理，蓋逸禮本文誤衍「不」字，或說者之意以經不言祖，直曰「不祖」耳。鄭氏據此謂下節兩「祖」字衍，則何如據

下節謂此不字衍耶於又哭免袒成踊鄭注為又於又哭括髮而不袒此又哭三哭皆言袒袒衍字也

問喪第三十五

雞斯徒跣鄭注邪巾貊頭釋文袹匕瞎反本亦作貊案袹通帞帕猶絡也抹也削杖桐也孫注則差皙而澤皙當作晳白也有從有服而無服公子為其妻之父母鄭注凡公子厭於君降其私親女君之子不降也母出則為繼母之黨服鄭注雖外親亦不貳統不貳當作無二

間傳第三十七

又期而大祥孫氏引喪服傳傳字當作記中月而禫禫而纖無所不佩分注釋纖悉廉反悉當作息鄭注纖或為綅綅息廉反又音侵為當為作孔注以其尚綅冠綅當作纖易服者何為易輕者也鄭注謂男子要婦人首也要當作帶首當作經謂男子之首婦人之要首亦當作經要亦當作帶此四字似孫氏所改以帶亦

二十一

稱經易混故也既練遭大功之喪鄭注男子除經而帶猶存猶當作獨

深衣第三十九孫注以帛裏衣玉藻衣作布

完且弗費鄭注言可苦衣而易有也疏以其完牢乃可於苦事衣著故庶人服之

純袂緣純邊孔氏引既夕禮云明衣纁緣纁綼緆釋文綼毗支反劉音卑緆他計反劉羊豉反

算長尺二寸鄭注或曰算長有握案握與扶同亦四寸也

壺頸脩七寸腹脩五寸口徑二寸半容斗五升案方者徑一圜四故容二斗圜者徑一圜三則容斗五升矣是壺方圜皆當徑八寸零五釐也鄭氏之注誤

儒行第四十一

儒有席上之珍以待聘孫注夫無求於世而其君自不能舍此君字疑脫

儒有一畝之宮孫氏謂此注所引乃公羊傳文蓋定公十二年注愚謂之謂誤作諸

儒有博學而不窮

溫良者仁之本也孫注夫子

曰若聖與仁則吾豈敢吾誤作我

冠義第四十三

立夫婦之義也孫注夫婦之道夫誤作太天子聽外治后聽內治孫[illegible]故因昏禮而正家之正誤作上

蕩天下之陽事鄭注蕩者滌去穢惡也當作蕩蕩滌去穢惡也

鄉飲酒義第四十五

間歌三終孔注堂上堂下一歌一吹上誤作下

射義第四十六

則功成而德行立孫注諸侯必虔主命其當作共其脩身以俟死者

不在此位也釋文者不二字一句今案者當屬上不當屬下又孔注不在此位者不字之上脫一者字葉案疏本作者不在此位也者者不問此眾人之中有此上諸行不若有則可在此賓位矣

射之為言繹也鄭注將射還視侯中之鵠鵠當作時朱注射不中則不得為諸侯諸誤為謂王氏注侯侯二字皆从从人而諸侯辈侯誤作医

燕義第四十七

陳祥道注故曰王燕

二十六

則共其記曰誤作日

聘義第四十八

呂大臨注三歲徧覜覜誤作頫下覜亦誤作頫字

聘禮上公七介孔注卿降二等則介則五當作故七已聘而還圭璋鄭注不可以己之有遙復之也孔疏復償也不以己國所有寶玉遙復償他國所來圭璋故還歸之也此輕財而重禮之義也鄭注受之為輕財者財可遂復重賄反幣是也聘禮記無衍財重賄反幣言賓專聘我國無他國之行則必重其賄與反報聘君之幣也乘禽日五雙孫注引聘禮記日如其饔餼之數日誤作口古之用財者不能均如此鄭注不能均如此言無則從其實也孫氏所謂他事不能皆然是也